FAZENDA PÚBLICA na RECUPERAÇÃO JUDICIAL e FALÊNCIA

O GEN | Grupo Editorial Nacional – maior plataforma editorial brasileira no segmento científico, técnico e profissional – publica conteúdos nas áreas de concursos, ciências jurídicas, humanas, exatas, da saúde e sociais aplicadas, além de prover serviços direcionados à educação continuada.

As editoras que integram o GEN, das mais respeitadas no mercado editorial, construíram catálogos inigualáveis, com obras decisivas para a formação acadêmica e o aperfeiçoamento de várias gerações de profissionais e estudantes, tendo se tornado sinônimo de qualidade e seriedade.

A missão do GEN e dos núcleos de conteúdo que o compõem é prover a melhor informação científica e distribuí-la de maneira flexível e conveniente, a preços justos, gerando benefícios e servindo a autores, docentes, livreiros, funcionários, colaboradores e acionistas.

Nosso comportamento ético incondicional e nossa responsabilidade social e ambiental são reforçados pela natureza educacional de nossa atividade e dão sustentabilidade ao crescimento contínuo e à rentabilidade do grupo.

COORDENADORES:
DANIELE DE LUCENA ZANFORLIN COUTINHO
GABRIEL AUGUSTO LUÍS TEIXEIRA GONÇALVES
JIMMY LAUDER MESQUITA LUCENA
MATHEUS MELLO PEREIRA

FAZENDA PÚBLICA na RECUPERAÇÃO JUDICIAL e FALÊNCIA

- O autor deste livro e a editora empenharam seus melhores esforços para assegurar que as informações e os procedimentos apresentados no texto estejam em acordo com os padrões aceitos à época da publicação, e todos os dados foram atualizados pelo autor até a data de fechamento do livro. Entretanto, tendo em conta a evolução das ciências, as atualizações legislativas, as mudanças regulamentares governamentais e o constante fluxo de novas informações sobre os temas que constam do livro, recomendamos enfaticamente que os leitores consultem sempre outras fontes fidedignas, de modo a se certificarem de que as informações contidas no texto estão corretas e de que não houve alterações nas recomendações ou na legislação regulamentadora.

- Fechamento desta edição: *12.11.2021*

- O Autor e a editora se empenharam para citar adequadamente e dar o devido crédito a todos os detentores de direitos autorais de qualquer material utilizado neste livro, dispondo-se a possíveis acertos posteriores caso, inadvertida e involuntariamente, a identificação de algum deles tenha sido omitida.

- **Atendimento ao cliente: (11) 5080-0751 | faleconosco@grupogen.com.br**

- Direitos exclusivos para a língua portuguesa
  Copyright © 2022 by
  Editora Forense Ltda.
  Uma editora integrante do GEN | Grupo Editorial Nacional
  Travessa do Ouvidor, 11 – Térreo e 6º andar
  Rio de Janeiro – RJ – 20040-040
  www.grupogen.com.br

- Reservados todos os direitos. É proibida a duplicação ou reprodução deste volume, no todo ou em parte, em quaisquer formas ou por quaisquer meios (eletrônico, mecânico, gravação, fotocópia, distribuição pela Internet ou outros), sem permissão, por escrito, da Editora Forense Ltda.

- Capa: Fabricio Vale

- **CIP – BRASIL. CATALOGAÇÃO NA FONTE.**
  SINDICATO NACIONAL DOS EDITORES DE LIVROS, RJ.

F295

Fazenda pública na recuperação judicial e falência / Célio do Prado Guimarães Filho... [et al.]; coordenação Daniele de Lucena Zanforlin Coutinho... [et al.]. – 1. ed. – Rio de Janeiro: Forense, 2022.

Inclui bibliografia e índice
ISBN 978-65-596-4290-8

1. Execução contra a fazenda pública – Brasil. 2. Falência – Brasil – Disposições penais. 3. Crime fiscal. 4. Execução fiscal – Brasil. I. Guimarães Filho, Célio do Prado. II. Coutinho, Daniele de Lucena Zanforlin. III. Título.

21-74374 CDU: 347.952:351.76(81)

Meri Gleice Rodrigues de Souza – Bibliotecária – CRB-7/6439

AUTORES

Célio do Prado Guimarães Filho

Procurador da Fazenda Nacional. Especialista em Direito Tributário pela Universidade Cândido Mendes. Mestrando em Políticas Públicas, Estado e Desenvolvimento pelo UNICEUB.

Daniele de Lucena Zanforlin Coutinho

Procuradora da Fazenda Nacional com atuação na área de Recuperação Judicial e Falências. Graduada e pós-graduada na UFPE-FDR – Faculdade de Direito do Recife. Especialista em Direito das Famílias e Sucessões.

Fábio Guimarães Bensoussan

Procurador da Fazenda Nacional. Mestre em Direito Empresarial (Faculdade Milton Campos). Especialista em Direito Público (CAD/UGF) e em Administração Pública (FGV).

Flávia Palmeira de Moura Coelho

Procuradora da Fazenda Nacional, atualmente com atuação perante o STF. Graduada pela UFPE. Especialista em Direito Tributário pela Escola de Administração Fazendária – ESAF.

Gabriel Augusto Luís Teixeira Gonçalves

Procurador da Fazenda Nacional. Foi coordenador do Núcleo de Falências e Recuperações Judiciais da PGFN em São Paulo. Graduado na UFF. Especialista em Direito Tributário.

Guilherme Chagas Monteiro

Procurador da Fazenda Nacional integrante do Núcleo de Falência e Recuperação Judicial em Guarulhos – SP e pós-graduado em Direito Tributário pela Unip – SP.

Isadora Rassi Jungmann

Procuradora da Fazenda Nacional. Especialista em Direito Processual Civil. Especialista em Administração Pública.

Jimmy Lauder Mesquita Lucena

Procurador da Fazenda Nacional com atuação na área de Recuperação Judicial e Falências. Graduado na UFPE-FDR. Especialista em Direito Tributário.

Marcus de Freitas Gouvea

Procurador da Fazenda Nacional. Mestre e doutorando em Direito pela UFMG. Fellow researcher na University of Leeds.

Matheus Mello Pereira

Procurador da Fazenda Nacional com atuação na área de Recuperação Judicial e Falências. Especialista em Direito Tributário.

Patrícia de Araújo Caldeira Brito

Procuradora da Fazenda Nacional. Especialista em Direito do Estado pela Escola Superior da Procuradoria-Geral do Estado de São Paulo. Especialista em Direito Público com Ênfase em Advocacia Pública pela Escola Superior de Advocacia ESA-SP. Pós-graduada em Direitos Fundamentais pelo IBCCRIM-Coimbra.

Thiago Morelli Rodrigues de Sousa

Procurador da Fazenda Nacional, especialista em Direito Público pela Escola da Magistratura do Rio Grande do Sul.

APRESENTAÇÃO

A ideia de envidar um esforço coletivo para a elaboração da presente obra surgiu a partir de debates suscitados pela atuação profissional diuturna do autores em divisões da Procuradoria-Geral da Fazenda Nacional especializadas na representação da União no âmbito de recuperações judiciais e falências.

Os desafios de advogar os interesses da Fazenda Pública nos processos de insolvência tornaram claro que muitas das questões enfrentadas eram pouco examinadas pelos manuais tradicionais de direito empresarial e, portanto, merecedoras de aprofundamento teórico, sempre norteado pela perspectiva da análise pragmática e sem qualquer pretensão de esgotamento definitivo da matéria.

Com a extensa reforma da Lei de Falências e Recuperações Judiciais, ao final de 2020, a participação do Fazenda Pública nesses processos se tornou ainda mais intensa e complexa, justificando o intento dos autores de se debruçarem sobre essa atuação para explorar as novas possibilidades que foram descortinadas com as alterações legislativas.

De fato, a partir de agora será imprescindível que todos os atores envolvidos nesses complexos processos judiciais, inclusive os próprios empresários, conheçam em detalhes como se dá essa participação.

Espera-se, desse modo, que o presente livro possa servir de subsídio robusto para aqueles que busquem se inteirar de modo mais especializado acerca das diversas nuances relativas à atuação da Fazenda Pública diante do deferimento da recuperação judicial ou da decretação da falência de seus devedores.

Ao fim e ao cabo, para além de refletir a ótica da Fazenda Pública sobre os temas, trata-se de livro genuinamente vocacionado ao diálogo aberto sobre recuperações judiciais e falências com estudantes e professores de direito, advogados, juízes, procuradores e administradores judiciais que lidem com tais matérias, seja na área acadêmica, seja na área profissional, não só pelo enriquecimento do debate, mas também para consulta e compreensão da posição do credor público em sua atuação.

Os coordenadores

PREFÁCIO

A falência e a recuperação judicial vêm, ao longo do tempo, tendo sua legislação aperfeiçoada, com incremento na doutrina que se dedica ao estudo de sua dogmática. Tradicionalmente, havia uma distância entre a posição da Fazenda Pública e o regramento da falência e da recuperação judicial. Os créditos fiscais não se sujeitavam a concurso de credores, nem se submetiam à falência. A necessidade de preservação da empresa, de observância da ordem de preferência dos créditos, a alteração na classificação dos créditos e de suas preferências foram modificando essa relação entre a Fazenda Pública e a falência e a recuperação judicial.

Durante todo esse período, presenciou-se o incremento, a organização, o aparelhamento, o desenvolvimento e a crescente importância da advocacia pública e, sobretudo, da Procuradoria Geral da Fazenda Nacional. Sua atuação tem se desenvolvido e se aperfeiçoado nas diversas falências e recuperações judiciais.

E, para melhor compreender esse cenário, alguns dos mais atuantes procuradores da Fazenda Nacional organizaram importante coletânea de textos jurídicos, todos com conteúdo importante, de destacado impacto teórico e alta repercussão prática, relacionados com a atuação da Fazenda Pública em processos de falência e de recuperação judicial (e, até mesmo, em recuperação extrajudicial).

A coletânea reúne, com efeito, importantes textos de Célio do Prado Guimarães Filho, Daniele de Lucena Zanforlin Coutinho, Fábio Guimarães Bensoussan, Flávia Palmeira de Moura Coelho, Gabriel Augusto Luís Teixeira Gonçalves, Guilherme Chagas Monteiro, Isadora Rassi Jungmann, Marcus de Freitas Gouvea, Matheus Mello Pereira, Jimmy Lauder Mesquita Lucena, Patrícia de Araújo Caldeira Brito e Thiago Morelli Rodrigues de Sousa.

Todos os textos merecem uma leitura atenta, pois trazem boas contribuições, cada um dedicado a um tema específico, com enfoques teóricos e práticos de destacada relevância.

A iniciativa é muito boa, pois divulga ideias interessantes, oportunas e importantes sobre tema de alta relevância, contribuindo para o debate acadêmico e fornecendo material de qualidade para discussões práticas.

A Procuradoria-Geral da Fazenda Nacional está de parabéns, por ter em seus quadros profissionais de reconhecida capacidade técnico-científica. Os procuradores da Fazenda Nacional estão de parabéns pela elogiável iniciativa e por escreverem bons textos, mediante os quais divulgam suas ideias. Os leitores também estão de parabéns por desfrutarem de material de qualidade para seus estudos e para sua atualização.

Estão, enfim, todos de parabéns. Apresso-me para encerrar este prefácio, a fim de não tomar mais o tempo do leitor e convidá-lo a iniciar a proveitosa leitura dos textos que compõem a presente coletânea.

Recife, 26 de outubro de 2021.

Leonardo Carneiro da Cunha

Mestre em Direito pela UFPE. Doutor em Direito pela PUC/SP, com pós-doutorado pela Universidade de Lisboa. Professor associado da Faculdade de Direito do Recife (UFPE), nos cursos de graduação, especialização, mestrado e doutorado. Procurador do Estado de Pernambuco, advogado, árbitro e consultor jurídico.

SUMÁRIO

Lista de abreviaturas e siglas.. XIII

Introdução: A evolução da legislação de regência da falência e
da recuperação judicial
Gabriel Augusto Luís Teixeira Gonçalves, Jimmy Lauder Mesquita
Lucena e Matheus Mello Pereira.. 1

Tomo I
RECUPERAÇÃO JUDICIAL E FAZENDA PÚBLICA

Capítulo I – Os efeitos do deferimento da recuperação judicial
sobre os créditos públicos e a regularidade fiscal
Daniele de Lucena Zanforlin Coutinho.. 9

Capítulo II – Instrumentos para regularização do passivo fiscal
Gabriel Augusto Luís Teixeira Gonçalves.. 31

Capítulo III – Atos de constrição e cooperação judicial
Flávia Palmeira de Moura Coelho... 55

Capítulo IV – Alienação de unidade produtiva isolada na recuperação judicial e a sucessão de obrigações tributárias
Marcus de Freitas Gouvea e Fábio Guimarães Bensoussan.............. 77

Capítulo V – A contratação de empresas em recuperação judicial
pelo Poder Público
Patrícia de Araújo Caldeira Brito... 97

Tomo II
FALÊNCIA E FAZENDA PÚBLICA

Capítulo VI – Do pedido de falência pelo credor público
Thiago Morelli Rodrigues de Sousa 117

Capítulo VII – Dos efeitos da decretação da falência em relação à cobrança do crédito tributário
Isadora Rassi Jungmann 133

Capítulo VIII – Da classificação dos créditos públicos na ordem de pagamento da falência
Guilherme Chagas Monteiro 153

Capítulo IX – Cobrança do crédito público em face de massa falida
Matheus Mello Pereira 173

Capítulo X – Pedido de restituição de tributos retidos em fonte e não repassados oportunamente à Fazenda Pública
Jimmy Lauder Mesquita Lucena 189

Capítulo XI – Redirecionamento da execução fiscal com fundamento na prática de crimes falimentares por gestores da executada falida
Jimmy Lauder Mesquita Lucena 205

Capítulo XII Jimmy Lauder Mesquita Lucena ....
....
205 Capítulo XII – O encerramento da falência e seus efeitos em relação ao crédito público
Célio do Prado Guimarães Filho 219

Epílogo: A contribuição da Fazenda Pública para a difusão da recuperação extrajudicial
Gabriel Augusto Luís Teixeira Gonçalves 237

LISTA DE ABREVIATURAS E SIGLAS

ABJ   –   Associação Brasileira de Jurimetria

AgInt   –   Agravo Interno

AgRg   –   Agravo Regimental

AGU   –   Advocacia-Geral da União

CC   –   Código Civil

CDA   –   Certidão de Dívida Ativa

CF   –   Constituição Federal

CND   –   Certidão Negativa de Débito

COFINS –   Contribuição para o Financiamento da Seguridade Social

CPC   –   Código de Processo Civil

CSLL   –   Contribuição sobre o Lucro Líquido

CTN   –   Código Tributário Nacional

DAU   –   Dívida Ativa da União

FGTS   –   Fundo de Garantia do Tempo de Serviço

IOF   –   Imposto sobre Operações Financeiras

IRPJ   –   Imposto de Renda de Pessoa Jurídica

LEF   –   Lei de Execução Fiscal

LINDB   –   Lei de Introdução às Normas do Direito Brasileiro

LREF   –   Lei de Recuperação de Empresas e Falência

NEPI   –   Núcleo de Estudos de Processo de Insolvência da PUC-SP

NJP   –   Negócio Jurídico Processual

PASEP   –   Programa de Formação do Patrimônio do Servidor Público

PGF   –   Procuradoria-Geral Federal

PGFN   –   Procuradoria-Geral da Fazenda Nacional

PGU   –   Procuradoria-Geral da União

PIS   –   Programa de Integração Social

PRDI	–	Pedido de Revisão de Dívida Inscrita
PRJ	–	Plano de Recuperação Judicial
PUC/SP	–	Pontifícia Universidade Católica de São Paulo
REsp	–	Recurso Especial
RFB	–	Receita Federal do Brasil
RJ	–	Recuperação Judicial
STF	–	Supremo Tribunal Federal
STJ	–	Superior Tribunal de Justiça
TCU	–	Tribunal de Contas da União
TJ/SP	–	Tribunal de Justiça do Estado de São Paulo
UPI	–	Unidade Produtiva Isolada

Introdução

A EVOLUÇÃO DA LEGISLAÇÃO DE REGÊNCIA DA FALÊNCIA E DA RECUPERAÇÃO JUDICIAL

Gabriel Augusto Luís Teixeira Gonçalves
Jimmy Lauder Mesquita Lucena
Matheus Mello Pereira

Nos idos de 2005, quando da edição da Lei 11.101 (LREF), o legislador optou por trazer a Fazenda Pública um pouco mais para perto dos processos de insolvência, ao contrário do que fazia o Decreto-Lei 7.661/1945, diploma normativo anterior que regulamentava essas ações. Não obstante, havia ainda alguma distância que não permitia uma participação mais efetiva nesses processos, o que foi agora profundamente modificado com a reforma da LREF pela Lei 14.112/2020, que entendeu que a presença do Fisco é essencial para o bom desenrolar dos processos de insolvência, e para isso trouxe vários mecanismos que facilitam essa aproximação.

Com efeito, à época do DL 7.661/1945 o Fisco não se submetia à ordem de pagamentos nas falências[1], e nas concordatas era exigido o pagamento de todos os impostos como condição prévia para prosseguimento e para se evitar a decretação da falência (art. 174, I). Já com a chegada da LREF e da Lei Complementar 118/2005 (que fez as alterações

---

[1] Como ensinam Paulo Penalva e Luís Felipe Salomão: "Até o advento da Lei 11.101/2005 e da Lei Complementar 118/2005, o crédito tributário não se sujeitava à classificação de créditos, cabendo ao fisco prosseguir nas execuções fiscais fora da falência" (*Recuperação judicial, extrajudicial e falência*: teoria e prática. Rio de Janeiro: Forense, 2012. p. 170).

necessárias no CTN), algumas inovações foram implementadas, como a submissão da Fazenda Pública ao concurso material de credores nos procedimentos falimentares (art. 83), e a necessidade de regularização fiscal para as empresas em recuperação judicial apenas no momento da homologação do plano aprovado pelos credores concursais (arts. 57 e 58), além de dispor sobre a elaboração de um parcelamento específico para essas empresas (art. 68).

Apesar dessas mudanças, a participação da Fazenda Pública nos processos de insolvência continuou sem ser completa. Por exemplo, ela continuou ficando de fora do concurso formal de credores, podendo ajuizar e prosseguir com suas execuções fiscais[2]. Além disso, para os então novos procedimentos de recuperação judicial e extrajudicial, também se decidiu por não incluir a participação da Fazenda Pública. Nesse sentido, o § 1º do artigo 161 da LREF prevê expressamente que os créditos de natureza tributária não se submetem à recuperação extrajudicial. E o seu artigo 68, que trata do parcelamento específico para as recuperandas, acabou demorando para ser regulamentado, o que levou a jurisprudência[3] a entender pela ineficácia do art. 57, concedendo as recuperações judiciais mesmo quando o passivo fiscal estava em aberto. Inclusive, logo após a publicação da Lei, a própria doutrina[4] já vinha criticando a redação do

---

[2] "As ações judiciais tramitam nos juízos de origem até que exista um valor líquido contra a massa (isto é, até apuração final do crédito), quando, então, esse montante será habilitado junto ao juízo falimentar. O fisco é a única exceção a essa sistemática, pois o crédito fazendário não se submete a concurso, podendo as execuções fiscais serem propostas, mesmo após a decretação da quebra, fora do juízo falimentar (CTN, art. 187; art. 29 da Lei 6.830/1980). (...) Na prática, o que normalmente ocorre é o seguinte: promove-se ou continua-se a promover a execução fiscal, com a penhora do crédito fazendário no rosto dos autos do processo falimentar. O administrador judicial, devidamente citado, deverá levá-lo em consideração quando da ordenação do quadro geral de credores e do efetivo pagamento, respeitando a ordem estabelecida no art. 83 da LREF" (João Pedro Scalzilli. Recuperação de empresas e falência: teoria e prática na Lei 11.101/2005. Almedina Brasil. p. 1390-1391. Edição do Kindle).

[3] STJ, REsp 1.187.404/MT, Corte Especial.

[4] "Diante do maior rigor adotado pela lei atual, que transforma a apresentação das certidões em requisito para a própria concessão do regime especial, não será de causar surpresa o fato de a jurisprudência vir a manter a orientação anterior, de modo a conceder-se a recuperação judicial a despeito da falta de certidões negativas apresentadas pelo devedor. A flexibilização da regra pela jurisprudência talvez seja a única forma de evitar a total inviabilização do sistema de recuperação que pode decorrer da aplicação isolada do

artigo 57, uma vez que ainda não havia soluções específicas para o passivo fiscal das empresas em recuperação judicial.

Muito desse afastamento do Fisco dos processos de insolvência na redação original da LREF decorre do fato de que naquele período ainda havia uma ideia muito arraigada de que a indisponibilidade do crédito público era um princípio absoluto e de que era inviável haver qualquer tipo de negociação com a Fazenda Pública, além do receio de que a participação do Fisco acabasse por burocratizar ainda mais o ambiente dinâmico de que necessitam os processos de insolvência.

Entretanto, a prática judicial dos últimos 15 anos demonstrou que a aproximação da Fazenda Pública era importante para que tanto a falência chegasse a um bom termo, pagando todos os créditos possíveis conforme a ordem legal de pagamento dos credores, quanto a recuperação judicial atingisse sua finalidade, de reerguer uma empresa viável.

Sem mecanismos que possibilitassem essa aproximação, o que se tinha muitas vezes eram falências intermináveis, nas quais não se conseguia organizar o passivo fiscal, prejudicando o pagamento dos demais credores, ou a concessão de recuperações judiciais que em realidade eram completamente inviáveis, nas quais as dívidas tributárias foram completamente ignoradas.

Por isso, alguns ajustes eram necessários na LREF no tocante à relação da Fazenda Pública com os processos de insolvência, e foi o que fez a Lei 14.112/2020. As modificações efetuadas buscam atualizar essa relação para os novos tempos, reconhecendo que há diversas opções de negociação com o Fisco, e que o seu envolvimento maior no sistema jurídico das ações de insolvência é salutar e necessário, a fim de simplificar e organizar os procedimentos, e fazer com que caminhem a contento.

Ademais, eles chegam em um momento de maior maturidade das Fazendas Públicas, cuja atuação vem reconhecidamente sendo aprimorada para permitir que tomem parte em ambientes de consenso e colaboração, sopesando custos e benefícios, avaliando a eficácia das medidas a serem tomadas e adotando uma postura cooperativa para que os processos cheguem a uma solução que atenda materialmente aos objetivos da lei, sem se pautar por um formalismo excessivo (o que não significa desprezar por completo as formas legais ou ignorar os princípios que regem a atividade

---

art. 57, pelas razões anteriormente destacadas" (MUNHOZ, Eduardo Secchi. *Comentários à lei de recuperação de empresas e falência*. São Paulo: Revista dos Tribunais, 2007. p. 285).

administrativa, como a legalidade, a impessoalidade, a moralidade, a publicidade e a eficiência, mas sim efetivá-los na prática). Dessa forma, a participação da Fazenda Pública passa a estimular o dinamismo dos processos de insolvência, ao invés de frear seu desenvolvimento.

Entre os importantes avanços que a nova legislação trouxe podemos citar, nas falências, o incidente de classificação do crédito público, que permitirá a análise completa de todos os créditos públicos de uma vez, e na recuperação judicial as novas opções de parcelamento e transação para as recuperandas, que possibilitarão uma efetiva regularização do passivo fiscal e a consequente aplicação (tardia) da regra constante do art. 57.

Com esses novos instrumentos, as perspectivas são de que a Fazenda Pública contribua, de um lado, para que as falências caminhem de maneira célere, com a promulgação rápida de um quadro-geral de credores que inclua os créditos públicos, e com isso permitindo que a liquidação dos passivos da massa falida seja efetuada com segurança jurídica. Por outro lado, o Fisco deve contribuir também para que as recuperações judiciais alcancem o objetivo desejado, de readequação de todo o passivo da empresa em crise, que agora encontrará um caminho verdadeiramente sustentável para se soerguer.

Considerando tudo isso, nos parece que a reforma da LREF conseguiu promover importantes mudanças no tratamento da participação da Fazenda Pública nos processos de insolvência, trazendo uma salutar aproximação que deve fortalecer a posição do crédito público, que andava sendo deixado de lado na falência e na recuperação judicial.

De fato, novas perspectivas surgem com a entrada em vigor da Lei 14.112/2020, garantindo que boa parte dos conflitos surgidos nos últimos anos sejam resolvidos satisfatoriamente. Acreditamos que, com as mudanças operadas, o credor público passe a fazer parte efetivamente da equação que envolve o sistema jurídico de insolvência, sendo considerado como uma peça importante do quebra-cabeça pelos demais credores, Ministério Público, administradores judiciais e, claro, o próprio Judiciário.

Observe-se que mesmo pequenas alterações, como a obrigatoriedade de que a petição inicial da recuperação judicial contenha o relatório detalhado do passivo fiscal (inciso X do art. 51), conduzem a uma maior relevância da Fazenda Pública nesses processos, reconhecendo que a análise das dívidas fazendárias é um importante componente para se verificar a viabilidade da recuperação da empresa em crise.

O sistema de insolvência inaugurado pela Lei 11.101/2005 prevê uma intensa colaboração entre os participantes, em um esquema de freios e contrapesos que abrange também o Ministério Público e o Administrador Judicial, tanto na falência quanto na recuperação judicial. A valorização do papel da Fazenda Pública (mesmo sendo um credor extraconcursal na RJ) faz com que seus créditos sejam finalmente inseridos nessa sistemática, passando a contar também com a colaboração dos demais participantes na fiscalização de seus créditos e na cobrança da regularização deles, visto que agora fica claro que não podem ser ignorados.

Com isso, espera-se que a inclusão e o pagamento dos créditos fiscais nos procedimentos falimentares sejam feitos de forma mais tranquila e com menos percalços. E que, de uma vez por todas, o por vezes renegado artigo 57 da LREF passe a ser efetivamente aplicado, guiando as recuperandas a buscarem a equalização de seu passivo fiscal.

Tomo I
RECUPERAÇÃO JUDICIAL E FAZENDA PÚBLICA

Capítulo I

OS EFEITOS DO DEFERIMENTO DA RECUPERAÇÃO JUDICIAL SOBRE OS CRÉDITOS PÚBLICOS E A REGULARIDADE FISCAL

Daniele de Lucena Zanforlin Coutinho

Sumário: 1. Introdução – 2. Deferimento do processamento da recuperação judicial e o crédito tributário – 3. A exigência legal da regularidade fiscal para a homologação do plano de recuperação judicial: controvérsias jurisprudenciais – 4. Alterações da Lei de Falências e Recuperações e a regularidade fiscal: reafirmação da higidez do art. 57 e desafetação do Tema 987 – 5. Inclusão do crédito não tributário no plano de recuperação judicial – Referências.

1. INTRODUÇÃO

A Lei nº 11.101/05, substituindo o antigo procedimento da concordata, introduziu no ordenamento brasileiro a opção do Estado por uma política tributária e empresarial que permitisse o soerguimento da empresa em crise, o pagamento dos credores privados, assim como o equacionamento da dívida tributária, de forma que a proteção da atividade econômica e da fonte de empregos não se fizesse sem a observação da arrecadação fiscal.

O Poder Legislativo permitiu, portanto, a recuperação das sociedades e dos empresários de fato recuperáveis, retirando do mercado aqueles cuja crise se revele irreversível. A recuperação, como dito, não é de toda e qualquer empresa que o requeira, mas daquelas que, cumpridos os requisitos legais, de fato demonstrem cabalmente a capacidade de soerguimento da atividade empresarial.

A análise em questão não pode se dissociar da observação do impacto do passivo tributário da empresa, não só pela exegese da legislação, a qual é clara e inquestionável quanto à observação do crédito tributário; mas também em decorrência da própria lógica, posto que não pode uma atividade se soerguer ao deixar em aberto um passivo tributário de relevante monta.

Desta forma, passaremos a demonstrar os efeitos do deferimento da recuperação judicial sobre os créditos públicos, assim como analisaremos a exigência de regularidade fiscal em face da norma legal e da jurisprudência, culminando com o impacto da reforma da Lei nº 11.101/05 no tema em estudo, buscando, ao fim e ao cabo, demonstrar a incorreção do posicionamento que entende pela ineficácia das normas legais que determinam o equacionamento do crédito tributário pelo devedor em crise.

2. DEFERIMENTO DO PROCESSAMENTO DA RECUPERAÇÃO JUDICIAL E O CRÉDITO TRIBUTÁRIO

O deferimento do processamento da recuperação judicial, nos termos do art. 6º da Lei nº 11.101/05, implica relativamente aos créditos ou obrigações sujeitas à recuperação judicial: (1) a suspensão do curso da prescrição das obrigações do devedor; (2) a suspensão das execuções ajuizadas contra o devedor, inclusive daquelas dos credores particulares do sócio solidário; e, (3) a proibição de qualquer forma de retenção, arresto, penhora, sequestro, busca e apreensão e constrição judicial ou extrajudicial sobre os bens do devedor, oriunda de demandas judiciais ou extrajudiciais.

Essas suspensões e proibições perdurarão pelo prazo de 180 (cento e oitenta) dias, contado do deferimento do processamento da recuperação. Trata-se do chamado *stay period*, cuja nova redação do § 4º do art. 6º em referência estabelece a probabilidade de prorrogação por igual período, uma única vez, em caráter excepcional, desde que o devedor não haja concorrido para a superação do lapso temporal.

O *stay period*, ou período de respiro, portanto, é o prazo concedido pela Lei para que o devedor, sem as pressões decorrentes dos feitos executivos e de cobrança, possa negociar com seus credores, compondo com eles os termos da nova forma de pagamento das suas dívidas, posteriormente a ser objeto do plano de recuperação judicial que, uma vez aprovado e homologado, importará novação das dívidas. Finalizado o período de respiro sem deliberação a respeito do plano de pagamentos, as

Cap. I • OS EFEITOS DO DEFERIMENTO DA RECUPERAÇÃO JUDICIAL | 11

ações e as execuções voltam a correr automaticamente, sem necessidade de deliberação judicial neste sentido.

A suspensão em comento não se aplica, contudo, ao Fisco. Isso porque, a cobrança do crédito tributário, nos termos do art. 187 do CTN e do art. 29 da Lei nº 6.830/80, não se sujeita a concurso de credores ou habilitação em falência ou recuperação judicial. Esse entendimento se compatibiliza, ainda, com o art. 5º da Lei nº 6.830/80 que estabelece a competência exclusiva do Juízo da Execução Fiscal para processar e julgar a execução da Dívida Ativa da Fazenda Pública, excluindo, portanto, qualquer outro.

Nesse sentido, a Lei nº 11.101/05, em sua redação original, previu no art. 6º, § 7º, que as execuções fiscais não são suspensas pelo deferimento da recuperação judicial. Com a reforma promovida pela Lei nº 14.112/20, a previsão contida no § 7º (ora revogado) foi substituída pelo § 7º-B, segundo o qual as suspensões/proibições não se aplicam à execução fiscal, admitida, no entanto, a competência do juízo da recuperação judicial para determinar a substituição dos atos de constrição que recaiam sobre os bens de capital essenciais à manutenção da atividade empresarial até o encerramento da recuperação judicial.[1]

A essas determinações legais, soma-se o art. 41 da Lei nº 11.101/05, que estabelece as classes de credores que compõem a assembleia-geral, onde não há a previsão do crédito tributário. Dessa forma, o crédito tributário foi considerado completamente alijado da recuperação judicial, desde a edição da lei em comento, criando o mito da exclusão do crédito tributário das recuperações judiciais.

Não obstante a modificação promovida pela revogação do § 7º e edição do § 7º-B, importante registrar a evolução doutrinária e jurisprudencial a respeito da cobrança do crédito tributário nas recuperações

---

[1] "Em outras palavras, o deferimento do processamento da recuperação judicial, por si só, não impede o pleno prosseguimento das execuções fiscais, com a ressalva de se admitir a competência do juízo da recuperação judicial para determinar a substituição dos atos de constrição que recaiam sobre bem essenciais à manutenção da atividade empresarial até o encerramento da recuperação judicial, a qual será implementada mediante a cooperação jurisdicional" (LUCENA, Jimmy Lauder Mesquita; PEREIRA, Matheus Mello. Atualização da Lei de Falência – breves comentários sob a perspectiva do Fisco. *Jota*. Disponível em: <https://www.jota.info/opiniao-e-analise/artigos/atualizacao-da-lei-de-falencia-breves-comentarios-sob-a-perspectiva-do--fisco-11122020>. Acesso em: 1º abr. 2021).

judiciais após a edição da Lei nº 11.101/05, uma vez que essencial para compreendermos as dificuldades ainda pertinentes neste momento. Conforme afirmamos, o arcabouço legislativo, não obstante inquestionável em nosso sentir, foi interpretado como excludente de toda e qualquer tentativa de cobrança do crédito tributário, por supostamente incompatível com as demais normas da Lei nº 11.101/05.

Com efeito, o objetivo do legislador era salvaguardar o crédito tributário, indisponível e sujeito ao princípio da legalidade estrita, do sistema de deságio próprio da recuperação judicial, mas incompatível com o regime público do crédito tributário. Tal fato, no entanto, não autoriza o entendimento corriqueiro que afasta toda e qualquer tentativa das Fazendas de se socorrerem do processo de recuperação para obter a repactuação do crédito tributário.

Não há dúvidas de que a Lei nº 11.101/05 representou, ao tempo de sua edição, inovação ao privilegiar o princípio da preservação da empresa, objetivando, com isso, conceder à pessoa jurídica efetivo contexto para buscar a superação da crise, mantendo postos de emprego e aquecendo o mercado brasileiro. Tal soerguimento, contudo, não pode ocorrer sem uma efetiva proteção dos credores da empresa em situação de dificuldades, em especial o tributário, haja vista o destino do produto da arrecadação para toda a sociedade.

É por esta razão que a homologação do plano e o deferimento da recuperação judicial dependem essencialmente da apresentação de certidão de regularidade fiscal (negativa ou positiva com efeito de negativa), nos termos do art. 57 da Lei nº 11.101/05, em que o recuperando demonstre que a par de ter obtido a novação dos credores privados, também se encontra em situação regular perante o Fisco. As dificuldades inerentes ao equacionamento do passivo tributário não passaram despercebidas pelo legislador, que previu no art. 68 da LRF a instituição de um parcelamento especial pelos credores públicos, figurando como instrumento de renegociação das dívidas tributárias da empresa recuperanda.

Ora, o regime desenhado pela Lei de Falências não deixa dúvidas a respeito da inexistência de brechas: (1) as Execuções Fiscais não se suspendem em virtude do processo de recuperação judicial, exceto se suspensa a exigibilidade dos respectivos débitos;[2] (2) a não suspensão se justifica em virtude da não participação do crédito tributário no plano de

---

[2] O que admitiria a expedição de certidão de regularidade fiscal ao menos em face daquele débito.

recuperação judicial, posto que incompatível com o seu regime jurídico; (3) o crédito tributário não participa do plano de recuperação, mas é exigida a apresentação de certidão de regularidade fiscal; (4) a apresentação dessa certidão é viabilizada pelo parcelamento especial previsto no art. 68 da Lei nº 11.101/05; (5) parcelado o débito e apresentada a certidão, suspensa estará a exigibilidade da dívida da pessoa jurídica, o que importará suspensão das respectivas execuções fiscais.

Dessa forma, demonstra-se que a lógica por trás do sistema previsto pela Lei nº 11.101/05 não merecia reparos, por compreender, a um só tempo, a necessidade de repactuação de toda a dívida da empresa em crise, inclusive a tributária, mas com a observância do regime jurídico desta última, que não autorizaria negociações em sede privada, como é o caso do plano unilateralmente proposto pelo devedor dentro da recuperação judicial. Não se descuidou, por outro lado, da necessidade de observação da situação de crise da empresa também pelo Fisco, razão pela qual exigiu o estabelecimento de uma norma especial de parcelamento, que leve em consideração, justamente, a situação diferenciada em questão.

Não obstante tudo isso, a doutrina especializada, construída dentro do âmbito do Direito Empresarial, sem a participação ou a observação do Direito Tributário, das Finanças Públicas ou mesmo da Política Tributária, construiu entendimento contrário à eficácia do art. 57 da norma pela suposta incompatibilidade com a totalidade da Lei nº 11.101/05 e com a preservação da empresa.

De acordo com essa parcela da doutrina,[3] a alta complexidade do sistema tributário torna dificultosa a própria compreensão das obrigações tributárias acessórias e principais, o que, aliado com a impossibilidade de não pagamento dos trabalhadores e fornecedores da atividade empresarial, leva à não satisfação do Fisco em primeiro lugar tão logo instaurada uma crise econômica. Em virtude de tal circunstância fática, a dívida tributária alcançaria proporções gravíssimas quando comparada com os demais credores, impossibilitando qualquer pronto pagamento pelo devedor em crise.

A exigência de apresentação de Certidão Negativa de Débito Tributário para a concessão da recuperação judicial, assim, tornaria inviável, na

---

[3] SACRAMONE, Marcelo Barbosa. *Comentários à Lei de Recuperação de Empresas e Falência.* São Paulo: Saraiva Educação, 2018. p. 257.

prática, o instituto da recuperação ao impor ônus excessivo ao devedor. Outrossim, criaria tratamento privilegiado à União, aos Estados e Municípios, pois condicionaria a possibilidade de reestruturação de todos os outros créditos à regularidade do débito tributário.[4]

Assim, o suposto tratamento privilegiado decorrente da exigência do art. 57 da Lei nº 11.101/05 não se justificaria, posto que numa eventual falência da empresa em crise o pagamento do crédito tributário não se daria em primeiro lugar, mas apenas após os credores trabalhistas e os credores com garantia real. De acordo com essa parcela da doutrina, portanto, condicionar a concessão da recuperação judicial à demonstração de que todas as obrigações tributárias foram satisfeitas contraria a garantia constitucional de tratamento igualitário entre todos os agentes, além das normas da LREF e o interesse econômico da Fazenda Pública no recebimento da maior quantidade de seus créditos, além de inviabilizar o sucesso da recuperação judicial, razão pela qual "sua aplicação isolada, portanto, deverá ser afastada pelo intérprete e aplicador".[5]

Não podemos concordar com essa linha de pensamento. A despeito do art. 57 da Lei nº 11.101/05 exigir a apresentação de certidões *negativas* de débitos tributários, expressamente cita os arts. 151, 205 e 206 do CTN. Ora, o art. 206 dispõe que a certidão positiva com efeitos de negativa tem os mesmos efeitos da certidão negativa de débito. Não há a exigência pela lei, portanto, que o passivo fiscal seja completamente pago antes da homologação do plano e a concessão da recuperação judicial em detrimento dos credores trabalhistas, por exemplo. Nem o poderia sê-lo, eis que a situação de crise da empresa exige repactuação igualmente em face do credor tributário. O que a norma legal demanda é que o devedor tenha promovido, ao menos, a suspensão da exigibilidade do passivo fiscal, o que pode se dar em todas as modalidades previstas nos incisos do art. 151 do CTN.

Não há, portanto, tratamento privilegiado para o credor fiscal, muito pelo contrário. A vontade do legislador é evidente ao compreender a neces-

---

[4]   SACRAMONE, Marcelo Barbosa. *Comentários à Lei de Recuperação de Empresas e Falência*. São Paulo: Saraiva Educação, 2018. p. 258.

[5]   Idem. Em sentido semelhante: PEREIRA, Alexandre Demetrius. *A exigência de certidões negativas de débitos tributários na recuperação judicial: uma análise da decisão do STF*. Portal Migalhas. Disponível em: <https://www.migalhas. com.br/coluna/insolvencia-em-foco/333379/a-exigencia-de-certidoes-negativas-de-debitos-tributarios-na-recuperacao-judicial--uma-analise-da-decisao-do-stf >. Acesso em: 29 mar. 2021.

sidade de repactuação de todo o passivo do devedor, inclusive o tributário, cuja vocação para a composição do orçamento público reverte em benefícios para toda a sociedade e não apenas para o grupo de credores da empresa em crise. Assim, deve ser afastada qualquer alegação no sentido de que a não aplicação do art. 57 em análise decorreria de uma incompatibilidade desse dispositivo com a completude do sistema da LFRE, já que, inclusive, foi determinada a previsão de uma modalidade específica de parcelamento tributário para que a empresa em crise possa negociar com o Fisco.

Não obstante a completude do sistema, a mora dos entes tributantes em regulamentar o parcelamento especial previsto no art. 68 da Lei nº 11.101/05 contribuiu significativamente para que os Tribunais fundamentassem a ineficácia do art. 57 da mesma norma legal na omissão legislativa injustificável.

3. A EXIGÊNCIA LEGAL DA REGULARIDADE FISCAL PARA A HOMOLOGAÇÃO DO PLANO DE RECUPERAÇÃO JUDICIAL: CONTROVÉRSIAS JURISPRUDENCIAIS

A mora na previsão legal do parcelamento especial do art. 68 da Lei nº 11.101/05 (saneada, no âmbito federal, apenas em 2014, com a Lei nº 13.043, que introduziu o art. 10-A na Lei nº 10.522/02 e a posterior regulamentação pela Portaria PGFN/RFB nº 1, de 13 de fevereiro de 2015[6]) permitiu construção jurisprudencial prejudicial ao crédito tributário, inobstante o § 4º do art. 155-A do CTN estabelecer a possibilidade de aplicação das leis gerais de parcelamento no vácuo legislativo.

Percebe-se, portanto, que a despeito da omissão inicial dos entes tributantes em regulamentar o parcelamento especial em questão, o microssistema de recuperação de créditos tributários em face de empresas em recuperação judicial não possuía falhas, uma vez que previa a possibilidade de utilização do parcelamento geral enquanto pendente a regulamentação em questão.

A despeito da redação clara do art. 155-A do CTN, a Corte Especial do Eg. STJ (REsp 1187404/MT)[7] estabeleceu o entendimento de que o

---

[6]   A Portaria PGFN/RFB nº 1, de 13 de fevereiro de 2015, foi revogada pela Portaria Conjunta PGFN nº 5.077/2020, em virtude das alterações promovidas pela Lei nº 14.112/20 no parcelamento previsto na Lei nº 10.522/02, conforme veremos adiante.

[7]   "3. O parcelamento tributário é direito da empresa em recuperação judicial que conduz a situação de regularidade fiscal, de modo que eventual

parcelamento tributário previsto no art. 68 da Lei nº 11.101/05 é direito essencial da empresa que busca a recuperação judicial, sendo o descumprimento do art. 57 da referida Lei decorrência exclusiva da omissão legislativa, não podendo a exigência de Certidão de Regularidade figurar como óbice à concessão da recuperação judicial.

Com efeito, a despeito do quanto defendido até o presente momento, o entendimento da Corte Superior privilegiou a preservação da empresa (sobre o pagamento do crédito tributário), considerada o mote principal da Lei nº 11.101/05, que não seria compatível com a utilização de um parcelamento ordinário. Dessa forma, a situação de crise da atividade empresarial exigiria o parcelamento especial preconizado pela própria LFRE, sem o qual o art. 57 não poderia ser exigido.

Não obstante, restou claro que o entendimento em questão não pretendia retirar por completo a eficácia da exigência da regularidade fiscal, já que limitado temporalmente ao momento em que o Fisco sanasse a mora legislativa. Mesmo após a superação do óbice previsto na jurisprudência do STJ, especialmente para o Fisco federal, mas igualmente para vários Estados e Municípios, o Judiciário permaneceu aplicando entendimento superado e desprovido de fundamento, concedendo a Recuperação Judicial sem a apresentação da certidão de regularidade fiscal exigida por lei, a exemplo do AgInt no AREsp 1.100.371/RJ[8].

As discussões em torno da cobrança do crédito tributário em face de devedores em recuperação judicial não se encerraram na exigência da CND, tendo sido rapidamente acompanhada das discussões relativas

---

descumprimento do que dispõe o art. 57 da LRF só pode ser atribuído, ao menos imediatamente e por ora, à ausência de legislação específica que discipline o parcelamento em sede de recuperação judicial, não constituindo ônus do contribuinte, enquanto se fizer inerte o legislador, a apresentação de certidões de regularidade fiscal para que lhe seja concedida a recuperação" (REsp 1.187.404/MT, Rel. Min. Luis Felipe Sslomão, Corte Especial, j. 19.06.2013, *DJe* 21.08.2013).

8   "2. De acordo com a jurisprudência pacificada pela Corte Especial, em uma exegese teleológica da nova Lei de Falências, visando conferir operacionalidade à recuperação judicial, é desnecessário comprovação de regularidade tributária, nos termos do art. 57 da Lei n. 11.101/2005 e do art. 191-A do CTN, diante da inexistência de lei específica a disciplinar o parcelamento da dívida fiscal e previdenciária de empresas em recuperação judicial (REsp 1.187.404/ MT, Rel. Ministro Luis Felipe Salomão, Corte Especial, julgado em 19/06/2013, *DJe* 21/08/2013)" (AgInt no AREsp 1.100.371/RJ, Rel. Min. Luis Felipe Salomão, 4ª Turma, j. 08.05.2018, *DJe* 15.05.2018)

à competência do Juízo da Execução Fiscal para determinar a constrição patrimonial de empresas em recuperação judicial.

Não obstante a Segunda Turma do STJ, integrante da Primeira Seção, compreender que a execução fiscal não se suspende em virtude do deferimento da recuperação judicial, a Corte Especial desse mesmo Tribunal compreendeu, na Questão de Ordem no Conflito de Competência nº 120.432/SP, que caberia à Segunda Seção julgar conflito de competência relativo à constrição praticada em Execução Fiscal.

Nesse órgão fracionário, por seu turno, prevaleceu que seria exclusiva a competência do Juízo da Recuperação Judicial para decidir sobre os bens da empresa em recuperação, de sorte que, ainda que não se suspenda a Execução Fiscal, apenas o Juízo da Recuperação possuiria competência para decidir a respeito dos atos de constrição e alienação de bens voltados contra o patrimônio social das sociedades empresárias, em homenagem ao princípio da conservação da empresa.

O estabelecimento desses entendimentos levou à crise do processo de Execução Fiscal em face de devedores em recuperação judicial, eis que, a uma, não é exigida a certidão de regularidade fiscal (ainda que já superado o óbice – ao menos do ponto de vista da União Federal – objeto da jurisprudência dominante); e, a duas, não suspenso o processo de execução, também não se permitia o seu adequado processamento, já que inviabilizada a cobrança, mediante constrição patrimonial.

Tal situação culminou com a afetação dos REsp 1.694.261/SP e 1.694.316/SP à sistemática dos Recursos Repetitivos, conforme Tema 987, submetendo a julgamento a "possibilidade da prática de atos constritivos, em face de empresa em recuperação judicial, em sede de execução fiscal de dívida tributária e não tributária". A afetação veio acompanhada da determinação de suspensão nacional de todos os processos que envolvam a controvérsia em análise, o que tem sido aplicado de forma indistinta e indiscriminada por parte dos Juízes Federais, sem qualquer atenção à efetiva existência de discussão a respeito da possibilidade de prática de atos constritivos no caso prático.

Sequer os casos em que demonstrado, de forma fundamentada, que eventual pedido de penhora envolva bem não previsto no plano de recuperação judicial estão sendo suficientes para afastar a aplicação irrestrita da determinação de suspensão das Execuções Fiscais, reconhecendo a competência do Juízo Universal da Recuperação Judicial (figura não prevista na legislação de regência) para decidir sobre a constrição do patrimônio. Sorte melhor não encontram os credores tributários ao buscar o feito recuperacional, onde são recebidos com hostilidade pelos atores envolvidos, os quais, categoricamente, afirmam não haver espaço para a cobrança de crédito tributário dentro dos processos de recuperação judicial, com fundamento no já revogado § 7º do art. 6º da Lei nº 11.101/05.

A cobrança do crédito tributário em face dos devedores em recuperação judicial enfrenta, atualmente, intensa crise de efetividade, em virtude da relativização do microssistema de cobrança do crédito tributário em face de empresas em recuperação judicial. A superação do entendimento jurisprudencial em questão foi sinalizado no REsp nº 1.719.894/RS, da relatoria da Min. Nancy Andrighi, em que restou afastada a exigência da apresentação de certidão de regularidade fiscal pelo único motivo da concessão da recuperação judicial ter ocorrido ainda em 2006, quando não havia a regulamentação do parcelamento especial previsto no art. 68 da Lei nº 11.101/05, do que se compreende, *mutatis mutandi,* que o mesmo não se pode afirmar para uma recuperação judicial requerida após o advento da norma em comento.[9]

Não obstante o claro entendimento decorrente do REsp nº 1.719.894/RS, no REsp nº 1.864.625/SP[10] a própria Min. Nancy Andrighi manteve o entendimento anterior no sentido de negar vigência ao art. 57 da Lei nº 11.101/05, ainda que desprovido de suporte fático atual. Em oposição ao que se esperava, decidiu a Min. Nancy Andrighi que haveria aparente antinomia entre os arts. 57 e 47 da LFRE a ser analisada sob a luz do princípio da proporcionalidade, hipótese em que compreendeu que a exigência legal não se mostraria adequada, tampouco necessária.

A decisão em comento foi objeto da Reclamação Constitucional nº 43.169/SP, ajuizada pela Fazenda Nacional, em virtude da afronta à Súmula Vinculante nº 10 e inobservância da cláusula de reserva de plenário necessária para a análise de constitucionalidade de dispositivo legal. Isso porque, em que pese a decisão tenha citado o precedente da Corte Especial objeto do REsp 1.187.404/MT, afastou-se dele ao decidir pela inaplicabilidade do art. 57 da LFRE com base no princípio da proporcionalidade, e não com base ausência de regulamentação do parcelamento especial, eis que, inclusive, reconhecido expressamente que esse óbice não mais existiria.

Analisando o pedido de liminar objeto da Medida Cautelar na Rcl nº 43.169/SP, o Min. Luiz Fux, então relator, entendeu cabível a reclamação

---

9 REsp 1.719.894/RS, Rel. Min. Nancy Andrighi, 3ª Turma, j. 19.11.2019, *DJe* 22.11.2019.

10 REsp 1.864.625/SP, Rel. Min. Nancy Andrighi, 3ª Turma, j. 23.06.2020, *DJe* 26.06.2020.

constitucional no caso em exame, posto que decidido o afastamento da aplicação do art. 57 da LREF com base em fundamento não analisado pela Corte Especial. No mérito, reconheceu inexistir o caráter draconiano vislumbrado pela decisão do Eg. STJ, reconhecendo que a exigência de certidão havia sido prevista pelo legislador a fim de que o devedor regularizasse a sua situação a partir do parcelamento formalizado com a Administração Tributária, que permitiria, portanto, a expedição da CPEN – Certidão Positiva com Efeitos de Negativa.

Reconheceu expressamente, portanto, que as exigências do art. 57 da LFRE e do art. 191-A do CTN não interditam o pedido de recuperação judicial, apenas exigem que a regularização de tais débitos dê-se dentro das balizas legais. Não bastasse tamanha clareza, a decisão do Eg. STF foi além e reconheceu que o fundamento que outrora justificou o REsp 1.187.404/MT não mais subsistia, eis que a mora na regulamentação do art. 68 da LRF já havia sido superada. Registre-se que esse mesmo entendimento já vinha encontrando algum eco no STJ, conforme se verifica na decisão monocrática proferida no Agravo no REsp nº 1.593.832/SP, que determinou à devedora a apresentação de certidões negativas de débitos tributários para fins de concessão da recuperação judicial.

A mudança de entendimento em análise igualmente não passou despercebida pelo Tribunal de Justiça do Estado do Paraná, que, em 21/09/2020, finalizou o julgamento do Incidente de Inconstitucionalidade nº 0048778-19.2019.8.16.0000, declarando, por 19 votos a 5, a constitucionalidade do art. 57 da Lei nº 11.101/05 e art. 191-A do CTN. No referido julgamento foi apontada como necessária, adequada e proporcional, em sentido estrito, a exigência da certidão de regularidade fiscal, na medida em que a recuperação da empresa deve compreender todos os seus débitos, e não apenas aqueles que se submetem ao plano.

O Tribunal de Justiça de São Paulo, no Agravo de Instrumento nº 2140202-95.2020.8.26.0000, por seu turno, reconheceu que, atualmente, "com a promulgação de legislações a permitir parcelamento de débitos fiscais, não mais se justifica o não cumprimento da regra estabelecida no art. 57 desse diploma legal". Em igual sentido foi a decisão do Tribunal de Justiça do Mato Grosso do Sul nos autos do Agravo de Instrumento nº 1401147-71.2020.8.12.0000.

Com a posse do Min. Fux como presidente do STF, contudo, a relatoria da Reclamação Constitucional nº 43.169/SP foi transferida para o Min. Dias Toffoli que, em decisão publicada em 04/12/2020, negou seguimento ao feito em referência, com fundamento na ausência de requisitos para cabimento do remédio constitucional. A decisão, em que pese ainda não transitada em julgado já que objeto de recurso pela Fazenda Nacional, significou um ponto de disrupção no processo de recondução da jurisprudência nacional a entendimento consentâneo com a realidade do crédito tributário nos processos de recuperação judicial.

Analisando a decisão do Min. Dias Toffoli, argumentou-se que não haveria aderência estrita entre o objeto do ato reclamado e o conteúdo do paradigma do Supremo para que a ação fosse conhecida, ao mesmo passo que defendeu que a natureza infraconstitucional da matéria já havia sido definida na ADC nº 46. Por fim, fundamentou que a decisão do STJ teria sido baseada no precedente da Corte Especial no REsp 1.187.404/MT, o que afastaria a necessidade de observância da cláusula de reserva de plenário.

Analisando a citada fundamentação, verifica-se que ela não se sustenta. Isso porque, em primeiro lugar, a ADC nº 46 não tratou, em nenhum momento, do princípio da proporcionalidade para analisar a constitucionalidade do art. 57 da LFRE, eis que consignado pelo então relator que o autor da ação sequer havia indicado "as normas constitucionais ou princípios fundamentais supostamente violados pela interpretação judicial".[11] Por outro lado, ao afirmar que não haveria aderência estrita para a utilização da Reclamação Constitucional, o Min. Dias Toffoli ignorou a existência de precedentes do STF que reconhecem expressamente o cabimento do instituto em exame em face de decisões de tribunais que afastam a aplicação do art. 57 da LFRE sem atenção à Súmula Vinculante nº 10[12].

Em verdade, portanto, a análise a ser feita na Rcl nº 43.169/SP, uma vez demonstrado o seu cabimento, seria não a respeito do mérito da constitucionalidade ou não do art. 57 da LFRE (caso em que poderíamos cogitar de decisão do STF sobre a natureza infraconstitucional da matéria), mas sim se haveria ou não fundamento da Corte Especial do STJ que lastreasse a decisão da Terceira Turma do STJ no REsp nº 1.864.625/SP. Como é de conhecimento, o único precedente da Corte Especial do STJ é aquele objeto do REsp nº 1.187.404/MT, acima relatado, cuja fundamentação para afastar a aplicação da exigência do art. 57 era

---

[11]   ADC 46 AgR, Rel. Min. Celso de Mello, Tribunal Pleno, j. 31.08.2020, *DJe* 21.09.2020.

[12]   Nesse sentido é a Rcl nº 32.147/PR, da relatoria do Min. Alexandre de Moraes, cuja decisão motivou o Incidente de Inconstitucionalidade nº 0048778-19.2019.8.16.0000 do TJPR. Da mesma forma foi a conclusão chegada na Rcl nº 36.942/MT, onde consignada a nulidade absoluta da decisão colegiada que não observa a Súmula Vinculante nº 10.

unicamente em virtude da omissão na regulamentação do parcelamento especial do art. 68 da LFRE.

O acórdão da Terceira Turma do STJ, contudo, foi claro e expresso ao reconhecer a superação da mora legislativa por parte da União Federal, o que, evidentemente, retira eficácia do precedente em questão e torna impossível a sua utilização como fundamento para o afastamento do art. 57 da LFRE. Qualquer fundamentação utilizada a partir daí (e optou--se pelo princípio da proporcionalidade) demandaria a observância da cláusula de reserva de plenário, o que, *in casu*, não ocorreu.

Equivocada, portanto, a decisão do Min. Dias Toffoli na Rcl nº 43.169/MT, eis que cabível a reclamação constitucional no caso em exame. Mais do que isso, contribuiu significativamente para a manutenção de entendimento jurisprudencial errôneo e para perpetuar a cultura judicial de inadimplência do crédito tributário por empresas em crise financeira. Como dito, o passivo fiscal possui relevância significativa, posto que na esmagadora maioria das vezes sobressai como a maior dívida da empresa que pleiteia o benefício da recuperação, representando percentual muito superior que a soma dos demais credores. Processar uma recuperação judicial sem a atenção ao destino do crédito tributário, portanto, é insistir na falácia de soerguimento de uma atividade empresarial que, ao fim do feito, ainda amargará dívida tributária impagável. Cuida-se de verdadeiro financiamento do Estado brasileiro à custa de toda a sociedade[13].

4. ALTERAÇÕES DA LEI DE FALÊNCIAS E RECUPERAÇÕES E A REGULARIDADE FISCAL: REAFIRMAÇÃO DA HIGIDEZ DO ART. 57 E DESAFETAÇÃO DO TEMA 987

A construção jurisprudencial, especialmente do STJ, contribuiu significativamente com o total embaraço a qualquer tentativa do Fisco

---

[13] "Esse panorama induziu as empresas em crise a ignorarem seu passivo fiscal, o que, somado à duração exacerbada desses feitos, tornou o Fisco o financiador das recuperandas, que enquanto isso negociavam e pagavam credores privados, até mesmo vendendo parte de seu patrimônio (alienação de UPIs). Assim, quando do encerramento da recuperação judicial ou sua convolação em falência, pouco sobrava para o pagamento das dívidas tributárias, em completa inversão da preferência garantida pelo artigo 186 do CTN" (GONÇALVES, Gabriel Augusto Luís Teixeira; ZANFORLIN, Daniele de Lucena. A superação do dualismo entre o crédito tributário e a recuperação judicial. *Jota*. Disponível em: <https://www.jota.info/opiniao-e-analise/artigos/a-superacao-do--dualismo-entre-o-credito-tributario-e-a-recuperacao-judicial-16102020>. Acesso em: 1º abr. 2021).

de obter o adimplemento do passivo fiscal em face de empresas em recuperação judicial, culminando com a suspensão nacional das execuções fiscais em virtude da determinação contida no Tema nº 987 dos Recursos Repetitivos da referida Corte. Ocorre que não só tal posicionamento é flagrantemente contrário à dicção expressa da lei, como não mais se sustenta, ao menos do ponto de vista da União Federal e demais Fazendas que tenham regulamentado o parcelamento especial.

Mais do que regulamentar o parcelamento do art. 68 da LFRE, o Fisco Federal deu passos largos ao editar a Lei nº 13.988/2020, que prevê a transação tributária, abrindo, inclusive, caminho para a inovação pelos demais entes tributantes. Não obstante o tema venha a ser melhor tratado em capítulo adiante, registre-se que a transação é franqueada à empresa em recuperação judicial, possuindo a importante finalidade de viabilizar a superação da situação transitória de crise econômico-financeira do sujeito passivo, mantendo a fonte produtora e o emprego dos trabalhadores, preservando a empresa, a sua função social e o estímulo à atividade econômica, conforme disposto no art. 3º, inc. I, da Portaria PGFN nº 9.917/2020 (alterada pela Portaria PGFN nº 3.026/2021), concedendo relevantes descontos para regularizar a sua situação fiscal em condições diferenciadas.

Um dos grandes focos da União Federal com a transação tributária é, justamente, obter a composição dos créditos tributários classificados pela PGFN como irrecuperáveis, onde se inserem os créditos das empresas em recuperação judicial, tal como disposto no art. 24, inc. III, alínea "b", da referida Portaria. Vale salientar que a importância da transação tributária como forma de repactuação do crédito tributário no âmbito da recuperação judicial foi observada pela decisão monocrática do então Relator Min. Luiz Fux na Rcl nº 43.169, onde reconheceu seu caráter sinalagmático como elemento de regularização dos débitos fiscais e ensejador da obtenção da certidão de regularidade fiscal.

Por fim, há, ainda, a possibilidade de utilização do Negócio Jurídico Processual para autocomposição das partes, previsto no art. 190 do CPC e regulamentado na Portaria PGFN nº 742/2018, onde consta expressa menção à possibilidade de utilização por empresas em recuperação judicial. Patente, portanto, a existência de uma série de institutos capazes de permitir à empresa em recuperação judicial a negociação dos seus débitos em face da União Federal, utilizando-se de programas prontos ou buscando opções customizáveis, com a previsão de relevantes descontos.

Cap. I • OS EFEITOS DO DEFERIMENTO DA RECUPERAÇÃO JUDICIAL | 23

Nesse sentido, inclusive, vale salientar que o Observatório da Insolvência da PUCSP e da Associação Brasileira de Jurimetria,[14] em pesquisa realizada perante os processos de insolvência do Estado de São Paulo, identificou que a média dos descontos concedidos pelos credores privados nas recuperações judiciais fica abaixo dos 50% (cinquenta por cento), o que demonstra o caráter atrativo da transação tributária tal como regulamentada.

Vê-se, portanto, que as possibilidades postas à disposição do devedor que pleiteia a recuperação judicial não são mais as mesmas de quando promulgada a Lei nº 11.101/05. Inclusive, essa norma foi objeto de modificação legislativa pela Lei nº 14.112/2020, tendo restado incólume do art. 57 da norma em questão. Ora, não obstante importante modificação no § 7º do art. 6º, ora substituído pelo § 7º-B,[15] que reconheceu a divisão de competência entre o Juízo da Recuperação Judicial e o Juízo da Execução Fiscal, nada se modificou quanto à exigência legal de apresentação de certidão de regularidade fiscal (negativa ou positiva com efeitos de negativa) para a homologação do plano de recuperação judicial.[16]

---

[14] Recuperação Judicial no Estado de São Paulo – 2ª Fase do Observatório de Insolvência, do Núcleo de Estudos de Processos de Insolvência – NEPI da PUCSP e da Associação Brasileira de Jurimetria – ABJ. Disponível em: <https://abj.org.br/wp-content/uploads/2019/04/Recuperacao_Judicial_no_Estado_de_Sao_Pa.pdf>.

[15] "§ 7º-B. O disposto nos incisos I, II e III do *caput* deste artigo não se aplica às execuções fiscais, admitida, todavia, a competência do juízo da recuperação judicial para determinar a substituição dos atos de constrição que recaiam sobre bens de capital essenciais à manutenção da atividade empresarial até o encerramento da recuperação judicial, a qual será implementada mediante a cooperação jurisdicional, na forma do art. 69 da Lei nº 13.105, de 16 de março de 2015 (Código de Processo Civil), observado o disposto no art. 805 do referido Código."

[16] "Significa que o Poder Legislativo decidiu por manter essa regra, após sopesá-la com todo o sistema de insolvência desenhado pela reforma da LRJF, e com os princípios ali insculpidos, além, claro, de levar em consideração a realidade existente no mundo dos fatos após 15 anos de aplicação da Lei nº 11.101/05. Reconheceu, assim, o importante papel que a regularização do passivo fiscal tem no soerguimento das empresas em crise, tornando-a um importante pilar do processo de recuperação. Dessa maneira, qualquer argumentação no sentido de não aplicação do artigo 57 (ou de sua ineficácia, como queiram) deve necessariamente passar pela declaração de sua inconstitucionalidade, com base na violação de norma constitucional" (GONÇALVES, Gabriel Augusto Luís Teixeira. Parcelamento e transação tributária para empresas em recuperação judicial. *Jota*. Disponível em:

Pelo contrário, é possível afirmar que a posição do crédito tributário e da necessidade de repactuação através de parcelamento, transação tributária ou outra medida de suspensão da exigibilidade (art. 151 do CTN), foi objeto de importantíssimo incremento ao prever no art. 73 da Lei nº 11.101/05 o novo inciso V, que estabelece como uma das hipóteses de convolação da recuperação judicial em falência o "descumprimento dos parcelamentos referidos no art. 68 desta Lei ou da transação prevista no art. 10-C da Lei nº 10.522, de 19 de julho de 2002".

Não há como defender posição em sentido contrário quando o legislador, após os debates pertinentes, não só mantém dispositivo cuja controvérsia judicial é notória, como reafirma a posição do Fisco, conferindo ainda mais relevância ao cumprimento dos acordos firmados com o credor tributário. É evidente a vontade legislativa, cujo cumprimento não deve ser obstado pelo Judiciário, exceto se verificada inconstitucionalidade, o que não é o caso. Pelo contrário, a manutenção da jurisprudência dominante atual implica manter um *status quo* não só ilegal, mas eivado de forte prejuízo não só para o Estado brasileiro e cada uma de suas Fazendas, como para toda a sociedade que perderá os frutos decorrentes de uma arrecadação tributária sadia e dentro da legalidade.

Lastreamos a afirmação *retro* nos dados expostos pela União Federal em manifestação no Tema 987 do STJ. Com efeito, após a modificação da Lei nº 11.101/05 e a manutenção do art. 57, assim como a superação da controvérsia sobre a competência para constrição (em face da nova redação do § 7º-B do art. 6º da LFRE), o Fisco Federal, através da PGFN, expôs o montante de no mínimo R$ 106.516.175.646,61 (cento e seis bilhões, quinhentos e dezesseis milhões, cento e setenta e cinco mil, seiscentos e quarenta e seis reais e sessenta e um centavos) em estoque inscrito em Dívida Ativa da União em face das empresas em recuperação judicial. Registre-se, ainda, que desse montante, apenas 8,38% encontra-se com exigibilidade suspensa, logo, regular; ao passo em que o índice de regularidade de toda a dívida de todas as pessoas jurídicas em face da União Federal é de 32,3%, nos termos da Nota SEI nº 87/2019/PGDAU/PGFN.

A despeito de expressivo, o valor em questão, de acordo com a manifestação da PGFN, representa apenas um terço das empresas em recuperação judicial, eis que encontrado em sua base de dados um total

---

<https://www.jota.info/opiniao-e-analise/artigos/parcelamento-e-transacao-tributaria-para-empresas-em-recuperacao-judicial-01032021>. Acesso em: 1º abr. 2021).

de 2.426 CNPJs raízes com anotação referente a recuperação judicial, ao passo em que o Banco Central noticiou, em outubro/2020, a existência de cerca de 6.827 empresas nessas condições. Ademais, esse valor, registre--se, representa apenas o passivo em face do Fisco Federal, não havendo dados conhecidos de todas as Fazendas estaduais e municipais.

Percebe-se, portanto, que o posicionamento de afastamento do crédito tributário importa verdadeiro calote aos cofres públicos, impossibilitando o investimento nas políticas públicas que demandam a atenção do Estado. Além disso, como já antecipamos, a situação em análise é ainda prejudicial para as empresas do mesmo setor econômico, que sejam concorrentes daquela em recuperação judicial. Isso porque, enquanto essa empresa encontra-se isenta da cobrança do seu dever constitucional de pagar tributos com as benesses do Judiciário, a concorrência permanece obrigada ao pagamento de seu passivo tributário, assim como sujeita à cobrança administrativa e judicial da dívida.

As alterações promovidas pela Lei nº 14.112/2020 não deixaram de ser observadas pelo Judiciário, que vem sendo paulatinamente impactado pela mudança de paradigma (ou melhor, a reafirmação do paradigma que a Lei sempre ostentou), já sendo colhidos bons frutos nos Juízos de primeiro grau da Justiça Estadual de São Paulo, como é o caso da decisão que deferiu o processamento da Recuperação Judicial nº 1008821-32.2020.8.26.0565 (datada de 08/03/2021), onde restou expressamente consignado que "não será mais possível dispensar-se o devedor de adotar alguma medida de saneamento fiscal, de modo que no momento oportuno deverá ser apresentada CND ou a adesão a parcelamento previsto em lei, seja a especial, seja outra modalidade mais benéfica".[17]

Igualmente no Agravo de Instrumento nº 0046087-14.2020.8.19.0000, enfrentado pela Décima Sexta Câmara Cível do TJRJ, foi dado provimento ao recurso para cassar a decisão que homologou o plano de recuperação judicial sem a comprovação da regularidade fiscal (CND), ao argumento de que, não obstante a orientação do STJ, não haveria como "deixar de reconhecer que a Lei 14.112/2020 configura verdadeiro ius superveniens capaz de influir no julgamento da lide", autorizando a exigência da CND até que seja reconhecida a inconstitucionalidade do dispositivo.

---

[17] Da mesma forma foi a decisão prolatada em 11.12.2020 nos autos da Recuperação Judicial nº 1033388-83.2020.8.26.0224, em curso na 1ª Vara Regional de Competência Empresarial e de Conflitos relacionados à Arbitragem da 1ª RAJ do TJSP.

Ademais, importantíssimo registrar que a disciplina expressa da competência do Juízo da Recuperação Judicial e do Juízo da Execução Fiscal, na esteira do novo § 7º-B do art. 6º da Lei nº 11.101/05, importou a desafetação de todos os recursos especiais submetidos ao rito dos recursos repetitivos objeto do Tema 987 do STJ.

Com efeito, o relator, Min. Mauro Campbell propôs a desafetação do tema, após verificar a solução trazida pela alteração promovida pela Lei nº 14.112/2020 na Lei de Falências. A 1ª Seção do STJ acolheu a proposta à unanimidade, na sessão realizada no dia 23/06/2021, tendo restado o tema sem definição de tese.

A questão já havia sido objeto de análise por parte da 2ª Câmara de Direito Público do TJSP, mesmo antes da desafetação, conforme acórdão da relatoria do Desembargador Claudio Pedrassi, datado de 07 de maio de 2021, onde, analisando o Agravo de Instrumento nº 2060455-62.2021.8.26.0000, manteve-se decisão *a quo* em sede de execução fiscal que havia determinado a penhora *on-line* das contas da empresa em recuperação judicial.

De acordo com a decisão em comento, "a nova redação da lei mantém o andamento das execuções fiscais, sem restrições e preserva a competência do Juízo das Execuções para as constrições visando o pagamento dos débitos fiscais". Dessa forma, a competência do Juízo da Recuperação Judicial seria apenas para propor cooperação judicial visando à substituição da penhora sobre bens de capital essenciais à atividade da empresa, sendo absolutamente essencial a proposição de substituição da penhora por outro igualmente eficaz[18].

5. INCLUSÃO DO CRÉDITO NÃO TRIBUTÁRIO NO PLANO DE RECUPERAÇÃO JUDICIAL

Por fim, importante controvérsia no tema dos créditos públicos no processo de recuperação judicial é a inclusão ou não dos créditos não tributários dentro do plano de recuperação. Com efeito, o § 7º-B do art. 6º da Lei 11.101/05, ao dispor a respeito da não suspensão das execuções

---

[18]   Em sentido semelhante foi a decisão da 2ª Câmara de Direito Público do TJSP nos autos do Agravo de Instrumento nº 2012070-88.2018.8.26.0000. Tratando da manutenção em favor da União Federal do fruto de alienações judiciais de bens constritos em processos de recuperação judicial, com o mesmo fundamento de superação do Tema 987 e estabelecimento da competência pela Lei nº 14.112/20, é a decisão da 1ª Câmara de Direito Comercial do TJSC nos autos do Agravo de Instrumento nº 40255108-56.2019.8.24.0000.

Cap. I • OS EFEITOS DO DEFERIMENTO DA RECUPERAÇÃO JUDICIAL | 27

fiscais pelo processamento da recuperação, expressamente cita os feitos *fiscais*. Ao utilizar tal referência, engloba-se não apenas o crédito tributá-rio, mas qualquer débito em face da Fazenda Pública, como é o disposto no art. 2º da Lei nº 6.830/80 c/c art. 39, § 2º, da Lei nº 4.320/64[19].

Parcela relevante da doutrina, no entanto, compreende que os créditos não tributários não estariam incluídos entre os créditos fiscais excluídos da recuperação. Isso porque, a antiga redação do art. 6º, § 7º, da Lei nº 11.101/05 disciplinava a não suspensão das execuções fiscais, ressalvada a concessão de parcelamento "nos termos do Código Tributário Nacional e da legislação ordinária específica". Ora, a menção ao CTN, de acordo com essa linha, implica sujeição apenas dos créditos tributários, uma vez que tal código traz as regras unicamente relativas aos tributos. Sustentam, ainda, que o art. 68 da LFRE estabelece a possibilidade de parcelamento unicamente dos créditos das Fazendas Públicas e do INSS, não mencionando, portanto, outros créditos de natureza não tributária.

Em virtude dessa vinculação expressa ao CTN é que entende SA-CRAMONE[20] que apenas a execução fiscal que veicula a cobrança de tributo é que estaria alcançada pela exclusão da recuperação judicial, o que se coaduna com o art. 57 da LFRE, que exige a apresentação de certidões negativas de débito *tributários* para a homologação do plano de recuperação judicial. Ou seja, se é a exigência da certidão de regula-ridade fiscal, facultada pelo parcelamento específico, que permite a não sujeição do crédito tributário ao processo da recuperação, mesma sorte não encontram os créditos de natureza não tributária, para os quais não

---

[19] "Art. 39. (...) § 2º Dívida Ativa Tributária é o crédito da Fazenda Pública dessa natureza, proveniente de obrigação legal relativa a tributos e respectivos adicionais e multas, e Dívida Ativa não Tributária são os demais créditos da Fazenda Pública, tais como os provenientes de empréstimos compulsórios, contribuições estabelecidas em lei, multa de qualquer origem ou natureza, exceto as tributárias, foros, laudêmios, aluqueis ou taxas de ocupação, custas processuais, preços de serviços prestados por estabelecimentos públicos, indenizações, reposições, restituições, alcances dos responsáveis definitiva-mente julgados, bem assim os créditos decorrentes de obrigações em moeda estrangeira, de sub-rogação de hipoteca, fiança, aval ou outra garantia, de contratos em geral ou de outras obrigações legais. (Incluído pelo Decreto Lei nº 1.735, de 20.12.1979)"

[20] SACRAMONE, Marcelo et al. Crédito público na recuperação judicia. *Migalhas*. Disponível em: <https://www.migalhas.com.br/coluna/insolvencia-em--foco/276553/credito-publico-na-recuperacao-judicial>. Acesso em: 30 mar. 2021.

se exige semelhante certidão. Soma-se a isso, ainda, o art. 49, *caput*, da Lei nº 11.101/05, segundo o qual todos os créditos existentes da data do pedido, ainda que não vencidos, estão sujeitos à recuperação judicial.

A análise sistemática da norma legal, portanto, excluiria a dívida ativa não tributária do mesmo regime dos tributos, razão pela qual deveria ser considerada crédito quirografário para todos os fins do processo de recuperação judicial. Pensamento contrário, defende essa parcela da doutrina, seria inconstitucional, por conferir tratamento diferenciado sem justificativa, uma vez que a proteção conferida à lei decorre da natureza tributária, não podendo ser modificada pela redação de lei ordinária anterior, *in casu* a Lei nº 6.830/80 e a Lei nº 4.320/64.

Em sentido contrário o posicionamento das Fazendas Públicas[21], segundo o qual os créditos não tributários, notadamente os decorrentes de multas aplicadas em razão do exercício do poder de polícia, não se enquadram entre os créditos disciplinados no art. 41 da Lei nº 11.101/05, de forma que não podem as entidades públicas titulares integrarem a assembleia geral de credores, por falta de expressa previsão legal. Ademais, o enquadramento do crédito não tributário em qualquer das hipóteses do dispositivo em exame representaria manifesta ofensa ao regime jurídico de direito público a que estão sujeitos e à indisponibilidade dos valores perseguidos.

Com efeito, a inclusão no plano de recuperação judicial e a votação na assembleia geral de credores representaria a sujeição do crédito público às liberalidades e às conveniências inerentes aos créditos privados, o que não se coaduna com o regime de direito público nem com o princípio da estrita legalidade. A deliberação sobre a forma de pagamento e de cobrança dos créditos que ostentem natureza pública encontra-se dentro da esfera de competência do Congresso Nacional, que disciplinará eventuais formas de remissão, moratória ou parcelamento. Não há como delegar ao âmbito privado tais decisões.

Tal entendimento deve ser analisado em compasso com a nova redação do § 7º-B do art. 6º da LFRE, que não mais condiciona sua redação ao CTN e à legislação ordinária específica, o que enfraquece em parte a argumentação dos que defendem a inclusão, especialmente, das multas administrativas das agências reguladoras no plano de recuperação judicial. Outra mudança relevante foi a alteração do art. 10-A da Lei nº

---

21   Sobre o tema, vide o Parecer nº 00007/2017/GAB/CGU/AGU. Disponível em: <https://www.convergenciadigital.com.br/inf/parecer_hcntrj.pdf>. Acesso em: 1º abr. 2021.

10.522/02 pela Lei nº 14.112/20, prevendo expressamente que o parcelamento especial para as empresas em recuperação judicial da União Federal englobaria os créditos tributários e não tributário, inscritos ou não em dívida ativa. É preciso aguardar os debates que surgirão a partir da modificação legislativa parcial em estudo.

Registre-se, no entanto, que o STJ, no julgamento do Agravo Interno na Suspensão de Liminar e de Sentença nº 2433, datado de 05/08/2020, manteve o crédito da ANATEL entre os credores quirografários no plano de recuperação judicial do Grupo Oi, sobre o argumento de que pela natureza administrativa de tais créditos não poderiam ter o tratamento prioritário destinado aos créditos tributários[22].

REFERÊNCIAS

AGU. Parecer nº 00007/2017/GAB/CGU/AGU. Disponível em: <https://www.convergenciadigital.com.br/inf/parecer_hcntrj.pdf>. Acesso em: 1º abr. 2021.

GONÇALVES, Gabriel Augusto Luís Teixeira. Parcelamento e transação tributária para empresas em recuperação judicial. *Jota*. Disponível em: <https://www.jota.info/opiniao-e-analise/artigos/parcelamento-e-transacao-tributaria-para-empresas-em-recuperacao-judicial-01032021>. Acesso em: 1º abr. 2021.

GONÇALVES, Gabriel Augusto Luís Teixeira; ZANFORLIN, Daniele de Lucena. A superação do dualismo entre o crédito tributário e a recuperação judicial. *Jota*. Disponível em: <https://www.jota.info/opiniao-e-analise/artigos/a-superacao-do-dualismo-entre-o-credito-tributario-e-a-recuperacao-judicial-16102020>. Acesso em: 1º abr. 2021.

LUCENA, Jimmy Lauder Mesquita; PEREIRA, Matheus Mello. Atualização da Lei de Falência – breves comentários sob a perspectiva do Fisco. *Jota*. Disponível em: <https://www.jota.info/opiniao-e-analise/artigos/atualizacao-da-lei-de-falencia-breves-comentarios-sob-a-perspectiva-do-fisco-11122020>. Acesso em: 1º abr. 2021.

---

[22] Em sentido semelhante é a decisão do TJSP no AI nº 2207236-63.2015.8.26.0000, julgado em 10/12/2015, segundo o qual as garantias e privilégios do crédito tributário que buscam assegurar a sua satisfação não tem o condão de alterar a sua natureza jurídica, razão pela qual não poderia ser afastadas do plano de recuperação judicial a multa administrativa aplicada pelo PROCON.

NUNES, Marcelo Guedes; WAISBERG, Ivo; SACRAMONE, Marcelo; CORRÊA, Fernando; TRECENTI, Julio. Recuperação Judicial no Estado de São Paulo – 2ª Fase do Observatório de Insolvência, do Núcleo de Estudos de Processos de Insolvência – NEPI da PUCSP e da Associação Brasileira de Jurimetria – ABJ. Disponível em: <https://abj.org.br/wp-content/uploads/2019/04/Recuperacao_Judicial_no_Estado_de_Sao_Pa.pdf>.

PEREIRA, Alexandre Demetrius. A exigência de certidões negativas de débitos tributários na recuperação judicial: uma análise da decisão do STF. *Migalhas*. Disponível em: <https://www.migalhas.com.br/coluna/insolvencia-em-foco/333379/a-exigencia-de-certidoes-negativas-de-debitos-tributarios-na-recuperacao-judicial--uma-analise-da-decisao-do-stf>. Acesso em: 29 mar. 2021.

SACRAMONE, Marcelo Barbosa. *Comentários à Lei de Recuperação de Empresas e Falência*. São Paulo: Saraiva Educação, 2018.

SACRAMONE, Marcelo et al. Crédito público na recuperação judicial. *Migalhas*. Disponível em: <https://www.migalhas.com.br/coluna/insolvencia-em-foco/276553/credito-publico-na-recuperacao-judicial>. Acesso em: 30 mar. 2021.

STF. ADC 46 AgR, Rel. Min. Celso de Mello, Tribunal Pleno, j. 31.08.2020, *DJe* 21.09.2020.

STJ. REsp 1.719.894/RS, Rel. Min. Nancy Andrighi, 3ª Turma, j. 19.11.2019, *DJe* 22.11.2019.

STJ. REsp 1.864.625/SP, Rel. Min. Nancy Andrighi, 3ª Turma, j. 23.06.2020, *DJe* 26.06.2020.

Capítulo II

INSTRUMENTOS PARA REGULARIZAÇÃO DO PASSIVO FISCAL

Gabriel Augusto Luís Teixeira Gonçalves

Sumário: 1. Considerações iniciais – 2. A Portaria PGFN nº 2.382/2021 – 3. Parcelamento: 3.1 Parcelamento dos débitos fiscais em geral; 3.2 Parcelamento dos tributos passíveis de retenção na fonte e do IOF retido e não recolhido ao Tesouro Nacional; 3.3 Obrigações comuns – 4. Transação tributária – 5. Outros instrumentos: 5.1 Transação excepcional; 5.2 Transação do contencioso tributário de pequeno valor; 5.3 Negócio jurídico processual; 5.4 Pedido de Revisão de Dívida Inscrita – PRDI; 5.5 Outras dívidas federais e demais entes federativos – 6. Conclusão – Referências.

1. CONSIDERAÇÕES INICIAIS

A esperada reforma da Lei de Falências e Recuperações Judiciais, operada pela Lei nº 14.112/2020, deu um importante passo no sentido de contribuir para que as empresas em dificuldade alcancem a famigerada regularidade fiscal exigida pelo art. 57 da Lei (que foi mantido intacto), permitindo que o passivo tributário seja adequadamente equacionado. Assim, o legislador apresentou soluções para uma controvérsia que surgiu já com a promulgação da Lei nº 11.101/2005, quando já se questionava[1]

---

[1] "Diante do maior rigor adotado pela lei atual, que transforma a apresentação das certidões em requisito para a própria concessão do regime especial, não será de causar surpresa o fato de a jurisprudência vir a manter a orientação anterior, de modo a conceder-se a recuperação judicial a despeito da falta

a ausência de instrumentos para regularização do passivo fiscal das recuperandas, trazendo segurança jurídica aos envolvidos nos processos de insolvência (como os demais credores, a própria recuperanda e seus financiadores, além daqueles que adquirem bens nesses processos).

Como já foi explicado no capítulo anterior, a disputa sobre a exigência de regularidade fiscal para concessão da recuperação judicial levou a péssimos resultados para os cofres públicos. Com efeito, em petição apresentada ao Superior Tribunal de Justiça (STJ) no processo representativo do Tema 987 (que foi desafetado pelo STJ em junho de 2021, em razão das mudanças trazidas pela reforma da LREF), a Procuradoria-Geral da Fazenda Nacional (PGFN) informou que o estoque de dívida de empresas em recuperação judicial inscrita em dívida ativa da União é superior a cem bilhões de reais, em uma estimativa bastante tímida, como indicado na própria petição. Ademais, desse estoque de dívida apenas 8% encontra-se com a exigibilidade suspensa (ou seja, foi de alguma forma regularizado), enquanto para as demais empresas o índice de regularidade médio é de 32%, quatro vezes maior (Nota SEI nº 87/2019/PGDAU/PGFN).

Ora, muito disso decorre do panorama que era encontrado até 2020, quando acabou-se por produzir um incentivo perverso às empresas em recuperação judicial para que não regularizassem seu passivo fiscal, uma vez que podiam continuar exercendo suas atividades sem serem incomodadas pelo não pagamento de tributos (inclusive contratando com o próprio poder público e recebendo os respectivos pagamentos sem qualquer perspectiva de regularização do passivo fiscal, além de receber também o pagamento de precatórios, pasmem).

Malgrado a edição da Lei nº 13.043/2014, que criou um parcelamento específico e mais vantajoso para as empresas em recuperação judicial, ele foi completamente ignorado pelos Tribunais, que continuaram a aplicar a decisão da Corte Especial do STJ no REsp 1.187.404/MT, que dispensava a apresentação de CND[2] para homologação do plano de recuperação ju-

---

de certidões negativas apresentadas pelo devedor. A flexibilização da regra pela jurisprudência talvez seja a única forma de evitar a total inviabilização do sistema de recuperação que pode decorrer da aplicação isolada do art. 57, pelas razões anteriormente destacadas" (MUNHOZ, Eduardo Secchi. Comentários ao art. 57. In: SOUZA JR., Francisco Satiro; PITOMBO, Antônio Sérgio A. de Moraes (coord.). *Comentários à Lei de Recuperação de Empresas e Falências*: Lei 11.101/2005. 2. ed. São Paulo: Revista dos Tribunais, 2007. p. 285.

[2] Ressalte-se que também se aceita a apresentação de Certidão Positiva com Efeitos de Negativa (CPEN), visto que ambas (CND e CPEN) têm os mesmos

dicial, como se o fundamento da decisão – inexistência de parcelamento específico – não tivesse sido superado[3].

Com a edição da Lei de Transação Tributária no âmbito federal (Lei nº 13.988/2020) foi dado um primeiro passo no sentido de se apresentar uma solução viável para que as recuperandas equalizem seu passivo fiscal. Além do que, o Fisco Federal vem há alguns anos desenvolvendo importantes instrumentos para abertura do diálogo com o contribuinte, como o Pedido de Revisão de Dívida Inscrita (PRDI – Portaria PGFN nº 33/2018), o Negócio Jurídico Processual (Portaria PGFN nº 742/2018), a realização de audiências e consultas públicas sobre os normativos editados[4], além da fixação de normas a respeito do atendimento aos advogados (Portaria PGFN nº 375/2018).

Esse novo contexto vem confirmar o papel crucial do equacionamento da dívida tributária para a efetiva recuperação da atividade econômica, a qual não se verifica se deixar como resultado do benefício judicial um passivo milionário com o Estado e a sociedade. Nesse sentido, não busca o Fisco o mero incremento da arrecadação tributária, mas uma participação efetiva e positiva no soerguimento da atividade empresarial, entendendo as dificuldades inerentes ao ciclo econômico.

E agora, com a entrada em vigor da reforma da LREF, as recuperandas têm instrumentos específicos e adequados à sua condição para que regularizem seu passivo fiscal, e é deles que iremos falar neste capítulo.

2.   A PORTARIA PGFN Nº 2.382/2021

Este é o ato normativo da PGFN que "Disciplina os instrumentos de negociação de débitos inscritos em dívida ativa da União e do FGTS de responsabilidade de contribuintes em processo de recuperação judicial".

---

efeitos, conforme previsto no art. 206 da Lei nº 5.172/66 (Código Tributário Nacional – CTN).

3   Apesar de respeitáveis posições em contrário defenderem que essa Lei era insuficiente e até mesmo inconstitucional. Por todos, veja-se: TOLEDO, Paulo Fernando Campos Salles de. A apresentação de CND e o parcelamento de débitos fiscais. In: CEREZETTI, Sheila C. Neder; MAFFIOLETTI, Emanuelle Urbano (coord.). *Dez anos da Lei nº 11.101/2005*: estudos sobre a lei de Recuperação e Falência. Almedina, 2015.

4   Disponível em: <https://www.gov.br/pgfn/pt-br/acesso-a-informacao/consultas-publicas>.

Ali temos de forma consolidada as regras a respeito dos instrumentos disponíveis para saneamento do passivo fiscal das recuperandas inscrito em dívida ativa, quais sejam: (i) parcelamento; (ii) transação na cobrança da dívida ativa da União e do FGTS; (iii) transação do contencioso tributário de pequeno valor; e (iv) negócio jurídico processual.

O normativo prevê inicialmente os princípios (art. 2º) e os objetivos (art. 3º) que orientam a celebração dos instrumentos citados. Entre os princípios é importante citar a preservação da atividade empresarial, o estímulo à autorregularização e conformidade fiscal e a adequação dos meios de cobrança à capacidade de pagamento dos contribuintes em processo de recuperação judicial. Observe-se que se trata de princípios que conversam diretamente com aqueles que orientam os processos de recuperação judicial. Assim, verificamos que a atuação do Fisco em face das empresas em recuperação judicial está concretamente alinhada ao princípio da preservação da empresa (art. 47 da LREF), de forma que os instrumentos disciplinados na Portaria PGFN nº 2.382/2021 constituem um importante meio para se garantir o efetivo soerguimento da empresa em dificuldades.

Nesse mesmo sentido, buscando adequar a regularização do crédito fiscal ao direcionamento dado à questão da empresa em crise pela LREF, a referida Portaria estabelece entre os seus objetivos:

> I – viabilizar a superação da situação transitória de crise econômico--financeira do sujeito passivo, a fim de permitir a manutenção da fonte produtora e do emprego dos trabalhadores, promovendo, assim, a preservação da empresa, sua função social e o estímulo à atividade econômica;
>
> II – assegurar que a cobrança dos créditos inscritos em dívida ativa seja realizada de forma a equilibrar os interesses da União e dos contribuintes em processo de recuperação judicial;
>
> III – assegurar que a cobrança de créditos inscritos em dívida ativa seja realizada de forma menos gravosa para União e para os contribuintes em processo de recuperação judicial;
>
> IV – assegurar aos contribuintes em processo de recuperação judicial nova chance para retomada do cumprimento voluntário das obrigações tributárias correntes.

Dessa maneira, fica claro que os objetivos visados pelo Fisco na regularização de seu passivo não buscam satisfazer a interesses meramente arrecadatórios. Pelo contrário, assim como o próprio processo de recuperação judicial, os fins visados pelo Fisco também perpassam a preservação da empresa que atende a sua função social.

Nota-se que a celebração de qualquer dos instrumentos disciplinados nessa Portaria deverá permitir que a recuperanda consiga superar a crise econômico-financeira pela qual passa, bem como assegurar que ela tenha uma chance de retornar a uma situação de conformidade fiscal, além de proporcionar uma cobrança equilibrada e que seja realizada da forma menos gravosa para todos.

Temos então uma intensa aproximação entre o Fisco e a recuperação judicial, de maneira que mesmo o crédito fiscal estando fora processo concursal, comungam dos mesmos propósitos. Tomando o princípio da preservação da empresa em seu sentido instrumental, que ressalta seu objetivo de resguardar os diversos interesses abrangidos na manutenção da atividade empresarial através de um procedimento que garanta o respeito e a tutela de todos os atores envolvidos[5], é patente a necessidade de se inserir os direitos do Fisco entre aqueles que devem ser considerados e resguardados.

As obrigações e os compromissos de ambas as partes da negociação, descritas nos artigos 5º e 6º da Portaria nº 2.382/2021, e os documentos que devem ser apresentados pelo requerente, previstos no art. 14, buscam concretizar um ambiente de boa-fé e transparência na execução do acordo, tanto entre as partes quanto perante o juízo da recuperação judicial. Nesse sentido, o contribuinte irá apresentar diversas declarações e fornecerá documentos ali previstos que visam auxiliar a União a entender sua verdadeira situação econômico-financeira e as dificuldades que enfrenta, além de poder compreender os mecanismos desenhados para a superação da crise.

Veremos nos próximos tópicos as regras específicas para cada um dos instrumentos disponíveis.

3.   PARCELAMENTO

Até a edição da Lei nº 14.112/2020 a única opção de parcelamento prevista especificamente para as empresas em recuperação judicial era aquela regulamentada pela Lei nº 13.043/2014, que inseriu o art. 10-A

---

[5]   Nesse sentido: CEREZETTI, Sheila Christina Neder. *A recuperação judicial de sociedade por ações*: o princípio da preservação da empresa na Lei de Recuperação e Falência. São Paulo: Malheiros, 2012. p. 215.

na Lei nº 10.522/2002. Esse parcelamento previa um escalonamento nos pagamentos das parcelas, permitindo um fôlego ao fluxo de caixa das recuperandas nos primeiros anos, além de ter um prazo mais longo do que o parcelamento ordinário, previsto no art. 10 da mesma lei (84 x 60 meses). No entanto, não concedia descontos, o que levou a pouquíssimas adesões e à manutenção da jurisprudência que dispensava a apresentação de CND para concessão da recuperação judicial.

Com a reforma da LREF e o foco em prover soluções que atendessem aos diferentes tipos de passivos das empresas em recuperação judicial, foi revogado o parcelamento anterior e foram inseridos os artigos 10-A e 10-B na Lei nº 10.522/2002. O primeiro trata das regras para parcelamento dos débitos fiscais em geral, enquanto o segundo traz a possibilidade excepcional de se parcelar tributos passíveis de retenção na fonte e o IOF retido e não recolhido ao Tesouro Nacional. Para os débitos não inscritos em dívida ativa da União, a regulamentação está na Instrução Normativa RFB nº 1.891/2019, enquanto para aqueles já inscritos, a regulamentação está nos artigos 18 a 20 da Portaria PGFN nº 2.382/2021.

3.1   Parcelamento dos débitos fiscais em geral

Uma análise fria e sóbria do parcelamento inserido no art. 10-A da Lei nº 10.522/2002 deixa claro que se trata de uma excelente opção para as empresas em recuperação judicial. Senão vejamos.

O parcelamento ali previsto se aplica a todos os créditos fazendários, tributários ou não tributários, inscritos ou não em dívida ativa, inclusive aqueles vencidos após o pedido de recuperação judicial, desde que já existentes na data do pedido (assim como prevê o art. 49 da LREF para os credores concursais). Não há que se falar na inclusão de débitos vencidos após o protocolo da petição inicial, pois se esse fosse o caso teria a lei criado um incentivo para que as recuperandas não pagassem seus tributos correntes, tendo em vista os inúmeros benefícios desse parcelamento previsto no art. 10-A.

O prazo máximo do parcelamento é de 10 anos (e o § 7º-A prevê que para microempresas e empresas de pequeno porte esse prazo será 20% maior), sendo que nos dois primeiros anos é pago apenas 13% da dívida total (o normal, caso não houvesse escalonamento, seria 20%. A título de exemplo, o parcelamento de uma dívida de R$ 1 milhão teria as 12 parcelas iniciais no valor de cerca de R$ 5 mil e as 12 seguintes no valor de cerca de R$ 6 mil – bastante razoável, há que se concordar). Ressalte-se que o prazo médio para pagamento dos credores quirografários é de 9 anos, de acordo com o relatório "Recuperação Judicial no Estado de São Paulo – 2ª Fase do Observatório de Insolvência", do Núcleo de Estudos de Processos de Insolvência – NEPI da PUC/SP e da Associação Brasileira de Jurimetria – ABJ[6].

Considerando que o crédito do Fisco é privilegiado em relação ao quirografário em eventual falência, em regra, seria razoável que os prazos oferecidos em relação a seu crédito fossem inferiores aos dos credores quirografários. Mas, como vimos, os prazos do parcelamento das dívidas fiscais é ainda maior na média.

Também foi possibilitado o pagamento de até 30% dos débitos ainda não inscritos em dívida ativa da União (em geral os débitos mais recentes ou aqueles que foram objeto de contencioso administrativo) com a utilização de créditos decorrentes de prejuízo fiscal e de base de cálculo negativa da CSLL ou com outros créditos próprios relativos aos tributos administrados pela RFB, caso em que o restante será parcelado em até 84 vezes. Trata-se de medida extremamente vantajosa, considerando que a maioria das empresas em recuperação judicial carrega em seus balanços relevantes valores em sua conta de prejuízos acumulados.

O § 1º-C endereçou uma das principais críticas que havia no parcelamento da Lei nº 13.043/2014, que era a obrigatoriedade de se incluir todos os débitos no parcelamento, inclusive aqueles que estavam sendo discutidos judicialmente. Agora, é permitido ao devedor deixar de fora do parcelamento os débitos que estão sendo discutidos, desde que estejam garantidos ou com sua exigibilidade suspensa (o que faz todo o sentido, visto que se não houvesse essa exigência teríamos um incentivo à litigância, o que não se coaduna com os princípios processuais modernos de redução da litigiosidade e que orientam a atuação da PGFN).

Já o § 4º aumentou o número de parcelas inadimplidas que levam à rescisão do parcelamento. Se para as demais modalidades de parcelamento o art. 14-B da mesma Lei nº 10.522/2002 estabelece que a falta de pagamento de 3 parcelas, consecutivas ou não, implica na rescisão automática do parcelamento, para as empresas em recuperação judicial o § 4º do artigo 10-A prevê que somente levará à exclusão do sujeito passivo do parcelamento o inadimplemento de 6 parcelas consecutivas ou de 9 parcelas alternadas.

---

[6] Disponível em: <https://abjur.github.io/obsFase2/relatorio/obs_recupera-coes_abj.pdf>. Acesso em: 27 fev. 2021.

Trata-se de uma mudança muito grande, que não pode passar despercebida. Por certo, isso traz uma margem de manobra significativa para as empresas em recuperação judicial, pois podem adequar o pagamento das parcelas a eventuais dificuldades de caixa que estejam passando, sem que isso acarrete a rescisão do parcelamento. Foi muito sensível nesse ponto o legislador, que compreendeu que em um acordo que pode durar tanto tempo (uma década), deve haver espaço para suportar atrasos no seu cumprimento pontual.

Ainda no artigo 10-A, o § 7º afasta a obrigação de prestação de garantia para parcelamentos de valores vultosos (hoje regulamentado pela Portaria PGFN nº 448/2019, que exige garantia para o parcelamento de qualquer débito acima de um milhão de reais), bem como a obrigação de pagamento de entrada no caso de reparcelamento. Isso permite que as recuperandas que possuem débitos de valores milionários possam incluí-los no parcelamento sem ter que gravar seu patrimônio, facilitando assim a negociação para os grandes devedores.

Portanto, para os débitos fiscais recentes, em que haveria pouco ou nenhum desconto para as recuperandas em uma transação, o parcelamento especial se torna uma opção muito atrativa, com prazo alongado e possibilidade de pagamento com crédito de prejuízo fiscal e base de cálculo negativa.

3.2 Parcelamento dos tributos passíveis de retenção na fonte e do IOF retido e não recolhido ao Tesouro Nacional

Por sua vez, o art. 10-B dispõe sobre outra vantagem concedida especificamente às empresas em recuperação judicial: a permissão para parcelar os tributos passíveis de retenção na fonte e o IOF retido e não recolhido.

Nesse caso, podem ser parcelados os "débitos para com a Fazenda Nacional existentes, ainda que não vencidos até a data do protocolo da petição inicial da recuperação judicial, relativos aos tributos previstos nos incisos I e II do *caput* do art. 14 desta Lei, constituídos ou não, inscritos ou não em dívida ativa, em até 24 (vinte e quatro) parcelas mensais e consecutivas". Ressalte-se que microempresas e as empresas de pequeno porte farão jus a prazos 20% superiores, atendendo ao tratamento privilegiado determinado pelo art. 146, III, *d*, da Constituição Federal.

Também nesse caso é previsto um escalonamento das parcelas, de maneira que da primeira à sexta prestação cada parcela corresponderá a

Cap. II • INSTRUMENTOS PARA REGULARIZAÇÃO DO PASSIVO FISCAL | 39

3% da dívida, da sétima à décima segunda prestação cada parcela corresponderá a 6% da dívida, e da décima terceira prestação será pago o saldo remanescente, em até 12 prestações mensais e sucessivas.

Como se trata de uma exceção à regra geral e um privilégio concedido às empresas em recuperação judicial, já que o parcelamento desses tributos não é permitido aos demais devedores (art. 14, I e II, da Lei nº 10.522/2002), é justificável o prazo menor para pagamento nesse caso.

Outrossim, não podemos nos esquecer que esses tributos são objeto de pedido de restituição em eventual falência (art. 86, IV, da LREF), ou seja, ocupam uma posição privilegiada na ordem de pagamentos. Além disso, o não recolhimento pode eventualmente caracterizar até mesmo crime contra a ordem tributária (art. 2º, II, da Lei nº 8.137/1990).

3.3 Obrigações comuns

Claro que para a concessão de tamanhas vantagens, também são exigidos alguns compromissos do devedor, o que é mais do que razoável. Nesse sentido, estão previstos no § 2º-A do art. 10-A, sendo que o que tem trazido maiores questionamentos é o estabelecido no inciso II, regulamentado pelo § 2º-B, e que trata do dever de se utilizar uma parte do produto da alienação de bens e direitos integrantes do ativo não circulante realizada durante o período de vigência do plano de recuperação judicial para a amortização do parcelamento. Trata-se de figura bastante comum nos planos de recuperação judicial, conhecida como *cash sweep*, que foi utilizada, por exemplo, nos casos da Oi[7] e da Ricardo Eletro[8].

Essa previsão traz segurança ao credor fazendário, posto que o que mais se viu nos últimos anos do lado do Fisco foram casos em que se vendia todo o ativo não circulante da empresa devedora durante a recuperação judicial, utilizando-se o produto da venda para pagamento dos credores concursais, e então convolava-se a recuperação em falência, quando já não havia mais bens a serem arrecadados, e o Fisco ficava sem qualquer perspectiva de recuperação de seu crédito, mesmo sendo um

---

[7]   Disponível em: <https://valor.globo.com/empresas/noticia/2017/12/20/oi-plano-de-recuperacao-e-aprovado-por-todas-as-classes-de-credores.ghtml>. Acesso em: 14 jun. 2021.

[8]   Disponível em: <https://www.conjur.com.br/2020-out-14/ricardo-eletro-apresenta-minuta-plano-recuperacao-judicial>. Acesso em: 14 jun. 2021.

credor preferencial (como estabelecido no parágrafo único do art. 186 do CTN e no art. 83 da LREF).

Assim, buscando evitar fraudes desse tipo, andou bem o legislador ao prever que parte do valor arrecadado com a venda desses bens e direitos seja revertida para o pagamento antecipado do parcelamento fiscal. Nesse diapasão, há que se registrar que a própria lei prevê que no máximo 30% serão destinados ao Fisco, sendo que o percentual exato a ser destinado para a amortização do parcelamento corresponderá à razão entre o valor total do passivo fiscal e o valor total de dívidas do devedor, na data do pedido de recuperação judicial.

Consideramos esse mais um acerto do legislador, pois adequar o percentual que o credor fiscal receberá à relevância de seu crédito no cotejo com os demais credores atende aos ditames dos princípios da razoabilidade e da proporcionalidade. Dessa forma, se imaginarmos uma situação em que o passivo fiscal for muito inferior ao restante das dívidas da recuperanda, a maior parte do produto da alienação será destinada para o pagamento dos credores privados, e pode ser que apenas 1% ou menos seja destinado ao pagamento do credor fiscal. Já se a situação for inversa, com o passivo fiscal sendo infinitamente superior às demais dívidas da recuperanda, mesmo assim apenas 30% serão destinados para pagamento do credor fiscal, e os demais 70% para o pagamento dos credores privados. Bastante razoável, há que se convir.

4.   TRANSAÇÃO TRIBUTÁRIA

A verdadeira estrela entre os meios disponíveis às empresas em recuperação judicial para saneamento de seu passivo fiscal é realmente a transação tributária, através da qual é possível conceder descontos sobre o total da dívida fiscal. Trata-se de instrumento verdadeiramente revolucionário no âmbito do direito tributário, que demorou mais de 50 anos para ser regulamentado (está previsto no art. 171 do CTN desde sua publicação em 1966), e que já demonstra resultados impressionantes no âmbito da PGFN[9].

---

[9]   Conforme exposto na Nota SEI nº 14/2021/PGDAU-CDA-COAGED/PGDAU/PGFN-ME, "foram negociados em 2020 mais de oitocentos mil débitos, no valor de R$ 81,9 bilhões, por aproximadamente 60 mil pessoas físicas e 140 mil pessoas jurídicas", números superlativos e que demonstram o sucesso e a viabilidade da transação tributária.

Cap. II • INSTRUMENTOS PARA REGULARIZAÇÃO DO PASSIVO FISCAL | 41

Ressalte-se que atualmente só há possibilidade de transação na cobrança de débitos inscritos em dívida ativa da União (aqueles perante a PGFN), de forma que ainda não é possível transacionar créditos ainda não inscritos em dívida ativa da União (aqueles perante a RFB), salvo no caso da transação no contencioso de relevante e disseminada controvérsia (arts. 16 a 22 da Lei nº 13.988/2020). Assim, para os créditos ainda não inscritos, a melhor opção para a recuperanda costuma ser aderir ao parcelamento especial, conforme explicado no tópico anterior (claro que cada caso deve ser avaliado individualmente, com atenção às suas peculiaridades).

Regulamentada originalmente pela Medida Provisória nº 899/2019, e posteriormente convertida na Lei nº 13.988/2020, e disciplinada pela Portaria PGFN nº 9.917/2020 (entre outras), a transação tributária[10] permite que seja amplamente renegociado o passivo fiscal inscrito em dívida ativa das empresas em dificuldade, cujos créditos sejam considerados irrecuperáveis, sendo desenvolvido um plano específico de pagamento para aquela empresa, com descontos e alongamento do prazo, entre outras concessões.

O art. 11 da Lei de Transação Tributária prevê os benefícios que podem ser contemplados na transação na cobrança da dívida ativa da União, bem como as vedações impostas. Entre os benefícios verifica--se a concessão de descontos e o oferecimento de prazos e formas de pagamentos especiais, inclusive com diferimento ou moratória, além do oferecimento, da substituição ou da alienação de garantias ou constrições.

Com relação aos prazos e aos descontos, a Lei prevê que serão concedidos no máximo 84 meses para pagamento e 50% de desconto (sendo que seus §§ 3º e 4º alongam o prazo e o desconto para 145 meses e 70% para as pessoas e instituições ali especificadas).

Já entre as vedações temos a limitação de que o desconto não poderá atingir o principal do crédito fiscal, o que implica no fato de que nem sempre o desconto obtido em determinada inscrição em dívida ativa será efetivamente o máximo a que o contribuinte teria direito (por exemplo, se ele tiver direito a 50% de desconto, mas o principal da dívida representa 60% do total, ele acabará tendo um desconto máximo de 40%, dada a

---

[10] Para uma análise detalhada do instituto e sua regulamentação, conferir: SOUZA, Priscila Maria Fernandes Campos de. Transação tributária: definição, regulamentação e principais desafios. *Revista da PGFN*, ano XI, n. 1.

vedação a que o desconto atinja o principal). Vale lembrar que, em regra, um débito inscrito em dívida ativa da União é composto pelas seguintes rubricas: principal (representando a dívida originária), juros (SELIC), multa (moratória ou de ofício) e encargo legal (previsto no Decreto-Lei nº 1.025/1969).

As disposições das normas gerais da transação (Lei nº 13.988/2020 e Portaria PGFN nº 9.917/2020) se aplicam à transação prevista no art. 10-C da Lei nº 10.522/2002, no que não forem conflitantes (como prevê o próprio art. 10-C e o art. 30 da Portaria PGFN n 2.382/21). Essas normas que tratam da transação tributária específica para as empresas em recuperação judicial dispõem sobre a transação na modalidade individual. Nos termos da Portaria PGFN nº 9.917/2020, trata-se daquela que permite a celebração de um acordo no qual os termos do negócio jurídico são definidos livremente pelas partes (dentro dos limites permitidos pelas normas regulamentares, claro).

A essa modalidade se opõem a transação por adesão, na qual o contribuinte adere aos termos propostos pela Fazenda Nacional, em procedimento simplificado (por exemplo, a Transação Excepcional, prevista na Portaria PGFN nº 14.402/2020).

Essas normas originais já traziam alguns benefícios específicos para as empresas em recuperação judicial, como a presunção de irrecuperabilidade[11] de seus créditos e a possibilidade de se apresentar proposta de transação individual independentemente do valor da dívida (para as demais empresas há um piso, um valor mínimo de 15 milhões de reais em dívidas a serem regularizadas para poderem se utilizar da transação individual). Mas foi com a reforma da LREF que se alargaram as possibilidades dentro da transação tributária para as recuperandas, tendo sido aumentados tanto o prazo quanto o limite máximo para descontos.

Como bem pontua Pedro Ivo Lins Moreira[12]:

---

[11] Registre-se que para se valer dessa prerrogativa, o deferimento do pedido de recuperação judicial da empresa deve ter sido comunicado a RFB, para atualização de sua situação cadastral, conforme previsto no parágrafo único do art. 69 da Lei nº 11.101/2005, e no art. 24 da Instrução Normativa RFB nº 1.863/2018.

[12] MOREIRA, Pedro Ivo Lins. A exigência de regularidade fiscal para fins de concessão da recuperação judicial à luz da hermenêutica constitucional e do princípio da preservação da empresa. In: DOMINGOS, Carlos Eduardo Quadros; CASTRO, Carlos Alberto Farracha de (coord.). *Temas de direito de insolvência*: fundamentos, práticas e consequências. OAB/PR. p. 336-337.

Do ponto de visa tributário, as alterações da Lei 11.101/05 pela Lei 14.112/20 trouxeram uma série de novidades que buscaram contrabalançar as melhorias nas condições de renegociação do passivo fiscal com a necessidade de dar tratamento adequado à tutela do crédito público.

Na linha do que foi mencionado anteriormente, as Leis 10.522/02, 13.043/14 e 13.988/20 – ao lado de inúmeras outras leis – integram microssistema normativo destinado à possibilitar a regularização tributária do devedor em crise. Em reforço a esse microssistema, a Lei 14.112/20 ampliou o parcelamento da dívida tributária para até 120 (cento e vinte) meses e possibilitou a aplicação de reduções de até 70% (setenta por cento) sobre o passivo.

O legislador buscou equilibrar essas vantagens concedidas em favor do contribuinte com o fortalecimento da posição do Fisco na recuperação judicial, especialmente contra os devedores que, mesmo diante dos múltiplos incentivos legais, não regulariza sua situação fiscal.

Nos termos da regulamentação (art. 10-C da Lei nº 10.522/2002 e art. 21 da Portaria PGFN nº 2.382/2021), poderão ser concedidos descontos de até 70% do valor total da dívida, sendo que o desconto incide sobre multa, juros e encargos legais (ou seja, sem atingir o principal da dívida, de acordo com a vedação prevista no art. 11, § 2º, I, da Lei 13.988/2020). Já o prazo para pagamento poderá ser de até 120 meses, que pode ser alargado para 145 meses na hipótese de empresário individual, microempresa, empresa de pequeno porte e, quando passíveis de recuperação judicial, as Santas Casas de Misericórdia, as instituições de ensino, as sociedades cooperativas e as demais organizações da sociedade civil de que trata a Lei nº 13.019/2014.

Foi previsto, ainda, que a mera apresentação da proposta de transação por parte da recuperanda já suspende o andamento das execuções fiscais (inciso VI do art. 10-C da Lei nº 10.522/2002), o que evita que sejam penhorados bens da empresa nesse período (como autoriza o § 7º-B do art. 6º da LREF). Trata-se de uma norma que busca induzir as recuperandas a buscarem a regularização de seu passivo fiscal o quanto antes, além de incentivar que os próprios credores cobrem isso das recuperandas, sob pena de as execuções fiscais terem prosseguimento. É basicamente uma forma de aplicação em paralelo da regra que trata das suspensões das execuções dos credores privados (o conhecido *stay period,* previsto no art. 6º, II e § 4º, da LREF), garantindo que a empresa em recuperação judicial tenha tempo suficiente para negociar tanto um plano de recuperação judicial que atenda aos interesses de seus credores quanto uma transação tributária que assegure uma forma equilibrada de satisfação do credor fiscal.

E essa previsão ganhou ainda mais importância com a recente desafetação do Tema 987 pelo STJ, em junho de 2021. Assim, desde então não há mais motivo para a suspensão das execuções fiscais, de maneira que os Tribunais deverão dar prosseguimento à cobrança, aplicando a norma prevista no § 7º-B do art. 6º da LREF, que estimula a cooperação jurisdicional e admite "a competência do juízo da recuperação judicial para determinar a substituição dos atos de constrição que recaiam sobre bens de capital essenciais à manutenção da atividade empresarial até o encerramento da recuperação judicial". Portanto, o quanto antes for apresentada a proposta de transação pela recuperanda, antes será suspendido o andamento das execuções fiscais, permitindo que a negociação se desenvolva em um ambiente que não esteja premido pela cobrança judicial.

Também foi aumentado o número de parcelas cujo inadimplemento leva à rescisão da transação (como foi feito para o parcelamento), sendo agora de 6 parcelas consecutivas ou de 9 parcelas alternadas (inciso VII do art. 10-C). Como expusemos no tópico anterior, trata-se de medida que concede grande flexibilidade às empresas que celebram a transação, pois evita que dificuldades momentâneas levem à rescisão do acordo (lembrando que a rescisão da transação cria uma faculdade para a Fazenda Nacional de requerer a falência do devedor, conforme exposto no Capítulo I do Tomo II, deste livro).

Além do mais, foi criada a possibilidade de que os Estados, o DF e os Municípios, por lei própria, autorizem que essas regras de transação tributária sejam também aplicadas a seus débitos (art. 10-C, § 4º). Como se fosse uma "lei por adesão", e que pode ser muito útil para permitir uma solução para todas as dívidas da recuperanda com entes públicos. Como veremos em outro tópico, alguns entes federativos já editaram normas próprias sobre a transação tributária, mas é certo que uma regra única para todo o passivo fiscal da recuperanda, como propõe este § 4º, traz mais simplicidade e segurança jurídica para todos os envolvidos no processo de recuperação judicial.

Observe-se que a proposta de transação deve ser apresentada até o momento da homologação do plano de recuperação judicial[13], mas é

---

[13]   Portaria PGFN nº 2.382/2021: "Art. 21. Alternativamente aos parcelamentos descritos nos 18 e 19 desta Portaria, às demais modalidades de parcelamento

claro que a empresa em recuperação judicial deve buscar a negociação com o Fisco o quanto antes, a fim de se evitar que seja dada continuidade às ações de cobrança e demonstrar sua boa-fé e seu intuito de efetiva recuperação.

O § 1º do art. 21 da Portaria PGFN nº 2.382/2021 traz os parâmetros[14] que devem ser observados na análise do caso individual para fins de aferição da capacidade de pagamento do devedor e definição dos descontos e prazos que serão oferecidos (o § 3º define que a capacidade de pagamento "decorre da situação econômica e será calculada de forma a estimar se o contribuinte em recuperação judicial possui condições para efetuar o pagamento integral dos débitos inscritos em dívida ativa da União, no prazo de 5 (cinco) anos, sem descontos").

---

instituídas por lei federal e às modalidades de transação por adesão eventualmente disponíveis, o empresário ou a sociedade empresária que tiver o processamento da recuperação judicial deferido poderá, até o momento referido no art. 57 da Lei nº 11.101, de 9 de fevereiro de 2005, submeter à Procuradoria-Geral da Fazenda Nacional proposta de transação relativa a créditos inscritos em dívida ativa da União, nos termos da Lei nº 13.988, de 14 de abril de 2020, observado que: (...)".

[14] Portaria PGFN nº 2.382/2021: "Art. 21. (...)

§ 1º Para fins de mensuração do percentual de redução de que trata o inciso I do caput deste artigo, deverão ser observados, isolada ou cumulativamente, os seguintes parâmetros:

I – o tempo em cobrança;

II – a suficiência e liquidez das garantias associadas aos débitos inscritos;

III – a existência de parcelamentos ativos;

IV – a perspectiva de êxito das estratégias administrativas e judiciais de cobrança;

V – o custo da cobrança judicial;

VI – o histórico de parcelamentos dos débitos inscritos;

VII – o tempo de suspensão de exigibilidade por decisão judicial;

VIII – a situação econômica e a capacidade de pagamento do contribuinte em recuperação judicial;

IX – a recuperabilidade dos créditos, inclusive considerando o impacto na capacidade de geração de resultados decorrente da crise econômico-financeira que ensejou o pedido de recuperação judicial bem como o prognóstico em caso de eventual falência;

X – a proporção entre o passivo fiscal e o restante das dívidas do contribuinte em recuperação judicial;

XI – o porte e a quantidade de vínculos empregatícios mantidos pela pessoa jurídica".

Entre esses parâmetros, temos alguns que são específicos para as empresas em recuperação judicial, não estando previstos para as demais empresas na Portaria PGFN nº 9.917/2020, e que estão dispostos nas alíneas IX, X e XI. Esses itens determinam que na análise do acordo de transação devem ser levados em consideração tanto a crise econômico--financeira que ensejou o pedido de recuperação judicial, bem como o prognóstico em caso de eventual falência, a proporção entre o passivo fiscal e o restante das dívidas do contribuinte em recuperação judicial, e o porte e a quantidade de vínculos empregatícios mantidos pela pessoa jurídica.

Consequentemente, vemos que há uma clara preocupação em se examinar a conjuntura própria de cada recuperanda, a forma como ela impacta na comunidade em que está inserida e o exercício de sua função social. Também são ponderadas eventuais repercussões da transação tributária no cumprimento do plano de recuperação judicial, ao se tomar como parâmetro a proporção entre o passivo fiscal e as demais dívidas da recuperanda e se avaliar o prognóstico em caso de falência.

Portanto, houve uma preocupação bastante grande em se garantir que o acordo de transação a ser firmado com o Fisco "converse" com o plano de recuperação judicial e seja efetivamente um meio de soerguimento da empresa em crise. Houve uma sensibilidade na regulamentação em se preservar a empresa viável, e em se permitir que sejam buscados acordos que sejam favoráveis para a recuperanda, para os demais credores, para o Fisco e para a sociedade. Novamente, podemos falar aqui em uma concretização do princípio da preservação da empresa em seu sentido instrumental.

De fato, não adianta o Fisco exigir um acordo inviável e que só irá prejudicar o plano de recuperação judicial e que levará ele a uma situação ainda pior em eventual falência. Por outro lado, também não é qualquer acordo que deve ser aceito pelo Fisco, e os limites e os parâmetros postos pelo legislador servem exatamente para isso, para servir como balizas que devem orientar a celebração da transação. Como bem coloca a doutrina pátria[15]:

> *Nem toda empresa merece ser preservada. Não existe, no direito brasileiro ou em qualquer outro dos que temos notícia, um princípio da "preservação da empresa a todo custo". Na verdade, a LREF con-*

---

[15] SCALZILLI. João Pedro; SPINELLI, Luis Felipe; TELLECHEA, Rodrigo. *Recuperação de empresas e falência*: teoria e prática na Lei 11.101/2005. Almedina Brasil. p. 308. Edição do Kindle.

sagra, no sentido exatamente oposto, um princípio complementar ao da preservação da empresa, que é o da retirada da empresa inviável do mercado.

Ora, não é possível – nem razoável – exigir que se mantenha uma empresa a qualquer custo; quando os agentes econômicos que exploram a atividade não estão aptos a criar riqueza e podem prejudicar a oferta de crédito, a segurança e a confiabilidade do mercado, é sistematicamente lógico que eles sejam retirados do mercado, o mais rápido possível, para o bem da economia como um todo, sempre com a finalidade de se evitar a criação de maiores problemas.

Registre-se que para as empresas que já tinham tido seu plano de recuperação judicial homologado (mas cujo processo ainda não tivesse se encerrado), o § 4º do artigo 5º da Lei nº 14.112/2020, autorizava que também se beneficiassem dessa transação tributária especial, desde que apresentassem sua proposta em até 60 dias da regulamentação pela PGFN (o que foi feito pela Portaria PGFN nº 2.382/2021, publicada em 1º de março). Ou seja, esse prazo se esgotou em 29 de abril). Ultrapassado esse prazo, a recuperanda ainda fará jus à transação, mas nos mesmos termos que as demais empresas (máximo de 50% de desconto e parcelamento em até 84 meses).

À vista disso, temos então que é possível a empresa em recuperação judicial, com a transação tributária, parcelar sua dívida com o Fisco em até uma década e ainda obter 70% de desconto, o que é extremamente relevante e significativo, não se pode negar. A título de comparação, de acordo com o relatório[16] "Recuperação Judicial no Estado de São Paulo – 2ª Fase do Observatório de Insolvência", do NEPI da PUC/SP e ABJ, as taxas de deságio médio para os credores titulares de créditos com garantias reais é de 47,2%, enquanto para o pagamento dos credores quirografários o deságio médio foi de 70,8%.

Ainda, não podemos esquecer da possibilidade de se utilizar créditos líquidos e certos ou precatórios para quitação da transação (art. 8º, VI, da Portaria PGFN nº 2.382/21). Considerando os deságios que são concedidos no mercado de precatórios, deve-se reconhecer que este é mais um excelente benefício da transação tributária, pois permite que a dívida fiscal seja paga utilizando um título adquirido por um percentual reduzido de seu valor de face.

---

[16] Disponível em: <https://abjur.github.io/obsFase2/relatorio/obs_recuperacoes_abj.pdf>. Acesso em: 27 fev. 2021.

Deve-se ressaltar, ainda, que essa modalidade de transação alcança também os débitos de FGTS sob responsabilidade da PGFN, nos termos da Resolução do Conselho Curador do FGTS nº 974/2020 e da Portaria PGFN nº 3.026/2021. Embora a regulamentação preveja benefícios, é vedada a negociação que reduza o montante principal do débito ou conceda descontos sobre quaisquer valores devidos aos trabalhadores, conforme critérios estabelecidos pela Lei n. 8.036/1990.

Importante destacar que se a negociação envolver valores devidos a trabalhadores que já tenham direito ao uso do FGTS, o pagamento da totalidade dessa parte da dívida deverá ser realizado com a primeira prestação acordada.

Por fim, é importante registrar que há uma preocupação muito grande do legislador com a transparência ativa (vide o § 3º do art. 1º da Lei nº 13.988/2020), de maneira que todos os termos de transação individual são publicados na página da PGFN na internet[17].

5.   OUTROS INSTRUMENTOS

5.1   Transação excepcional

Além da transação na modalidade individual, da qual tratamos no tópico anterior, existe também a modalidade de transação por adesão, na qual a PGFN publica um edital com as condições do negócio já pre-fixadas, e o contribuinte opta por uma das possibilidades ali previstas, fazendo todo o procedimento de adesão de maneira automatizada, por meio do portal Regularize.

Nos anos de 2020 e 2021, as opções foram consolidadas no Programa de Retomada Fiscal (Portarias PGFN nº 21.562/2020 e 2.381/2021), e diversas opções foram oferecidas aos contribuintes, abrangendo desde débitos rurais e fundiários até dívidas do Simples Nacional.

Foram regulamentadas[18] a (i) Transação Individual e por Adesão (Portaria PGFN nº 9.917/2020 e Edital de Acordo de Transação por Adesão nº 1/2019); (ii) Transação Extraordinária (Portaria PGFN nº 9.924/2020); (iii) Transação Excepcional (Portaria PGFN nº 14.402/2020); (iv) Transação Excepcional para débitos rurais e fundiários (Portaria

---

17   Disponível em: <https://www.gov.br/pgfn/pt-br/assuntos/divida-ativa-da--uniao/painel-dos-parcelamentos/termos-de-transacao-individual>.

18   Para mais informações, conferir: <https://www.gov.br/pgfn/pt-br/servicos/orientacoes-contribuintes/acordo-de-transacao>.

PGFN nº 21.561/2020); (v) Transação Tributária na Dívida Ativa de Pequeno Valor (Edital nº 16/2020); (vi) Transação Excepcional para Débitos do Simples Nacional (Portaria PGFN nº 18.731/2020); (vii) Edital de Acordo de Transação por Adesão nº 2/2021; e (viii) Transação na dívida ativa do FGTS (Edital nº 3/2021).

Com a reforma operada pela Lei nº 14.112/2020, que aumentou os prazos e os descontos oferecidos às empresas em recuperação judicial na transação, a Portaria nº 14.402/2020 (Transação Excepcional) foi alterada para prever no inciso VII, art. 9º, as condições específicas para empresas em recuperação judicial, nos termos do que dispõe o art. 10-C da Lei nº 10.522/02 (desconto de até 70% e prazo de até 120 meses). Dessa maneira, as recuperandas poderão aderir à transação diretamente pelo Regularize, sem qualquer empecilho e de forma rápida e simples.

5.2 Transação do contencioso tributário de pequeno valor

A transação do contencioso tributário de pequeno valor se difere das demais modalidades por permitir que o desconto concedido incida sobre o principal da dívida, conforme autoriza o art. 25, I, da Lei nº 13.988/2020.

No âmbito da recuperação judicial, essa é uma modalidade disponível apenas às microempresas e empresas de pequeno porte (além de pessoas físicas, mas essas não podem entrar em recuperação judicial, ainda), e para débitos de até 60 salários mínimos, abrangendo somente débitos de natureza tributária. Nesse caso, os descontos podem chegar a até 50% do valor total da dívida e o parcelamento em 60 meses.

Essa modalidade representa mais um esforço do legislador em atender ao tratamento privilegiado às microempresas e empresas de pequeno porte determinado pelo art. 146, III, d, da Constituição Federal.

5.3 Negócio jurídico processual

Prosseguindo na ampliação de espaços de consensualidade e diálogo com os contribuintes, a PGFN editou a Portaria PGFN nº 742/2018, que possibilita a celebração de negócio jurídico processual (com esteio na disciplina inaugurada pelo art. 190 do Código de Processo Civil) no âmbito da cobrança da dívida ativa da União, permitindo maior adequação dos feitos às peculiaridades de cada caso e facilitando a resolução de conflitos de interesses nesses processos.

Nos termos do § 2º, art. 1º, da Portaria, o NJP para equacionamento de débitos inscritos em dívida ativa da União poderá versar sobre: (i) calendarização da execução fiscal; (ii) plano de amortização do débito fiscal; (iii) aceitação, avaliação, substituição e liberação de garantias; e (iv) modo de constrição ou alienação de bens.

É um instrumento que foi largamente utilizado pelos contribuintes antes da regulamentação da transação tributária, principalmente para celebração de um plano de amortização da dívida, entre outros objetivos. Atualmente, tem grande utilidade na resolução de litígios diversos e na calendarização de atos, além de ser o meio mais adequado para se acordar a garantia a ser oferecida e aceita para se manter determinado débito em discussão judicial, bem como os procedimentos a serem adotados quando do trânsito em julgado do processo.

Vislumbra-se, através dele, a possibilidade de as partes (Fisco e recuperanda, no caso) efetivarem o princípio da cooperação, em busca de racionalizar sua atuação antes ou durante um processo executivo.

5.4   Pedido de Revisão de Dívida Inscrita – PRDI

Finalizando este tópico sobre os demais instrumentos disponíveis para as empresas em recuperação judicial sanarem seu passivo fiscal no âmbito federal, é importante abordar o PRDI, que foi regulamentado pelos artigos 15 a 20 da Portaria PGFN nº 33/2018.

É mais um meio de aproximação entre o Fisco e o Contribuinte, através do qual este último pode apresentar questionamentos diversos sobre seus débitos inscritos em dívida ativa da União sem a necessidade de movimentar o Poder Judiciário para tanto.

Pode parecer pouco, mas até pouco tempo atrás era inevitável que o contribuinte tivesse que se comunicar com a Administração Tributária apenas por meio de um processo judicial. Nesse sentido, o estabelecimento de um canal direto para que os devedores apresentem seus reclamos sobre a dívida cobrada – e que sejam respondidos e atendidos -, é uma mudança de paradigma muito relevante.

A Nota SEI nº 14/2021/PGDAU-CDA-COAGED/PGDAU/PGFN-ME indica que somente em 2020 foram analisados mais de 116 mil PDRIs pela Procuradoria, demonstrando que se trata de ferramenta que já é largamente utilizada pelos contribuintes.

Com base nisso, uma empresa em recuperação judicial que não concorde com alguns débitos pode decidir por não parcelar ou transacionar essas dívidas específicas, e em vez disso questioná-las administrativamente, recebendo uma resposta em tempo razoável (o § 1º do art. 17 da Portaria, determina que sua análise deverá ser concluída em até 30 dias). Considerando que há bastante tempo a PGFN tem uma postura de não recorrer de decisões pacificadas pelos tribunais superiores, ou de não litigar quando não faça sentido (jurídico ou econômico), em uma análise de custo-benefício, sedimentada em normativos internos (Portaria PGFN nº 502/2016), bem como de reconhecer de ofício quando há algo que justifique o cancelamento da CDA ou sua retificação, a recuperanda poderá diminuir bastante o passivo fiscal a ser regularizado através de pedidos de revisão de dívida inscrita, caso encontre fundamentos para tanto, tornando mais viável seu plano de recuperação fiscal.

5.5 Outras dívidas federais e demais entes federativos

Finalizando este tópico, importa apresentarmos que existem atualmente instrumentos para regularização de outras dívidas, além das puramente fiscais, que as empresas em recuperação judicial possam ter com as Fazendas Públicas.

Com efeito, o art. 10 da Lei de Transação Tributária estabelece que as disposições ali previstas são aplicáveis também à dívida ativa das autarquias e fundações públicas federais, bem como aos créditos de responsabilidade da Procuradoria-Geral da União. Nesse mesmo sentido, preveem[19] o §§ 2º e 3º do art. 10-C da Lei nº 10.522/2002 a aplicabilidade das regras para transações com empresas em recuperação judicial a essas outras dívidas federais. Além disso, afastam a vedação existente de que o desconto concedido não pode atingir o principal, no caso de multas decorrentes do exercício de poder de polícia. Esse é um dispositivo muito relevante para os casos de empresas concessionárias de serviço público, que costumam sofrer autuação de valores bastante relevantes pelas agências reguladoras, e agora encontram uma forma de regularizar esse passivo, adequada à sua condição de empresa em recuperação judicial. Tanto a Procuradoria-Geral da União quanto a Procuradoria-Geral Federal já regulamentaram a transação dentro de

---

[19] "§ 2º O disposto neste artigo aplica-se, no que couber, aos créditos de qualquer natureza das autarquias e das fundações públicas federais.
§ 3º Na hipótese de os créditos referidos no § 2º deste artigo consistirem em multa decorrente do exercício de poder de polícia, não será aplicável o disposto no inciso I do § 2º do art. 11 da Lei nº 13.988, de 14 de abril de 2020. (Incluído pela Lei nº 14.112, de 2020)"

sua órbita de competência, através da Portaria AGU nº 249/2020 e da Portaria PGF nº 333/2020.

Além disso, apesar de não se ter notícia ainda de entes federativos que se utilizaram da prerrogativa concedida pelo § 4º do art. 10-C da Lei nº 10.522/2002, vários deles regulamentaram recentemente a transação tributária, inclusive com previsão de regras mais favoráveis às empresas em recuperação judicial. Nesse sentido, tivemos, por exemplo, a edição de leis pelos estados e municípios de São Paulo[20] e Rio de Janeiro[21].

6. CONCLUSÃO

Buscamos neste capítulo apresentar os principais instrumentos disponíveis às empresas em recuperação judicial para regularizarem o seu passivo fiscal. As mudanças legislativas operadas pela reforma da LREF trouxeram diversas novas opções e alteraram sobremaneira o cenário que era então encontrado pelas recuperandas. Contribui também para isso a própria mudança institucional dentro da administração tributária[22], que passou a ter como norte de sua atuação a busca pela consensualidade na relação com o contribuinte.

Nesse sentido, destrinchamos as alternativas disponíveis no caso de dívidas ainda não inscritas, e que podem ser mais úteis para os débitos mais recentes (parcelamentos); analisamos a revolução trazida pela transação tributária, e que tem todo um universo de possibilidades ainda não explorado; bem como apresentamos outros instrumentos que também podem ser úteis para que as recuperandas regularizem seu passivo fiscal da forma que entenderem mais razoável, com menos custos e litígios, sem que sejam obrigadas a pagar dívidas com as quais não concordam (NJP e PRDI); e, por fim, indicamos que não só os passivos fiscais têm boas opções para sua regularização, mas também os débitos com as autarquias e as fundações públicas federais, além de que já há também um indicativo de que Estados e Municípios estão atentos a essa mudança no cenário da insolvência.

---

[20] Lei Estadual nº 17.293/2020 e Lei Municipal nº 17.324/2020.

[21] Lei Estadual nº 8.502/2019 e Lei Municipal nº 5.966/2015.

[22] Além da PGFN, também a Receita Federal tem avançado em medidas em prol de uma relação menos conflituosa com os contribuintes. Vide nesse sentido a criação do Programa de Conformidade Cooperativa Fiscal (Confia) – Portaria RFB nº 28/2021.

Cap. II • INSTRUMENTOS PARA REGULARIZAÇÃO DO PASSIVO FISCAL | 53

Com isso, espera-se que de agora em diante a regularização de dívidas perante o Fisco se torne uma prioridade das recuperandas, e que caminhe ao lado da negociação com os credores concursais. De fato, os dados disponíveis indicam que as soluções apresentadas pelo legislador são bastante adequadas ao que tem sido encontrado nos processos de recuperação judicial. Portanto, devemos verificar uma profunda alteração no cenário que era encontrado até 2020. Como bem colocam[23] Paulo Mendes de Oliveira e Rita Dias Nolasco:

> *A Lei 14.112/2020 deve ser vista, portanto, como uma importante iniciativa legislativa para reestruturar o procedimento de recuperação judicial, após mais de uma década de experimentação. Importante que a doutrina e o Poder Judiciário interpretem adequadamente seus dispositivos, sobretudo com respeito à proposta que foi tão estudada e discutida no parlamento. Os créditos públicos não podem ser colocados em segundo plano, a fim de que só sejam adimplidos após o pagamento dos credores privados, modelo este que se afasta por completa do procedimento estruturado na legislação.*

REFERÊNCIAS

CEREZETTI, Sheila Christina Neder. *A recuperação judicial de sociedade por ações*: o princípio da preservação da empresa na Lei de Recuperação e Falência. São Paulo: Malheiros, 2012.

MOREIRA, Pedro Ivo Lins. A exigência de regularidade fiscal para fins de concessão da recuperação judicial à luz da hermenêutica constitucional e do princípio da preservação da empresa. In: DOMINGOS, Carlos Eduardo Quadros; CASTRO, Carlos Alberto Farracha de. *Temas de direito de insolvência*: fundamentos, práticas e consequências. OAB/PR.

MUNHOZ, Eduardo Secchi. Comentários ao art. 57. In: SOUZA JR., Francisco Satiro; PITOMBO, Antônio Sérgio A. de Moraes (coord.). *Comentários à Lei de Recuperação de Empresas e Falências*: Lei 11.101/2005. 2. ed. São Paulo: Revista dos Tribunais, 2007.

---

[23] OLIVEIRA, Paulo Mendes de; NOLASCO, Rita Dias. Os créditos tributários e o novo modelo de recuperação judicial. In: ALMEIDA, Arthur Cassemiro Moura de et al. *Lei de Recuperação e Falência*: pontos relevantes e controversos da reforma. Indaiatuba: Editora Foco, 2021. p. 11. Edição do Kindle.

OLIVEIRA, Paulo Mendes de; NOLASCO, Rita Dias. Os créditos tributários e o novo modelo de recuperação judicial. In: ALMEIDA, Arthur Cassemiro Moura de et al. *Lei de Recuperação e Falência*: pontos relevantes e controversos da reforma. Indaiatuba: Editora Foco, 2021. Edição do Kindle.

SCALZILLI. João Pedro; SPINELLI, Luis Felipe; TELLECHEA, Rodrigo. *Recuperação de empresas e falência*: teoria e prática na Lei 11.101/2005. Almedina Brasil. Edição do Kindle.

SOUZA, Priscila Maria Fernandes Campos de. Transação tributária: definição, regulamentação e principais desafios. *Revista da PGFN*, ano XI, n. 1.

TOLEDO, Paulo Fernando Campos Salles de. A apresentação de CND e o parcelamento de débitos fiscais. In: CEREZETTI, Sheila C. Neder; MAFFIOLETTI, Emanuelle Urbano (coord.). *Dez anos da Lei nº 11.101/2005*: estudos sobre a Lei de Recuperação e Falência. Almedina, 2015.

Capítulo III
ATOS DE CONSTRIÇÃO E COOPERAÇÃO JUDICIAL

Flávia Palmeira de Moura Coelho

Sumário: 1. Introdução da problemática – 2. Breve contextualização sobre o agravamento das questões relacionadas à prática de atos de expropriação em relação ao devedor em recuperação judicial – 3. Os problemas decorrentes do prosseguimento das execuções fiscais em razão da ausência de regularidade fiscal dos devedores em recuperação judicial – 4. As alterações promovidas pela Lei nº 14.112/2020 acerca da prática dos atos de constrição – 5. Reflexos da Lei nº 14.112/2020 na jurisprudência do STJ: da desafetação do Tema 987 dos Recursos Repetitivos – 6. Conclusões – Referências.

1. INTRODUÇÃO DA PROBLEMÁTICA

Nos termos do *caput* do art. 6º da Lei nº 11.101/2005, seja na sua redação atual, seja na anterior, a decretação da falência ou o deferimento do processamento da recuperação judicial trazem consequências quanto ao curso da prescrição, suspendendo-a, em relação às ações e às execuções promovidas em face do devedor. Os impactos relativos aos feitos executivos estão totalmente relacionados às questões abordadas no presente capítulo, considerando-se as execuções fiscais promovidas pela Fazenda Pública em face de um devedor insolvente.

A problemática da prática dos atos de constrição, em sede de execução fiscal, na recuperação do crédito fiscal em face de empresas em recuperação judicial, tem sede na inoperabilidade do modelo desenhado pela Lei nº 11.101/2005 decorrente, sobretudo, dos entendimentos jurisprudenciais sobre a matéria no que pertine às discussões sobre competência para a prática de tais atos, e, sobretudo, por se ter admitido a concessão de recuperações judiciais sem o correspondente equacionamento do passivo fiscal.

Em verdade, o fato de o crédito fiscal não se sujeitar à recuperação judicial e, portanto, ensejar um tratamento diferenciado, implicou a necessidade da elaboração de um modelo que contemplasse a situação peculiar das Fazendas Públicas e o processo de insolvência. A Lei nº 11.101/2005, quando editada, trouxe a previsão de um modelo que pressupunha que o devedor sanasse os problemas relativos ao seu passivo fiscal antes da concessão da recuperação judicial, o que tornaria o debate sobre o prosseguimento da execução fiscal meramente residual, assim como as questões de competência para prática de atos de constrição e bens passíveis de serem expropriados.

Com a reforma da Lei nº 11.101/2005, foram realizadas várias alterações legislativas, com o objetivo de se aprimorar a relação entre as Fazendas Públicas e as empresas em estado de insolvência. Entre as inovações, a nova lei, visando resolver um dos maiores entraves para o modelo que foi desenhado originalmente pela Lei nº 11.101/2005, ampliou significativamente as possibilidades de negociação entre as empresas em recuperação judicial e o fisco, de forma a possibilitar um tratamento mais adequado para o passivo fiscal do devedor em recuperação judicial.

Este capítulo não vai abordar especificamente as modalidades existentes de negociação, tampouco as modificações promovidas pela Lei nº 14.112/2020, já que tal tema será objeto de capítulo específico, o qual irá minudenciar a questão. De todo modo, é importante que seja fixada aqui a premissa de que foram aprimorados os mecanismos de negociação do devedor e o fisco (em especial com a Lei nº 14.112/2020), para que o modelo concebido na Lei nº 11.101/2005 passe a efetivamente funcionar. Além disso, a própria Lei nº 14.112/2020 trouxe também mecanismos para solucionar os problemas relacionados à prática dos atos de constrição relacionados ao prosseguimento das execuções fiscais.

2. BREVE CONTEXTUALIZAÇÃO SOBRE O AGRAVAMENTO DAS QUESTÕES RELACIONADAS À PRÁTICA DE ATOS DE EXPROPRIAÇÃO EM RELAÇÃO AO DEVEDOR EM RECUPERAÇÃO JUDICIAL

A Lei nº 11.101/2005, quanto editada, trouxe como um dos requisitos para a concessão da recuperação judicial a previsão, no art. 57[1], de

---

[1] "Art. 57. Após a juntada aos autos do plano aprovado pela assembléia-geral de credores ou decorrido o prazo previsto no art. 55 desta Lei sem objeção

exigência de apresentação da certidão de regularidade fiscal. Tal previsão alinhava-se também com o art. 191-A do Código Tributário Nacional, incluído pela Lei Complementar nº 118/2005[2] A legislação buscava, assim, dar um tratamento ao crédito fiscal, considerando sua não sujeição à recuperação judicial (art. 187 do Código Tributário Nacional – CTN e art. 29 da Lei de Execuções Fiscais – LEF).[3]

Considerando-se que o fisco não poderia participar diretamente das negociações como os demais credores e, portanto, estaria fora da recuperação judicial[4], estabeleceu-se um modelo em que o devedor deveria equacionar seu passivo fiscal antes da concessão da recuperação judicial, com a obtenção da certidão de regularidade fiscal, para que, assim, pudesse ser concedida a recuperação judicial. Vale ressaltar que, naquele momento, foi também prevista a possibilidade de um parcelamento específico para os devedores em recuperação judicial (art. 68 da Lei nº 11.101/05 e art. 155-A, § 4º, do Código Tributário Nacional), que se vislumbrava ser suficiente para atender às particularidades desses devedores

Objetivava-se, dessa forma, que o devedor providenciasse a sua regularidade fiscal desde logo, seja por meio de parcelamento, de garantia ou questionando o próprio débito fiscal, uma vez que todas essas

---

de credores, o devedor apresentará certidões negativas de débitos tributários nos termos dos arts. 151, 205, 206 da Lei nº 5.172, de 25 de outubro de 1966 – Código Tributário Nacional".

[2] "Art. 191-A. A concessão de recuperação judicial depende da apresentação da prova de quitação de todos os tributos, observado o disposto nos arts. 151, 205 e 206 desta Lei".

[3] À luz de tais dispositivos legais, em especial o art. 187 do CTN, verifica-se que a cobrança do crédito fiscal não se sujeita à recuperação judicial, de modo que, em princípio, o processo executivo fiscal tem seu curso regular, indecentemente da tramitação de tal feito.

[4] Filipe Aguiar de Barros considera essa visão de que, para proteger os interesses do Fisco em casos de insolvência, seria adequado afastá-lo dos respectivos processos ou procedimentos equivocada e ultrapassada. O autor esclarece que se, por um lado, tem-se a ótica da necessidade de prerrogativas processuais diferenciadas em sua atuação em juízo que ensejaria, inclusive, uma certa superproteção nos concursos de credores, inclusive aquelas decorrentes de insolvência, por outro, considera mais efetiva, do ponto de vista da recuperação do crédito fiscal, uma maior participação do fisco em processos de tal natureza (BARROS, Filipe Aguiar de. A participação do fisco no processo de insolvência. In: SALOMÃO, Luis Felipe; TARTUCE, Flávio; CARNIO, Daniel (org.). *Recuperação de empresas e falência:* diálogos entre a doutrina e a jurisprudência. São Paulo: Atlas, 2021. p. 655).

possibilidades poderiam garantir a regularidade fiscal, nos termos dos arts. 205 e 206 do CTN[5].

Dentro dessa lógica estabelecida pela lei, considerando que, em princípio, o crédito fiscal estaria com sua exigibilidade suspensa, nos termos do art. 151, VI, do Código Tributário Nacional, o impacto nas execuções fiscais seria bastante residual. Não é por outro motivo, que, originalmente, o § 7º do art. 6º previa que "as execuções de natureza fiscal não são suspensas pelo deferimento da recuperação judicial, ressalvada a concessão de parcelamento nos termos do Código Tributário Nacional e da legislação ordinária específica".

Assim, a ideia é que o prosseguimento na execução fiscal seria uma opção do devedor, já que, inclusive, a apresentação de garantia é um dos requisitos para ajuizamento de embargos à execução fiscal. Ocorre que, sobretudo por conta da flexibilização que a jurisprudência promoveu no requisito da exigência de certidão negativa como requisito para concessão da recuperação judicial, a previsão de que as execuções fiscais não se suspenderiam com o deferimento do processamento da recuperação judicial terminou sendo causa para diversas controvérsias, entre as quais aquelas atinentes à prática de atos de expropriação.

Desse modo, em razão desse longo período sem um parcelamento específico para devedores em recuperação judicial (regulamentado apenas em 2014, pela Lei nº 13.043), diante dos argumentos de uma lacuna normativa que contemplasse as peculiaridades de tais devedores e promovesse o soerguimento das empresas, a Corte Especial do Superior Tribunal de Justiça assentou o entendimento de que não seria possível exigir certidão de regularidade fiscal para a concessão da recuperação judicial.[6]

O entendimento do Superior Tribunal de Justiça em relação à dispensa de comprovação da regularidade fiscal teve como consequência

---

[5] "Art. 205. A lei poderá exigir que a prova da quitação de determinado tributo, quando exigível, seja feita por certidão negativa, expedida à vista de requerimento do interessado, que contenha todas as informações necessárias à identificação de sua pessoa, domicílio fiscal e ramo de negócio ou atividade e indique o período a que se refere o pedido. (...) Art. 206. Tem os mesmos efeitos previstos no artigo anterior a certidão de que conste a existência de créditos não vencidos, em curso de cobrança executiva em que tenha sido efetivada a penhora, ou cuja exigibilidade esteja suspensa".

[6] REsp 1.187.404/MT, Rel. Min. Luis Felipe Salomão, Corte Especial, j. 19.06.2013, *DJe* 21.08.2013.

uma generalizada ausência de regularização do passivo fiscal por parte das empresas em recuperação judicial.

Todavia, as Fazendas Públicas prosseguiram com as execuções fiscais, inclusive com pedidos de indisponibilidade e penhora de bens, já que não se estava diante de créditos com exigibilidade suspensa. Em razão da continuidade das execuções fiscais e das medidas constritivas adotadas, ficaram muito palpitantes as questões envolvendo as competências dos juízos da execução fiscal e da recuperação judicial para prática de atos de constrição e expropriação de bens, que passam a ser mais detalhados no tópico subsequente.

3. OS PROBLEMAS DECORRENTES DO PROSSEGUIMENTO DAS EXECUÇÕES FISCAIS EM RAZÃO DA AUSÊNCIA DE REGULARIDADE FISCAL DOS DEVEDORES EM RECUPERAÇÃO JUDICIAL

Conforme exposto, o modelo legal adotado pela Lei nº 11.101/2005 instava a recuperanda, em momentos anteriores à concessão da recuperação judicial, a buscar quitar ou parcelar seus débitos com o Fisco, suspendê-los, garanti-los ou, ainda, obter sua extinção por outros fundamentos. Na hipótese em que a recuperanda não adotasse nenhuma dessas providências, estaria sujeita a constrições patrimoniais decorrentes das execuções fiscais que iriam prosseguir durante o processamento da recuperação judicial. Outro risco a que estaria sujeita a recuperanda era o de não obter a concessão da recuperação judicial, convolando-se em falência.

Filipe Aguiar de Barros aponta que, em razão do insucesso do modelo desenhado pela legislação, a recuperação judicial tornou-se progressivamente um enorme pesadelo em relação às cobranças promovidas pelo Fisco.[7] Relata também que a inércia imposta ao Fisco induziu comportamentos absolutamente indesejáveis, quando se trata de recuperação judicial.[8]

Cita, nesse diapasão, como exemplos desses comportamentos incompatíveis, a ausência de esforços para a regularização do passivo

---

[7] BARROS, Filipe Aguiar de. A participação do fisco no processo de insolvência. In: SALOMÃO, Luis Felipe; TARTUCE, Flávio; CARNIO, Daniel (org.). *Recuperação de empresas e falência:* diálogos entre a doutrina e a jurisprudência. São Paulo: Atlas, 2021. p. 659.

[8] *Idem.*

fiscal, o esvaziamento patrimonial e o não recolhimento dos tributos correntes. Ademais, Filipe Aguiar de Barros menciona que tais efeitos nocivos estenderam-se para além da relação entre o Fisco e o devedor.

Verificam-se, portanto, como reflexos da falta de êxito do modelo desenhado para recuperação judicial, na tentativa de ponderação de interesses contrapostos, a perda de credibilidade do próprio instituto; o seu uso por devedores (ou com planos manifestamente inviáveis); o excesso de litigiosidade; a manutenção de recuperações judiciais artificialmente ativas com o exclusivo intuito de preservação das blindagens; concorrência desleal.[9] Pode-se dizer que a recuperação judicial gerou um cenário mais prejudicial ao Fisco do que a própria falência.

Nesse contexto, em virtude da ausência generalizada de suspensão da exigibilidade dos créditos fiscais relativos a devedores em recuperação judicial, como especial decorrência do entendimento que flexibilizou o requisito da apresentação de certidão de regularidade fiscal, as execuções fiscais prosseguiram seu curso. Esse prosseguimento das execuções fiscais, como não poderia deixar de ser, resultou em diversos pedidos de indisponibilidade e penhora de bens.

Vale aqui ressaltar que, até pelo objetivo intrínseco à execução fiscal de promover a recuperação do crédito fazendário, era bastante comum a prática de atos constritivos bastante gravosos, em especial para o devedor em recuperação judicial, já que, por exemplo, medidas como o bloqueio de ativos financeiros dificultavam ou tornavam impossível o andamento das recuperações judiciais.

É dentro desse cenário que irrompeu o problema da delimitação da competência do juízo da execução fiscal e o do juízo da recuperação judicial para a prática de atos de constrição e, sobretudo, dos atos expropriatórios. Aqui convém mencionar que, como estratégia processual dos devedores em recuperação judicial e com acolhimento dos juízes responsáveis pelo processamento das recuperações judiciais, foram suscitados, de forma *per saltum*, diversos conflitos positivos de competência no Superior Tribunal de Justiça (STJ), sempre diante da prática de ato constritivo em uma execução fiscal promovida contra uma recuperanda.[10]

---

[9] *Idem.*

[10] BARROS, Filipe Aguiar de. In: COELHO, Flávia Palmeira de Moura; PEDROSA, Pablo Galas; CAMPOS, Rogério. *Microssistema de cobrança do crédito fiscal:* comentários às Leis de Execução Fiscal e Medida Cautelar. São Paulo: Thomson Reuters Brasil, 2019. p. 293.

Cap. III · ATOS DE CONSTRIÇÃO E COOPERAÇÃO JUDICIAL | 61

Alegava-se, essencialmente, nesses conflitos de competência, que os juízos da recuperação judicial e o da execução fiscal não poderiam ter competência para decidir sobre um mesmo patrimônio.

Quanto a esses conflitos de competência, nota-se que existia uma divergência jurisprudencial entre os entendimentos da Segunda Turma e os da Segunda Seção acerca do juízo competente para prática de atos de tal natureza. Com efeito, a Segunda Seção do STJ, que é competente para apreciar os conflitos de competência sobre a matéria, conforme decidido pela Corte Especial na Questão de Ordem no CC 120.432/SP, desconsiderou a compreensão de que não se estaria diante de um juízo universal, muito menos de um concurso universal.

É importante aqui esclarecer que a universalidade do juízo falimentar é concebida como mecanismo para tentar concentrar todos os credores na falência e satisfazer os diferentes créditos conforme a *par conditio creditorum*. Ressalta-se que, nos termos do art. 76 da Lei nº 11.101/2005[11], o juízo de falência é universal, sendo o único competente para conhecer todas as ações sobre bens, interesses e negócios do falido.

Cumpre ainda mencionar que, por outro lado, se prevê, na recuperação judicial, uma suspensão das execuções em face da recuperanda, a partir da publicação da decisão de processamento da recuperação judicial, como um mecanismo para tentar criar um ambiente institucional de negociação entre credores e devedores. Isso porque a medida limita bastante que credores individuais retirem bens imprescindíveis à reestruturação da atividade.

Assegura-se, dessa forma, a possibilidade de serem previstos, no plano de recuperação judicial, meios para superar o estado de crise do devedor. Esse período de suspensão, ademais, incentiva que os credores procurem negociar coletivamente com o devedor a melhor alternativa para satisfazer seus créditos.[12] Nada obstante, no caso da recuperação judicial, não se tem propriamente um juízo universal, tampouco um concurso universal.[13]

---

[11] "Art. 76. O juízo da falência é indivisível e competente para conhecer todas as ações sobre bens, interesses e negócios do falido, ressalvadas as causas trabalhistas, fiscais e aquelas não reguladas nesta Lei em que o falido figurar como autor ou litisconsorte ativo.

Parágrafo único. Todas as ações, inclusive as excetuadas no caput deste artigo, terão prosseguimento com o administrador judicial, que deverá ser intimado para representar a massa falida, sob pena de nulidade do processo."

[12] SACRAMONE, Marcelo Barbosa. *Comentários à Lei de Recuperação de Empresas e Falência*. 2. ed. São Paulo: Saraiva Educação, 2021. p. 91.

[13] Convém esclarecer que, conquanto se repute mais adequado o entendimento de que o juízo da recuperação judicial não é universal, diferentemente do

Todavia, a Segunda Seção do STJ interpretou o então vigente § 7º do art. 6º da Lei nº 11.101/2005, no sentido que, conquanto a execução fiscal não se suspenda a partir do deferimento da recuperação judicial, os atos satisfativos da obrigação exequenda seriam de competência do juízo da recuperação judicial. Tal entendimento lastreou-se no princípio da preservação da empresa e na mora legislativa relativa ao parcelamento específico para devedores em recuperação judicial.[14][15]

---

juízo falimentar, é importante mencionar que existe posicionamento doutrinário que reputa o juízo da recuperação judicial como universal. Nesse sentido, Daniel Carnio Costa e Alexandre Nasser de Melo consideram que o juízo recuperacional ou falimentar é o único a decidir sobre a destinação a ser dada aos ativos do devedor, uma vez que o juízo – que seria universal na visão dos autores – por conhecer de forma ampla a situação em que se encontra o devedor, tem condições de analisar se a retirada de determinado bem pode ser ou não prejudicial à continuidade de suas atividades, em caso de recuperação judicial, ou aos interesses dos credores (na falência) (COSTA, Daniel Carnio; MELO, Alexandre Correa Nasser de. *Comentários à Lei de Recuperação de Empresas e Falência*: Lei nº 11.101, de 09 de fevereiro de 2005. 2. ed. Curitiba: Juruá, 2021. p. 91).

[14] Convém ainda destacar que, conquanto se entenda que o juízo da recuperação judicial não seja propriamente universal, o STJ tem enquadrado tal juízo como tal. Com efeito, com base em tal compreensão, a Corte Superior tem jurisprudência pacífica em que atribui exclusividade para a prática de atos de execução do patrimônio da sociedade recuperanda ao juízo universal no qual se processa a recuperação. Considera como fundamento para essa regra de supremacia de competência, a necessidade de concentração, no juízo da recuperação judicial, de todas as decisões que envolvam o patrimônio da recuperanda, com o intuito de não comprometer a tentativa de mantê-la em funcionamento. Nesse sentido:

"Agravo interno no conflito de competência. Deferimento de recuperação judicial. Medidas de constrição do patrimônio da empresa. Crédito extraconcursal. Constrição indireta. Competência do Juízo da recuperação judicial.

1. Os atos de execução dos créditos promovidos contra empresas falidas ou em recuperação judicial, sob a égide do Decreto-Lei n. 7.661/45 ou da Lei n. 11.101/05, bem como os atos judiciais que envolvam o patrimônio dessas empresas, devem ser realizados pelo Juízo universal.

2. Ainda que o crédito exequendo tenha sido constituído depois do deferimento do pedido de recuperação judicial (crédito extraconcursal), a jurisprudência desta Corte é pacífica no sentido de que, também nesse caso, o controle dos atos de constrição patrimonial deve prosseguir no Juízo da recuperação. Precedentes.

3. Declarada a incompetência do Juízo laboral para prosseguir com a execução e reconhecida a competência do Juízo da recuperação, caso seja de seu

Vale dizer que, mesmo com a edição da Lei nº 13.043/2014, a Segunda Seção do STJ manteve, por maioria, no AgRg no CC nº 136.130/SP, o entendimento de que seria possível o prosseguimento da execução fiscal, porém a prática de atos de constrição seria da competência do juízo da recuperação judicial. O fundamento para a manutenção de tal entendimento é que o parcelamento concedido teria sido insuficiente para atender às necessidades dos devedores em recuperação judicial, não sendo satisfatório para o fim proposto.

Por outro lado, a discussão sobre a competência do juízo da execução fiscal também foi objeto de debate nas Turmas que integram a Primeira Seção do STJ, em paralelo às decisões da Segunda Seção sobre a matéria. Com efeito, em razão de recursos especiais e agravos, que não estavam abrangidos pela decisão na Questão de Ordem já mencionada, interpostos em face de acórdãos proferidos em sede de agravo de instrumento contra decisões proferidas em execuções fiscais, a matéria também foi objeto de apreciação pelas Turmas da Primeira Seção.

Destaca-se, nesse contexto, que a Segunda Turma do STJ firmou o entendimento, no RESP 1.480.559/RS, que *"a interpretação da legislação federal não pode conduzir a resultados práticos que impliquem a supressão de norma vigente. Assim, a melhor técnica de exegese impõe a releitura da orientação jurisprudencial adotada pela Segunda Seção, que, salvo melhor juízo, analisou o tema apenas sob o enfoque das empresas em recuperação judicial."*[16]

---

interesse, incumbe ao credor-exequente diligenciar junto a este, no intento de satisfazer e viabilizar sua pretensão executória.

4. Agravo interno não provido" (PET no CC 175.484/MG, Rel. Min. Luis Felipe Salomão, 2ª Seção, j. 14.04.2021, *DJe* 20.04.2021).

[15] Filipe Aguiar de Barros é bastante enfático ao criticar o entendimento da Segunda Seção do STJ, apontando que o referido órgão fracionário estaria escolhendo as normas que gostaria de ver aplicadas à recuperação judicial, de modo que na interpretação conferida ao § 7º do art. 6º pela Segunda Seção, o dispositivo não estaria dizendo exatamente aquilo que dispunha, de modo a impedir os atos para os quais a execução fiscal estaria vocacionada, ainda que o processo não se suspendesse (BARROS, Filipe Aguiar de. In: COELHO, Flávia Palmeira de Moura; PEDROSA, Pablo Galas; CAMPOS, Rogério. *Microssistema de cobrança do crédito fiscal:* comentários às Leis de Execução Fiscal e Medida Cautelar. São Paulo: Thomson Reuters Brasil, 2019. p. 292).

[16] "Processual civil. Violação do art. 535 do CPC. Deficiência na fundamentação. Súmula 284/STF. Decisão monocrática, confirmada no julgamento do agravo interno. Nulidade. Violação do art. 557 do CPC. Inexistência. Execução fiscal.

Bloqueio universal de bens. Art. 185.-A do CTN. Inaplicabilidade em relação às empresas em recuperação judicial. Exegese harmônica dos arts. 5º e 29 da Lei 6.830/1980 e do art. 6º, § 7º, da Lei 11.101/2005.

(...)

3. Segundo preveem o art. 6, § 7º, da Lei 11.101/2005 e os arts. 5º e 29 da Lei 6.830/1980, **o deferimento da Recuperação Judicial não suspende o processamento autônomo do executivo fiscal.**

4. Importa acrescentar que a medida que veio a substituir a antiga concordata constitui modalidade de renegociação exclusivamente dos débitos perante credores privados.

5. Nesse sentido, o art. 57 da Lei 11.101/2005 expressamente prevê que a apresentação da Certidão Negativa de Débitos é pressuposto para o deferimento da Recuperação Judicial – ou seja, os créditos da Fazenda Pública devem estar previamente regularizados (extintos ou com exigibilidade suspensa), justamente porque não se incluem no Plano (art. 53 da Lei 11.101/2005) a ser aprovado pela assembleia-geral de credores (da qual, registre-se, a Fazenda Pública não faz parte – art. 41 da Lei 11.101/2005).

6. **Consequência do exposto é que o eventual deferimento da nova modalidade de concurso universal de credores mediante dispensa de apresentação de CND não impede o regular processamento da Execução Fiscal, com as implicações daí decorrentes (penhora de bens, etc.).**

7. Não se desconhece a orientação jurisprudencial da Segunda Seção do STJ, que flexibilizou a norma dos arts. 57 e 58 da Lei 11.101/2005 para autorizar a concessão da Recuperação Judicial independentemente da apresentação da prova de regularidade fiscal.

8. Tal entendimento encontrou justificativa na demora do legislador em cumprir o disposto no art. 155-A, § 3º, do CTN – ou seja, instituir modalidade de parcelamento dos créditos fiscais específico para as empresas em Recuperação Judicial.

9. **A interpretação da legislação federal não pode conduzir a resultados práticos que impliquem a supressão de norma vigente. Assim, a melhor técnica de exegese impõe a releitura da orientação jurisprudencial adotada pela Segunda Seção, que, salvo melhor juízo, analisou o tema apenas sob o enfoque das empresas em Recuperação Judicial.**

10. Dessa forma, **deve-se adotar a seguinte linha de compreensão do tema: a) constatado que a concessão do Plano de Recuperação Judicial foi feita com estrita observância dos arts. 57 e 58 da Lei 11.101/2005 (ou seja, com prova de regularidade fiscal), a Execução Fiscal será suspensa em razão da presunção de que os créditos fiscais encontram-se suspensos nos termos do art. 151 do CTN; b) caso contrário, isto é, se foi deferido, no juízo competente, o Plano de Recuperação judicial sem a apresentação da CND ou CPEN, incide a regra do art. 6º, § 7º, da Lei 11.101/2005, de modo que a Execução Fiscal terá regular prosseguimento, pois não é legítimo concluir que a regularização do estabelecimento empresarial**

Cap. III • ATOS DE CONSTRIÇÃO E COOPERAÇÃO JUDICIAL | 65

Nesse contexto, diante dessa divergência jurisprudencial, foram afetados os Recursos Especiais nºs 1.694.316/SP; 1.694.261/SP, e 1.712.484/SP como representativos da controvérsia correspondente ao tema 987 dentro da sistemática de recursos repetitivos ("possibilidade da prática de atos constritivos, em face de empresa em recuperação judicial, em sede de execução fiscal"). Pretendia-se dirimir a controvérsia sobre o juízo competente para a prática de atos constritivos ora abordada.

No bojo de tais recursos especiais repetitivos, houve determinação de suspensão nacional do processamento de todos os processos pendentes, individuais ou coletivos, que versassem sobre a questão e tramitassem no território nacional, nos termos do art. 1.037, II, do CPC/2015. Recentemente, em face das alterações promovidas pela Lei nº 14.112/2020, os recursos especiais representativos de controvérsia foram desafetados, como será abordado em tópico específico do presente capítulo.

4. AS ALTERAÇÕES PROMOVIDAS PELA LEI Nº 14.112/2020 ACERCA DA PRÁTICA DOS ATOS DE CONSTRIÇÃO

Consoante já mencionado, a nova legislação trouxe diversos aprimoramentos quanto à prática de atos de constrição relativamente a um devedor insolvente. Como regra geral,[17] o inciso III do art. 6º da Lei nº 11.101/2005, incluído pela Lei nº 14.112/2020, deixou muito clara a regra geral de proibição de qualquer ato de constrição sobre bens do devedor que tenha falência declarada ou a recuperação judicial deferida. Impede-se, desse modo, em regra, que os credores exerçam qualquer forma de retenção, arresto, penhora, sequestro, busca e apreensão e quaisquer outras modalidades de constrição judicial ou extrajudicial em face do

---

possa ser feita exclusivamente em relação aos seus credores privados, e, ainda assim, às custas dos créditos de natureza fiscal.

11. Nesta última hipótese, **seja qual for a medida de constrição adotada na Execução Fiscal, será possível flexibilizá-la se**, com base nas circunstâncias concretas, devidamente provadas nos autos e valoradas pelo juízo do executivo processado no rito da lei 6.830/1980, for apurada a necessidade de aplicação do princípio da menor onerosidade (art. 620 do CPC).

12. Recurso Especial parcialmente conhecido e, nessa parte, parcialmente provido para anular o acórdão hostilizado" (REsp 1.480.559/RS, Rel. Min. Herman Benjamin, 2ª Turma, j. 03.02.2015, *DJe* 30.03.2015).

[17] É oportuno, embora óbvio, salientar que se trata de regra geral e que, portanto, comporta exceções.

devedor ou dos sócios solidários com o objetivo de preservar ao máximo o patrimônio do devedor para os procedimentos de insolvência de que ora se cuida.

Um dos principais efeitos da decretação de falência em relação ao crédito do falido, portanto, é a suspensão das execuções individuais em curso. Fábio Ulhôa Coelho aponta que seria despropositado a continuidade individual do exercício do direito de cobrança por parte dos credores, já que, nessas circunstâncias, estar-se-iam sendo desenvolvidas duas medidas judiciais com finalidade idênticas, a execução individual e a concursal e, por isso, é que se suspendem as execuções em que o executado é o falido.[18]

Nota-se, portanto, que a suspensão das execuções contra o devedor falido tem como fundamento a ausência de racionalidade de serem mantidas duas medidas judiciais satisfativas que possuem o mesmo objetivo. De outra sorte, a recuperação judicial não é uma execução concursal e não se sobrepõe, por isso, às execuções individuais em curso.

Dessarte, o fundamento para a suspensão das execuções contra o devedor em recuperação judicial é outro: o de proporcionar maior fôlego ao empresário individual ou à sociedade empresária para que a reorganização seja mais exitosa. Na recuperação judicial, ademais, o que se verifica é que a Lei nº 11.101/2005[19] buscou criar um procedimento de negociação coletiva com o objetivo de maximizar a utilidade produtiva dos bens e a satisfação dos interesses dos afetados pelo desenvolvimento da atividade.

Assim, com o intuito de que os credores possam avaliar a viabilidade econômica da empresa e de sua condição, não podem buscar, de forma exclusiva, a satisfação pessoal de seu interesse, o que também fundamenta a suspensão das ações executivas como regra geral.[20] Com efeito, Marcelo Sacramone esclarece que a proibição de medidas constritivas tem como intuito impedir que um ou alguns credores possam prejudicar um meio de recuperação que beneficiaria a coletividade demandando eventualmente a constrição de bens.

Sem embargo da previsão, como regra geral, de suspensão das execuções em face do devedor em recuperação judicial, os créditos não

---

[18]   COELHO, Fabio Ulhoa. *Comentários à Lei de Falências e de Recuperação das Empresas*. 14. ed. rev., atual. e ampl. São Paulo: Thomson Reuters Brasil, 2021. p. 65.

[19]   E esse objetivo persiste na lei com as alterações da Lei nº 11.101/2005.

[20]   SACRAMONE, Marcelo Barbosa. *Op. cit.*, p. 95.

sujeitos à recuperação judicial recebem um tratamento específico no § 7º-A[21], e as execuções fiscais também no § 7º-B e 11[22]. Em relação aos processos executivos fiscais, que são o foco do presente capítulo, o que se tem previsto na legislação é que excepcionam a regra geral, de modo que a decretação de falência e o deferimento do processamento da recuperação judicial não as suspende.

Marcelo Sacramone questiona a aplicabilidade da previsão do art. 6º, § 7º-B, incluído pela Lei nº 14.112/20, em relação aos créditos não tributários, ainda que o dispositivo se refira indistintamente aos créditos fiscais (o que inclui os créditos tributários e não tributários).[23]

Sacramone considera que a legislação teria privilegiado o crédito fiscal não tributário em patamar superior ao próprio crédito tributário, por não lhe ter imposto parcelamento, mas pelo simples fato de serem titularizados por entes públicos, o que, na visão do autor, não seria lógico. Propõe, então, que se interprete o dispositivo no sentido que somente as execuções fiscais de natureza tributária não se suspendam com o deferimento da recuperação judicial e não se submetam a seus efeitos.[24]

---

[21] "§ 7º-A. O disposto nos incisos I, II e III do *caput* deste artigo não se aplica aos créditos referidos nos §§ 3º e 4º do art. 49 desta Lei, admitida, todavia, a competência do juízo da recuperação judicial para determinar a suspensão dos atos de constrição que recaiam sobre bens de capital essenciais à manutenção da atividade empresarial durante o prazo de suspensão a que se refere o § 4º deste artigo, a qual será implementada mediante a cooperação jurisdicional, na forma do art. 69 da Lei nº 13.105, de 16 de março de 2015 (Código de Processo Civil), observado o disposto no art. 805 do referido Código."

[22] "§ 7º-B. O disposto nos incisos I, II e III do *caput* deste artigo não se aplica às execuções fiscais, admitida, todavia, a competência do juízo da recuperação judicial para determinar a substituição dos atos de constrição que recaiam sobre bens de capital essenciais à manutenção da atividade empresarial até o encerramento da recuperação judicial, a qual será implementada mediante a cooperação jurisdicional, na forma do art. 69 da Lei nº 13.105, de 16 de março de 2015 (Código de Processo Civil), observado o disposto no art. 805 do referido Código."

"§ 11. O disposto no § 7º-B deste artigo aplica-se, no que couber, às execuções fiscais e às execuções de ofício que se enquadrem respectivamente nos incisos VII e VIII do caput do art. 114 da Constituição Federal, vedados a expedição de certidão de crédito e o arquivamento das execuções para efeito de habilitação na recuperação judicial ou na falência. (Incluído pela Lei nº 14.112, de 2020)."

[23] SACRAMONE, Marcelo. *Op. cit.* p. 102-103.

[24] SACRAMONE, *Idem.*

Não obstante o posicionamento do autor, além do próprio dispositivo em si não fazer essa diferenciação, a jurisprudência atual não adota essa distinção proposta.

Quanto à hipótese de falência, as execuções fiscais se suspendem em relação ao falido diante da instauração do incidente de classificação do crédito público de que trata o art. 7º-A, § 4º, V[25]. Já quanto à recuperação judicial nenhum ato posterior ao deferimento do seu processamento, implica a suspensão das execuções fiscais.

Como amplamente esclarecido, um dos problemas relacionados à cobrança dos créditos fiscais no contexto de empresas em recuperação judicial diz respeito à prática, em sede de execução fiscal, de atos constritivos e expropriatórios em face das empresas recuperandas. Diante de tal problema, a Lei nº 14.112/20, paralelamente às modificações que favoreceram um ambiente de maior aproximação e negociação entre o Fisco e o devedor em recuperação judicial, também trouxe aprimoramentos no que pertine à competência para a prática de atos de constrição.

Desde já é interessante notar que, no atual modelo legislativo, vislumbra-se que o prosseguimento das execuções fiscais deve ocorrer apenas de forma excepcional. Ou seja, a execução fiscal somente irá prosseguir nos casos em que o devedor não parcele seus débitos, não questione judicialmente a tributação, não garanta a dívida (o que pode ser mediante realização de negócio jurídico processual), não apresente proposta de transação individual ou muito menos, questio-

---

[25] "Art. 7º-A. Na falência, após realizadas as intimações e publicado o edital, conforme previsto, respectivamente, no inciso XIII do *caput* e no § 1º do art. 99 desta Lei, o juiz instaurará, de ofício, para cada Fazenda Pública credora, incidente de classificação de crédito público e determinará a sua intimação eletrônica para que, no prazo de 30 (trinta) dias, apresente diretamente ao administrador judicial ou em juízo, a depender do momento processual, a relação completa de seus créditos inscritos em dívida ativa, acompanhada dos cálculos, da classificação e das informações sobre a situação atual.

(...)

§ 4º Com relação à aplicação do disposto neste artigo, serão observadas as seguintes disposições:

(...)

V – as execuções fiscais permanecerão suspensas até o encerramento da falência, sem prejuízo da possibilidade de prosseguimento contra os corresponsáveis;"

nando judicialmente o débito, obtenha decisão favorável à suspensão de exigibilidade.

Dessa maneira, o que se entende é que a Lei nº 14.112/2020 mitigou significativamente o problema do prosseguimento das execuções fiscais, tornando-o algo residual. Ademais, na maior parte dos casos em que o passivo fiscal das devedoras não for equacionado é porque a empresa é inviável economicamente, o que muito provavelmente ensejará a convolação em falência, o que corrobora a excepcionalidade do problema da prática de atos de constrição oriundos de executivos fiscais em face de devedores em recuperação judicial.

De todo modo, o § 7º-B incluído no artigo 6º da Lei nº 11.101/2005 pela Lei nº 14.112/2020[26] trouxe uma importante solução para o impasse trazido pela jurisprudência em relação às execuções fiscais e às recuperações judiciais. Como já mencionado, o § 7º-B, incluído pela reforma, trouxe o esclarecimento (na linha do que a jurisprudência do STJ havia reconhecido) de que o deferimento do processamento da recuperação judicial não suspende as execuções fiscais.

O § 7º-B é, pois, bastante claro quanto à possibilidade de prosseguimento das execuções fiscais, excepcionando a regra geral da suspensão das execuções. Assim, a Lei nº 14.112/2020, nas alterações promovidas no art. 6º da Lei nº 11.101/2005, não deixa qualquer margem de dúvidas de que o *stay period* não atinge as execuções fiscais, entre as quais aquelas que se referem à cobrança de créditos de FGTS e de multa trabalhista, e execuções de ofício de contribuição previdenciária, em razão de serem créditos não sujeitos à recuperação judicial.[27]

Outro aspecto digno de nota é que a alteração legislativa esclareceu que a prática de atos constritivos em decorrência das execuções fiscais é permitida. Todavia, com o intuito de eliminar os problemas apontados em razão da tramitação dos feitos em juízos distintos, sem que sejam frustrados os objetivos específicos de cada um deles, o § 7º-B do art. 6º

---

[26] "O disposto nos incisos I, II e III do *caput* deste artigo não se aplica às execuções fiscais, admitida, todavia, a competência do juízo da recuperação judicial para determinar a substituição dos atos de constrição que recaiam sobre bens de capital essenciais à manutenção da atividade empresarial até o encerramento da recuperação judicial, a qual será implementada mediante a cooperação jurisdicional, na forma do art. 69 da Lei nº 13.105, de 16 de março de 2015 (Código de Processo Civil), observado o disposto no art. 805 do referido Código".

[27] O § 11 prevê a aplicação do § 7º-B nessas hipóteses.

remeteu ao regime de cooperação jurisdicional do Novo Código de Processo Civil (Lei nº 13.105/2015) e estabeleceu o modo de compatibilização entre o juízo da execução fiscal e o juízo universal.

Nesse sentido, nota-se que o disposto no § 7º-B do art. 6º admite, quando não se estiver diante de hipótese de suspensão da execução fiscal ou da própria exigibilidade do crédito tributário, a possibilidade de adoção de atos de constrição patrimonial a ser determinada pelo juízo da execução fiscal em face da empresa em recuperação judicial. Considerando-se, contudo, a competência do juízo da recuperação judicial, e, nesse ponto, adotando-se a concepção de que seria um juízo universal para deliberar sobre os bens, o mesmo dispositivo estabeleceu a atuação do juízo da recuperação judicial em cooperação com o juízo da execução fiscal para substituição do bem.

O juízo da recuperação judicial pode, pois, substituir a constrição que, eventualmente, iria recair sobre bens de capital essenciais à manutenção da atividade empresarial, para evitar que fosse inviabilizado o cumprimento do plano de recuperação judicial. Essa substituição dos bens objeto da constrição deve se dar por meio do mecanismo da cooperação jurisdicional prevista no art. 69 do Código de Processo Civil.

Outrossim, o § 7º-B do art. 6º remete ao art. 805 do Código de Processo Civil, como forma de manter a garantia do crédito fiscal. Nesse diapasão, à luz do dispositivo, pode-se concluir que o requisito para a substituição do bem de capital essencial à manutenção da atividade empresarial por outro bem menos oneroso para o devedor em recuperação judicial, considerando-se a chance de êxito quanto ao cumprimento do plano, é que a medida executiva recaia sobre outros bens que sejam igualmente eficazes para satisfação do crédito fiscal.

Em outras palavras, não basta, para a substituição, que o bem seja essencial para o cumprimento do plano. É necessário que o devedor possua outro bem que seja equivalente, em termos de eficácia, para satisfazer o crédito fiscal.

A menção ao art. 805 do Código de Processo Civil é também bastante louvável, na medida em que a aplicação do princípio da menor onerosidade ao credor, que seria um dos fundamentos intrínsecos à substituição do bem voltada para a consecução do plano de recuperação judicial, não pode corresponder ao sacrifício da tutela executiva, inutilizando-a. Deve haver um equilíbrio entre a satisfação do crédito fiscal e o cumprimento do plano de recuperação judicial (do qual o Fisco não participa).

Decerto que devem ser evitados os exageros na cobrança do crédito fiscal que possam comprometer o plano de recuperação judicial, mas, ao mesmo tempo, tal objetivo não pode impedir a satisfação dos créditos dessa natureza. A recuperação judicial, ainda que não conte com a participação mais direta do Fisco nas negociações, não pode desprezar o crédito tutelado pela Fazenda Pública,[28] processando-se sem qualquer equacionamento do passivo fiscal.

Segundo a compreensão do Código de Processo Civil, invocada na Lei nº 14.112/2020, a adoção de outros meios menos gravosos para satisfação do crédito executado somente se dá se existentes meios igualmente ou mais eficazes diversos daquele objeto da constrição, sob pena de serem mantidos os atos executivos já determinados.

Aqui cumpre ressaltar que a alteração legislativa, além de compatibilizar a atuação do juízo da execução fiscal e do juízo universal, também constituiu a positivação de uma sistemática que possibilita a identificação da viabilidade ou não da empresa, para fins de recuperação judicial. Isso porque o exame quanto à existência de outro eventual bem do devedor em recuperação judicial que possa substituir o bem penhorado em execução fiscal é um relevante indicativo para a aferição da viabilidade econômica da recuperação judicial.

Não possuindo o devedor outros bens que poderiam garantir a satisfação do crédito fiscal, considerando-se a ausência de equacionamento do passivo fiscal, há grandes chances de se tratar de hipótese em que seria mais adequada e recomendável a falência do empresário individual ou da sociedade empresária. Se assim o for, é melhor, para a coletividade de credores, que o procedimento de falência se inicie o quanto antes, a fim de se obter uma maximização dos ativos do devedor, os quais poderiam

---

[28] Frise-se que não se está afirmando que o Fisco não pode participar da recuperação judicial. Ao contrário, o Fisco pode e deve participar cada vez mais ativamente das recuperações judiciais, colaborando com informações relevantes sobre o devedor junto com outros credores, como se tratará oportunamente em outro capítulo, mas impende reconhecer que há uma limitação na atuação dentro das recuperações judiciais diante da impossibilidade de negociação no bojo de tal procedimento, uma vez que os créditos fiscais não se submetem às recuperações judiciais. Saliente-se, inclusive, que no REsp nº 1.053.883/RJ, o Superior Tribunal de Justiça assentou ser possível que a Fazenda Pública possa figurar como terceira interessada, dentro do processo de recuperação judicial, podendo apresentar argumentos a serem considerados no momento da apreciação do plano de recuperação judicial. A jurisprudência, portanto, admite a capacidade da Fazenda Pública de participar do processo de recuperação judicial, para, entre outros objetivos, demonstrar a inadequação da recuperação judicial diante da inviabilidade econômica do devedor.

72 | FAZENDA PÚBLICA NA RECUPERAÇÃO JUDICIAL E FALÊNCIA

ser depreciados em caso de concessão de uma recuperação judicial já, de antemão, fadada ao insucesso.[29]

Embora o dispositivo não trate expressamente, entende-se que a decisão que caracteriza o bem de capital objeto da constrição como essencial à manutenção da atividade econômica deve ser fundamentada. Nesse sentido, deve o juízo recuperacional explicitar os motivos pelos quais reputa que a atividade econômica da recuperanda não poderia ter prosseguimento ou que o plano de recuperação judicial não seria exitoso, sem aquele bem de capital.

Impende mencionar que, quando da edição do Código de Processo Civil de 2015, em análise sobre as novidades trazidas pela nova codificação para fins de orientação, a Procuradoria-Geral da Fazenda Nacional já assentou a aplicação do art. 69 nas questões envolvendo competência nos casos da prática de atos de constrição decorrentes de execução fiscal em face de devedores. Ainda que se tratasse de um exame inicial das modificações, é pertinente trazer as observações feitas naquela oportunidade, diante de já se vislumbrar a aplicação do instituto para solucionar o impasse trazido pela jurisprudência do STJ:

> *49. Observa-se que as regras relativas à cooperação nacional buscam traduzir o dever de cooperação recíproca entre os órgãos jurisdicionais de quaisquer graus. Colima-se, por meio dos dispositivos transcritos, implementar o modelo de processo cooperativo a que alude o art. 6º do nCPC dentro da perspectiva dos órgãos do Poder Judiciário, aplicando-se tanto para magistrados, como para servidores.*
>
> *50. Um possível reflexo das normas relativas à cooperação jurisdicional nacional para as execuções fiscais é a potencial utilização da cooperação nacional na falência e recuperação judicial, de forma a possibilitar que o juízo da execução fiscal e o da recuperação judicial e/ou falência cooperem entre si, especialmente quanto a solicitações de atos de constrição relacionadas à recuperação judicial.*[30]

Por fim, ainda sobre as mudanças no art. 6º da Lei nº 11.101/2005 ora abordadas, impende destacar que o § 7º-A, conquanto similar ao

---

[29]   Importante destacar que aqui se está tratando da importância de se identificar, de plano, se o devedor é viável economicamente e tem condições, de fato, de se reerguer, o que passa, entre outros aspectos, por sua capacidade de manter-se solvável também com o fisco, seja por poder arcar com o passivo já existente como também o vindouro.

[30]   COELHO, Flávia Palmeira de Moura. Parecer PGFN/CRJ/ nº 618/2016. *Revista da Procuradoria-Geral da Fazenda Nacional*, Brasília: PGFN, v. 9, n. 1, p. 329-437, jan.-jun. 2016. p. 348.

§ 7º-B do mesmo artigo, aborda situação diversa. O § 7º-A refere-se a créditos que, embora também estejam sujeitos aos efeitos da recuperação judicial (art. 49, §§ 3º e 4º, da Lei nº 11.101/05)[31], ostentam garantia.

Nessa circunstância, a suspensão de atos constritivos ou expropriatórios não afasta a garantia nem permite a sua substituição, ressalvada a hipótese de anuência do titular. De outra sorte, no caso do § 7º-B, a suspensão de uma penhora deixaria o Fisco completamente desprotegido, diferentemente do que ocorreria em caso de substituição nos moldes do art. 805 do Código de Processo Civil. Ademais, enquanto o § 7º-B é aplicável até o encerramento da recuperação judicial, a incidência do § 7º-A está restrita ao *stay period*.

5. REFLEXOS DA LEI Nº 14.112/2020 NA JURISPRUDÊNCIA DO STJ: DA DESAFETAÇÃO DO TEMA 987 DOS RECURSOS REPETITIVOS

Conforme mencionado anteriormente, as alterações promovidas pela Lei nº 14.112/2020 tiveram um impacto no STJ, provocando o cancelamento da afetação do tema 987 dos recursos repetitivos. Com efeito, em razão das controvérsias existentes sobre a matéria antes da vigência da Lei nº 14.112/2020, a Primeira Seção do STJ havia afetado o referido tema para discutir, dentro da sistemática dos recursos repetitivos, a questão central atinente à possibilidade ou não de se praticar atos de constrição, no âmbito das execuções fiscais, sobre o patrimônio de empresas em recuperação judicial.

---

[31] "Art. 49. Estão sujeitos à recuperação judicial todos os créditos existentes na data do pedido, ainda que não vencidos. (...) § 3º Tratando-se de credor titular da posição de proprietário fiduciário de bens móveis ou imóveis, de arrendador mercantil, de proprietário ou promitente vendedor de imóvel cujos respectivos contratos contenham cláusula de irrevogabilidade ou irretratabilidade, inclusive em incorporações imobiliárias, ou de proprietário em contrato de venda com reserva de domínio, seu crédito não se submeterá aos efeitos da recuperação judicial e prevalecerão os direitos de propriedade sobre a coisa e as condições contratuais, observada a legislação respectiva, não se permitindo, contudo, durante o prazo de suspensão a que se refere o § 4º do art. 6º desta Lei, a venda ou a retirada do estabelecimento do devedor dos bens de capital essenciais a sua atividade empresarial. § 4º Não se sujeitará aos efeitos da recuperação judicial a importância a que se refere o inciso II do art. 86 desta Lei."

Com a vigência da referida lei, ressalvado o RESP nº 1.694.261/SP, inicialmente, foram julgados prejudicados os recursos correspondentes ao Tema Repetitivo 987 (REsp 1.694.316/SP; REsp 1.712.484/SP; REsp 1.757.145/RJ; REsp 1.760.907/RJ; REsp 1.765.854/RJ; REsp 1.768.324/RJ), por se reputar ocorrida a perda de objeto. Posteriormente, o REsp nº 1.694.261/SP também foi desafetado.

Consignou o Ministro Relator do RESP nº 1.694.261/SP que considerava, por um lado, descabido o reconhecimento da competência da Segunda Seção/STJ no que se refere ao julgamento do Tema Repetitivo 987 e, por outro, havia o pedido de cancelamento do Tema Repetitivo 987, que fora apresentado pela Fazenda Nacional, a qual figurava como recorrida, pedido esse que fora corroborado pelas Fazendas Públicas estatais que atuaram, naqueles autos, na condição de interessadas. O pedido da Fazenda Nacional de cancelamento do tema repetitivo baseava-se na edição e na vigência da Lei nº 14.112/2020, que alterara a Lei nº 11.101/2005.

O Ministro Mauro Campbell Marques, então, ao analisar as alterações legislativas referentes ao dispositivo que trata da competência para prática de atos de expropriação, salientou que a atribuição legal de competência ao juízo da recuperação judicial para o controle dos atos constritivos determinados em sede de execução fiscal configuraria a positivação do entendimento que fora consolidado no âmbito da Segunda Seção do STJ, no sentido de que as execuções fiscais não são suspensas com o deferimento da recuperação judicial, incumbindo o juízo da recuperação judicial a análise e a deliberação acerca dos atos constritivos ou de alienação, ainda quando em sede de execução fiscal, desde que deferido o pedido de recuperação judicial.

Reputou-se, desse modo, em virtude das alterações promovidas pela Lei nº 14.112/2020, caber ao juízo da recuperação judicial a verificação quanto à viabilidade das constrições efetuadas em sede de execução fiscal. Destacou-se que devem ser observadas as regras do pedido de cooperação jurisdicional (art. 69 do CPC/2015), sendo cabível a eventual determinação de substituição do bem, para não se frustrar o plano de recuperação judicial.

Com base em tal compreensão, entendeu-se por cancelar a afetação do tema 987 de recursos repetitivos, determinando-se como providência tanto para os autos do RESP nº 1.694.261/SP como para aqueles feitos que se encontravam sobrestados em razão do tema 987, a devolução aos juízos da execução fiscal para que adotassem a sistemática legal instituída na Lei nº 11.101/2005.

6. CONCLUSÕES

O exame das modificações promovidas pela Lei nº 14.112/2020, em relação às questões fiscais (tanto as abordadas no presente capítulo como também as tratadas em outros capítulos) permitem concluir que houve uma atualização e um aprimoramento no modelo originalmente delineado pela Lei nº 11.101/2005. Pode-se dizer que a reforma reconfigurou a participação do Fisco nas falências e nas recuperações judiciais, de forma que o sistema ficou mais racional.

Além disso, quanto às questões específicas da prática de atos constritivos e da competência dos juízos da recuperação judicial, a nova legislação trouxe importantes esclarecimentos, tanto para resolver os impasses decorrentes da divergência judicial, que geravam tanta litigiosidade e insegurança jurídica, além de ineficiência, como também contribuiu para dar mais credibilidade ao instituto da recuperação judicial, reforçando-se a compreensão de que somente é viável economicamente o empresário individual ou a sociedade empresária que tem aptidão de equacionar seu passivo fiscal.

Embora ainda não se tenha uma imediata resposta da jurisprudência quanto a alguns problemas relacionados às mudanças promovidas com intuito de aprimorar as recuperações judiciais, especificamente, no que pertine à prática dos atos constritivos e expropriatórios, o cancelamento da afetação do tema 987 dos recursos repetitivos é um relevante sinal de que as alterações parecem cumprir o fim a que se propõem.

REFERÊNCIAS

ALMEIDA, Arthur Cassemiro Moura de et al. In: OLIVEIRA, Paulo Furtado de (coord.). *Lei de Recuperação e Falência:* pontos relevantes e controversos da reforma. Indaiatuba: Editora Foco, 2021.

BOCCATO, Esdras. *Quando a recuperação judicial vira moratória tributária.* Disponível em: <https://www.jota.info/opiniao-e-analise/colunas/contraditorio/quando-recuperacao-judicial-vira-moratoria-tributaria-05122016>. Acesso em: 23 jun. 2021.

CHUCRI, Augusto Newton et al. In: MELO FILHO, João Aurino de (coord.). *Execução fiscal aplicada:* análise pragmática do processo de execução fiscal. 7. ed. rev., ampl. e atual. Salvador: JusPodivm, 2018.

COELHO, Fabio Ulhoa. *Comentários à Lei de Falências e de Recuperação das Empresas.* 14. ed. rev., atual. e ampl. São Paulo: Thomson Reuters Brasil, 2021.

COELHO, Flávia Palmeira de Moura. Parecer PGFN/CRJ/ nº 618/2016. *Revista da Procuradoria-Geral da Fazenda Nacional,* Brasília: PGFN, v. 9, n. 1, p. 329-437, jan.-jun. 2016.

COELHO, Flávia Palmeira de Moura; PEDROSA, Pablo Galas; CAMPOS, Rogério (coord.). *Microssistema de cobrança do crédito fiscal:* comentários às Leis de Execução Fiscal e Medida Cautelar. São Paulo: Thomson Reuters Brasil, 2019.

COSTA, Daniel Carnio; MELO, Alexandre Correa Nasser de. *Comentários à Lei de Recuperação de Empresas e Falência:* Lei nº 11.101, de 09 de fevereiro de 2005. 2. ed. Curitiba: Juruá, 2021.

MOURA, Arthur. *Lei de Execução Fiscal –* comentada e anotada. 2. ed. rev., atual. e ampl. Salvador: JusPodivm, 2017.

SACRAMONE, Marcelo Barbosa. *Comentários à Lei de Recuperação de Empresas e Falência.* 2. ed. São Paulo: Saraiva Educação, 2021.

SEEFELDER, Claudio; CAMPOS, Rogério et al. *Constituição e Código Tributário comentados:* sob a ótica da Fazenda Nacional. São Paulo: Thomson Reuters, 2020.

ZANFORLIN, Daniele de Lucena; GONÇALVES, Gabriel Augusto Luis Teixeira. *A superação do dualismo entre o crédito tributário e a recuperação judicial.* Disponível em: <https://www.jota.info/opiniao--e-analise/artigos/a-superacao-do-dualismo-entre-o-credito-tributario-e-a-recuperacao-judicial-16102020>. Acesso em: 2 jul. 2021.

Capítulo IV

ALIENAÇÃO DE UNIDADE PRODUTIVA ISOLADA NA RECUPERAÇÃO JUDICIAL E A SUCESSÃO DE OBRIGAÇÕES TRIBUTÁRIAS

Marcus de Freitas Gouvea

Fábio Guimarães Bensoussan

Sumário: 1. Introdução – 2. Estabelecimento, UPI e filiais – 3. A participação dos credores na recuperação judicial, a alienação de unidades produtivas isoladas e o direito de terceiros – 4. A letra, o sistema e o objetivo da lei – 5. Limites da composição de UPIs, a sucessão de responsabilidades e o direito de terceiros – 6. Conclusão – Referências.

1. INTRODUÇÃO

A Lei nº 11.101/2005 tratou da alienação de bens, de unidades produtivas isoladas (UPIs) e do estabelecimento tanto na recuperação judicial quanto na falência, abordando, inclusive, a questão da sucessão de responsabilidades. De forma similar, a Lei Complementar nº 118/2005 alterou o art. 133 do CTN, conferindo nova disciplina à responsabilidade por sucessão, nas hipóteses de alienação do estabelecimento, na falência e de UPI, na recuperação judicial.

A literatura assevera que a medida é relevante, pois viabiliza a alienação de ativos, o que não seria possível com a transferência da responsabilidade por débitos[1] contribuindo, assim, com o objetivo legal de preservação da empresa (art. 47 da LREF).

---

[1] GOUVÊA, J. B. C. *Recuperação e falência*: Lei 11.101/2005, comentários artigo por artigo. Rio de Janeiro: Forense, 2009. p. 172; SCHMIDT, J. H. B. A aliena-

78 | FAZENDA PÚBLICA NA RECUPERAÇÃO JUDICIAL E FALÊNCIA

Por outro lado, há pouco aprofundamento em aspectos relevantes da alienação das UPIs, por se tratar de temas relativamente novos, como se verifica pela consulta de manuais e obras especializadas.[2]

Aparentemente, a LREF faz distinção entre "estabelecimento" e "unidade produtiva isolada", pois utiliza os termos em diferentes circunstâncias e com diferentes tratamentos jurídicos, por exemplo, no art. 140, I e II, o que pode levar também a diferentes abordagens da "não sucessão de obrigações".

Não há, porém, definição legal de UPI e sua elaboração pode seguir uma grande variedade de meios e formas, suscitando discussões acerca de sua amplitude, da eventual caracterização de outras hipóteses de sucessão de responsabilidade e de sua oponibilidade da alienação perante terceiros.

De acordo com a LREF, é possível que o plano de recuperação judicial preveja que todo o patrimônio do devedor, ou parte substancial desse, seja dividido em UPIs e assim alienado. Tal situação pode se constituir em um problema, pois a alienação de UPIs, em princípio, isenta o adquirente de responsabilidade por sucessão, e pode deixar desprovidos de garantias os credores que não participam do processo de recuperação judicial, como aqueles previstos no art. 49, § 3º, da LREF, e os credores fiscais, nos termos do *caput* do art. 187 do CTN. Ademais, a alienação do estabelecimento, para um ou mais adquirentes, de modo unitário ou fracionado em unidades independentes, também pode ocorrer no processo falimentar, mas sujeito a regime distinto de distribuição do produto da venda, que na recuperação judicial segue as regras estabelecidas no plano, enquanto na falência obedece ao disposto nos arts. 83 a 86 da LREF.

Nesse caso, haverá alienação de UPIs ou do estabelecimento? Há diferença no tratamento jurídico nessas combinações, especificamente na

---

ção de ativos em sede de recuperação judicial e seus desdobramentos. In: MENDES, Bernardo Bicalho de Alvarenga (org.). *Aspectos polêmicos e atuais da Lei de Recuperação Judicial de Empresas*. Belo Horizonte: D'Plácido, 2016. p. 419.

2   GOUVEA, Op. cit., p. 171; MACHADO, H. B. *Curso de direito tributário*. São Paulo: Malheiros, 2009. p. 165; SABBAG, E. *Manual de direito tributário*. São Paulo: Saraiva, 2010. p. 711; SALOMÃO, L. F.; SANTOS, P. P. *Recuperação judicial, extrajudicial e falência*: teoria e prática. Rio de Janeiro: Forense, 2012. p. 152; NEGRÃO, R. *Manual de direito comercial e de empresa*: recuperação de empresas e falência. São Paulo: Saraiva, 2015. p. 190; SCHOUERI, L. E. *Direito tributário*. São Paulo: Saraiva, 2015. p. 593; ARAÚJO, J. F. C. Art. 133. In: SEEFERLDER, C.; CAMPOS, R. (coord.). *Constituição e Código Tributário Nacional comentados*: sob a ótica da Fazenda Nacional. São Paulo: Thomson Reuters, 2020. p, 892.

sucessão de obrigações? Preocupações similares podem ser encontradas na literatura[3] e na jurisprudência.[4]

Não é difícil indicar interessados nessa discussão. O Fisco, que, embora seja credor, não participa do processo de recuperação judicial (art. 187 do CTN e art. 6º, § 7º-B, da LREF) nem da assembleia que aprova a alienação da UPI, é possível opositor do afastamento da sucessão de responsabilidades, tanto com fundamento na redação do art. 133 do CTN, mais restrita que a do art. 60 da LREF, quanto nas normas sobre trespasse, presentes no CC de 2002. A jurisprudência tem incluído na recuperação judicial bens pertencentes a pessoas que estariam excluídas do processo, como aquele objeto de alienação fiduciária (art. 49). Assim, o alienante na alienação fiduciária e outras figuras tratadas no art. 49 da LREF também pode se opor à previsão do art. 60 da Lei Falimentar.

Os trabalhadores, não integralmente pagos no processo de recuperação judicial, que preveja a alienação de UPIs, também podem ter interesse na discussão, o que se deduz pelo grande número de conflitos de competência suscitados no Superior Tribunal de Justiça envolvendo o juízo da recuperação judicial e a justiça especializada[5]. Pode-se imaginar, ainda, o credor por fato anterior à recuperação judicial (vício do produto), mas que se revele depois da aprovação do plano prevendo a venda da UPI, não tendo, portanto, a possibilidade de participar da votação.

A redação original da lei não esclarecia os limites da composição das UPIs nem dispunha sobre a proteção do direito de terceiros, especialmente dos credores não sujeitos ao processo de recuperação judicial. O art. 60-A, combinado com novos dispositivos do art. 73, ambos da LREF e incluídos pela Lei nº 14.112/2020, esclareceram alguns pontos importantes e podem ser considerados um marco na disciplina do contorno e dos limites da alienação de unidades produtivas isoladas, tanto na definição do instituto quanto em seus efeitos para o adquirente e os credores que não participam do processo, embora parte de seus comandos possam ser extraídos pela interpretação literal, sistemática e teleológica dos institutos da falência e da recuperação judicial.

---

[3] GANDRA, C. Da formação de UPIs e sua fiscalização na recuperação judicial. *Migalhas*, 2019. Disponível em: <https://www.migalhas.com.br/depeso/306103/da-formacao-de-upis-e-sua-fiscalizacao-na-recuperacao-judicial>.

[4] STJ, S2, CC 144.219/RJ, Min. Paulo de Tarso Sanseverino, *DJe* 18.08.2017.

[5] STJ, S2, CC 152.841/SP, Min. Luis Felipe Salomão, *DJe* 04.12.2018; STJ, S2, CC 161.042/RJ, Min. Raul Araújo, *DJe* 10.12.2019.

Este trabalho pretende responder, com fundamento na lei, antes e depois da Lei nº 14.112/2020, na jurisprudência e na literatura, às seguintes questões: o que é unidade produtiva isolada? Há diferenças entre trespasse e venda de unidade(s) produtiva(s) isolada(s), que abranjam todos os ativos empresariais? Quais seriam as possíveis diferenças, em termos conceituais e de efeitos, com relação à sucessão de responsabilidade por dívidas tributárias? Quais fatores poderiam atribuir efeitos distintos à alienação de unidades produtivas isoladas e ao trespasse, nos processos de recuperação judicial? Quais os limites da alienação de UPIs em processos de recuperação judicial, tendo em vista o direito de terceiros?

2. ESTABELECIMENTO, UPI E FILIAIS

Na literatura, verifica-se que o estabelecimento é a universalidade, complexo de bens afeto à atividade empresarial.[6]

O art. 1.142 do CC define estabelecimento como "todo complexo de bens organizado, para exercício da empresa, por empresário, ou por sociedade empresária". O Código positivou, assim, duas características que a literatura há muito aponta como essenciais do instituto sob o ponto de vista objetivo, quais sejam, o complexo de bens e a organização e a afetação à atividade empresária[7], que podem gerar valor superior ao conjunto dos bens isoladamente considerados, denominado aviamento, mais valia, *goodwill, fonds de commerce*.[8]

Para Gladston Mamede, unidades produtivas isoladas embora também sejam "complexos organizados de bens (aspecto estativo), somada às atividades, aos procedimentos praticados utilizando aqueles bens (aspecto dinâmico) são parte do estabelecimento, as filiais".[9]

A seu turno, Alberto Camiña Moreira sustenta que:

> *[...] tanto a filial como a unidade produtiva isolada são aquelas que, desmembradas do estabelecimento originário, poderão continuar operando empresarialmente [...]. É uma preservação parcial da empresa, nas mãos de outro empresário.*[10]

---

[6]   FERES, M. *Estabelecimento empresarial*. Rio de Janeiro: Forense, 2007. p. 2 e 20.

[7]   FERES, Ob. cit., p. 14; NEGRÃO, Ob. cit., p. 85.

[8]   COELHO, F. U. *Curso de direito comercial: direito de empresa*. São Paulo: RT, 2015. v. 3, p. 166.

[9]   MAMEDE, G. *Direito empresarial brasileiro*. São Paulo: Atlas, 2016. v. 4, p. 184.

[10]   MOREIRA, A. C. *Comentários à nova Lei de Falência e Recuperação de Empresas*. Rio de Janeiro: Forense, 2009. p. 402.

Na visão de Fábio Broccoli Cabelho:

> [...] uma empresa pode ser diversos estabelecimentos comerciais autô-
> nomos, com bens próprios, contabilidade própria, inclusive com bens
> incorpóreos, como marca do produto e que em eventual dissolução
> poderiam ser alienados separadamente.[11]

A partir dessa afirmativa, conclui que a UPI:

> [...] é um estabelecimento comercial, integrante de uma sociedade em-
> presária, com bens corpóreos, e, eventualmente, incorpóreos próprios,
> cuja cadeia produtiva é autônoma e funciona na totalidade, sem
> dependência de outras produções da mesma sociedade empresária.[12]

Essas definições, por um lado, *aproximam*-se *da ideia de filial*, ou de estabelecimento em seu sentido comum (não jurídico), de qualquer local em que o "agente econômico executa sua atividade de produção e distribuição de bens e serviços"[13], por outro, *subjetivam a noção de UPI*, quando se fala em bens próprios, que pertencem, na verdade, ao empresário e, por fim, parecem basear-se na existência *prévia de autonomia de conjuntos de bens* de empresários.

De fato, em algumas passagens, o legislador relaciona unidades produtivas isoladas a filiais (arts. 60 e 140, II, da LREF). Contudo, a lei não é expressa na identidade de conceitos, e não é possível derivar do texto normativo concepções idênticas, pois a noção de filial é contraposta à de matriz, e está ligada à de "estabelecimento" de outro principal, enquanto a UPI, por falta de vedação legal, pode ser composta unicamente de bens incorpóreos, como um conjunto de patentes, afastando-se da noção comum de filial.

Mais ainda, as patentes que compõem uma UPI podem ser aquelas antes titularizadas pelo empresário em crise, usadas intrinsecamente no processo produtivo de todas as suas filiais, sem qualquer autonomia antes da aprovação do plano que previu sua alienação.

---

[11] CABELHO, F. B. A função social da empresa e a alienação de unidade produtiva isolada em recuperação judicial. In: COSTA, Daniel Carnio. *Insolvência empresarial*: temas essenciais. Curitiba: Juruá, 2019. p. 17.

[12] CABELHO, Ob. cit., p. 17.

[13] FERES, Ob. cit., p. 2.

Tellechea e Corrêa[14] sustentam que o termo UPI seria um conceito indeterminado, aproximado à definição de estabelecimento empresarial do art. 1.142 do CC, porém mais flexível, pois o devedor teria maior liberdade para agregar e desagregar bens sociais para formar células isoladas e sua criação está condicionada à existência de uma razão econômico-administrativa para justificar a reunião de ativos na UPI, além da mera intenção econômica de permitir a venda sem sucessão de responsabilidades, à funcionalidade econômica da UPI e à existência de razões econômicas que justifiquem a recuperação da atividade a partir dos bens remanescentes no patrimônio do devedor.

O primeiro elemento mencionado é o de maior flexibilidade da composição da UPI em relação ao estabelecimento empresarial. Conferindo certeza jurídica a essa concepção, o novo art. 60-A da LREF definiu que a "unidade produtiva isolada [...] poderá abranger bens, direitos ou ativos de qualquer natureza, tangíveis ou intangíveis, isolados ou em conjunto, incluídas participações dos sócios".

A flexibilidade da composição de UPIs, porém, não é fator que as diferencia do estabelecimento. Ao contrário, é a flexibilidade e a liberdade do empresário em agregar ou desagregar, vincular ou desvincular bens do estabelecimento, com a única limitação de respeito aos direitos dos credores, de resto um dos interesses protegidos também pela recuperação judicial (art. 47 da LREF), que permite flexibilidade na formação de UPIs.

De outro turno, as ideias de que 1) a UPI é conceito indeterminado[15], 2) a UPI é formada a partir do estabelecimento (em sentido jurídico), compartilhada por todos os autores citados, 3) os bens desagregados do estabelecimento original devem ser dotados de autonomia econômica[16] e 4) a empresa em crise, com os bens remanescentes, deve permanecer economicamente viável, merecem ser consideradas.

A variedade de formas que a UPI pode assumir sugere que se trata mesmo de conceito indeterminado e funcional. A UPI não existe no dia a dia da empresa em crise, mas pode ser idealmente construída, ser incluída no projeto de recuperação da empresa (o plano) para que, se aprovada sua alienação, constitua novo estabelecimento ou parte do estabelecimento

---

[14] TELLECHEA, R., CORREA, G. A unidade produtiva isolada na Lei 11.101/05. s/d. Disponível em: <https://www.soutocorrea.com.br/noticias-e-imprensa/a--unidade-produtiva-isolada-na-lei-11-10105/>.

[15] TELLECHEA, CORRÊA, Ob. cit.

[16] TELLECHEA, CORRÊA, Ob. cit.

Cap. IV • ALIENAÇÃO DE UNIDADE PRODUTIVA ISOLADA NA RECUPERAÇÃO JUDICIAL | 83

de outro empresário. O conceito de UPI, assim, faz sentido em função da recuperação judicial e de suas finalidades.

A origem da UPI no estabelecimento também parece inquestionável, notadamente em virtude da definição legal deste último, que se utiliza da expressão "todo complexo de bens", referindo-se, portanto, à universalidade. Se o estabelecimento é a universalidade, a UPI não pode ser maior que o estabelecimento, senão composta de bens deste. A dificuldade pode residir na identificação dos bens utilizados ou não utilizados no processo produtivo do empresário[17], não na relação entre estabelecimento (todo) e UPI (parte).

Caroline Gandra, apreciando o controle da alienação de UPIs na recuperação judicial, aborda o tema da viabilidade ao afirmar que entre os deveres do administrador está o de

> [...] fazer a primeira avaliação da viabilidade da UPI a ser constituída, analisando-se: (i) viabilidade econômica da reestruturação da empresa recuperanda sem a UPI constituída, ou seja, se a atividade que a empresa recuperanda vai continuar exercendo será capaz de cumprir com os compromissos assumidos no plano de recuperação judicial.[18]

A autonomia econômica da UPI e a viabilidade do estabelecimento remanescente, a seu turno, parecem critérios gerais, mas não absolutos, de legitimidade da UPI.

A previsão de alienação de UPI, com tratamento apartado da venda isolada de bens e da venda do estabelecimento (art. 50, VII, XI e XVIII, da LREF) sugere que a UPI seja mais do que simples reunião de bens desconexos, alcançando parte do valor do aviamento, típico do estabelecimento, mas não atinja todo o estabelecimento. Ademais, o empresário que mantém bens desconectados, não conseguirá restabelecer sua atividade econômica, não sendo viável para atingir os objetivos do art. 47 da LREF.

Contudo, uma UPI que não seja, por si, autônoma, pode ser validamente constituída e ser alienada com pagamento do valor do aviamento, se adquirida por empresário que já possua os bens complementares aos

---

[17] Por exemplo, a casa de praia recebida como pagamento de obrigação em favor de uma indústria. A casa não é bem utilizada no processo produtivo, mas pode, por exemplo, garantir empréstimo que viabiliza a atividade.

[18] GANDRA, Ob. cit., p. 5.

que compõem a UPI, para a exploração da atividade econômica. Importa mais, portanto, a racionalidade econômica que a autonomia da UPI.

Ademais, a manutenção de bens pela empresa em crise apenas faz sentido no modelo do *turnaround*, em que o próprio empresário procura reerguer sua atividade. A lei permite, porém, a alienação de todo o estabelecimento, de modo unitário ou fracionado em unidades produtivas isoladas, como meio de recuperação judicial, sem que reste qualquer bem na titularidade do empresário original. Nesse caso, é possível ainda que todos os objetivos do art. 47 da LREF sejam atendidos, desde que o adquirente do estabelecimento ou os adquirentes dos estabelecimentos mantenham a atividade integral da empresa, preservem todos os empregos e paguem pelo negócio valor bastante para a quitação de todas as dívidas da recuperanda. O empresário se extinguirá, mas a empresa será totalmente mantida.

Parece, assim, que UPI é um conceito indeterminado e funcional, passível de determinação em cada caso concreto de recuperação judicial, tendo como característica constituir conjunto de bens (parte) selecionado a partir do estabelecimento (todo) do devedor em crise (nada impedindo que todo o estabelecimento seja idealmente segregado em várias UPIs), tendo como parâmetros a racionalidade econômica da seleção dos bens que a compõem e a viabilidade da empresa com os bens remanescentes, no caso de recuperação judicial no modelo de *turnaround*.

A racionalidade econômica da UPI, porém, distingue-se da finalidade de não sucessão de obrigações. A primeira está na valorização do aviamento, vale dizer, a obtenção de valor pela alienação da UPI superior ao dos bens que a compõem, sem perda de valor dos bens remanescentes. Encontra, assim, paralelo com a racionalidade da alienação do estabelecimento que é a obtenção de *todo* o valor gerado pela empresa como *going concern*[19], enquanto a racionalidade na venda da UPI está na obtenção de *parte* desse valor. De outro turno, a racionalidade da não sucessão de obrigações, a seu turno, está na facilitação da venda da UPI.[20]

Embora a compreensão de UPI seja essencial, é apenas um dos fatores que interferem nos seus limites e nos efeitos jurídicos de sua alienação, e outros ainda precisam ser analisados.

---

[19] STANGHELLINI, L.; MOKAL, R.; PAULUS, C. G.; TIRADO, I. *Best practices in European restructuring: contractualised distress resolution in the shadow of the law. 2018.* Disponível em: <https://ssrn.com/abstract=3271790>. Acesso em: 1º maio 2020, p. 93.

[20] GOUVÊA, Ob. cit., p. 172; SCHMIDT, Ob. cit., p. 419.

3. A PARTICIPAÇÃO DOS CREDORES NA RECUPERAÇÃO JUDICIAL, A ALIENAÇÃO DE UNIDADES PRODUTIVAS ISOLADAS E O DIREITO DE TERCEIROS

Tratando-se de conceito indeterminado e funcional, a UPI e seus efeitos são mais bem compreendidos no âmbito do processo em que é construída, notadamente no que diz respeito ao alcance subjetivo da decisão que homologa a alienação do patrimônio do devedor.

Antes de tratar da questão processual, vale lembrar as normas de direito material aplicáveis à alienação de todo o estabelecimento do devedor, ainda que dividido em UPIs (expressão não conhecida pelo CC), relevantes também na alienação de parte desse estabelecimento, que são os art. 1.145 e 1.146 do CC, normas que os art. 60 e 141 da LREF procuram afastar.[21]

De acordo com esses dispositivos, não haverá sucessão de obrigações se o devedor pagar todos os credores, o que, tipicamente, não é o que ocorre com empresas em processo de recuperação judicial. A alternativa que se apresenta é o consentimento, expresso ou tácito, dos credores. Sem seu consentimento, há transferência das obrigações, continuando o devedor primitivo responsável pelos débitos por um ano, da data da transferência, se devidamente contabilizados, ou do vencimento, se a obrigação não estiver contabilizada.

Com referência nessas normas, cabe perquirir pelo alcance do art. 60 da LREF, lembrando que a sentença, em direito processual (não constituindo exceção a que homologa a recuperação judicial com alienação de UPI ou UPIs), faz coisa julgada às partes entre as quais é dada, não prejudicando terceiros (art. 506 do CPC).

Importante considerar que a recuperação judicial é processo complexo e fundamentalmente coletivo, que envolve muitas partes, não necessariamente na condição de autores e réus, podendo suscitar dificuldades na interpretação na norma processual.

De acordo com a LREF, cumpridos os requisitos formais, a recuperação judicial é concedida pelo juiz, nas seguintes circunstâncias: 1) se o plano não sofre objeções (art. 58, *caput*); 2) se o plano sofre objeções, mas é aprovado pela maioria dos votos de todas as classes em assembleia (art. 58, *caput*, c/c art. 45); 3) se o plano é rejeitado por uma ou duas classes, mas o juiz entende cabível a recuperação judicial, (art. 58, §§ 1º e 2º).

---

[21] NEGRÃO, Ob. cit., p. 559.

Com o advento da Lei nº 14.112/2020, surgiram mais duas hipóteses de concessão da recuperação judicial, a aprovação do plano por termo de adesão (art. 56-A da LREF) e a da aprovação do plano apresentado pelos credores (art. 56, § 6º, da LREF), por adesão ou por decisão na assembleia, obedecido o mesmo quórum de votação do art. 45 da LREF.

Os participantes do processo são os credores que se qualificam entre as classes previstas pelo art. 41 da LREF, literalmente 1) os titulares de créditos derivados da legislação do trabalho ou decorrentes de acidentes de trabalho; 2) os titulares de créditos com garantia real; 3) os titulares de créditos quirografários, com privilégio especial, com privilégio geral ou subordinados; e 4) os titulares de créditos enquadrados como microempresa ou empresa de pequeno porte.

Como a votação ocorre por classes, os indivíduos vencidos dentro de cada classe se submetem à vontade da maioria, pois "[o] plano de recuperação judicial implica novação dos créditos anteriores ao pedido, e obriga o devedor e todos os credores a ele sujeitos" (art. 59, da LREF).

Evidente que, se a aprovação do plano for fraudulenta, o documento pode ser anulado[22], deixando de surtir os efeitos, inclusive quanto à não sucessão de obrigações de alienação de UPI, para todos os devedores.

Não havendo fraude, os credores que aprovaram o plano, os vencidos, bem como os que, podendo votar, não o fizeram, estarão submetidos à não sucessão de obrigações, tanto de acordo com o art. 60 da LREF quanto pela lógica que rege a disciplina cível do trespasse.

A situação é mais complicada na hipótese do § 1º do art. 58 da LREF, na qual a recuperação judicial é concedida sem a aprovação do plano por todas as classes de credores. Pela letra da lei, a ausência de sucessão decorre tanto da aprovação do plano quanto da ordem do juiz. Deveras, o art. 60 da LREF diz que "se o plano de recuperação judicial aprovado envolver alienação judicial de filiais ou de unidades produtivas isoladas do devedor, o juiz ordenará a sua realização, observado o disposto no art. 142 desta Lei", mas no caso em análise não há propriamente aprovação do plano, nos termos do art. 45 da LREF.

A ausência de sucessão contra todos os credores da classe vencida, inclusive os que votaram contra o plano, assim, constituiria violação da norma civil. De outro lado, a sucessão para todos os credores da classe vencida negaria qualquer validade ao art. 60 da LREF.

---

[22]   ARAÚJO, Ob. cit., p. 893

Cap. IV · ALIENAÇÃO DE UNIDADE PRODUTIVA ISOLADA NA RECUPERAÇÃO JUDICIAL | 87

Uma interpretação baseada no art. 1.145 do CC recomendaria afastar-se a sucessão de obrigações em desfavor dos credores da classe vencida que concederam sua concordância expressa, aprovando o plano, ou tácita, deixando de votar, quando poderiam, mesmo que a alienação da UPI (ou das UPIs) abranja todo o estabelecimento, mas não contra os credores que expressamente se manifestaram contra o plano. Outro raciocínio possível seria o da prevalência do art. 59 da LREF, segundo o qual o plano de recuperação judicial "obriga o devedor e todos os credores a ele sujeitos", sobre o termo 'plano de recuperação judicial aprovado', do art. 60, *caput,* da LREF, não beneficiando, assim, os credores vencidos.

A questão não é meramente semântica, mas relevante em termos acadêmicos e práticos, pois coloca em lados opostos a tradição jurídica de interpretação literal das exceções, como é o art. 60, da LREF em relação ao art. 1.145 do CC, e objetivo da lei falimentar em criar condições para a superação da crise vivida por empresas viáveis.

Há, porém, credores não sujeitos à recuperação judicial, notadamente o proprietário arrendador mercantil, o proprietário vendedor ou promitente vendedor, o proprietário que mantém reserva de domínio (art. 49, § 3º, da LREF) e os credores de adiantamento de contrato de câmbio (art. 49, § 4º, da LREF)

Se esses conseguirem executar seu direito pelas vias próprias (busca e apreensão do art. 3º do Decreto-Lei nº 911/69 e do art. 806, § 2º, do CPC, recebimento do valor pago pelo importador, adiantamento de contrato de câmbio, ações possessórias do art. 554 e seg. do CPC, promessa irretratável de compra e venda) não há que se falar em sucessão, pois o crédito estará extinto. Se, porém, forem submetidos ao processo, o credor de alienação fiduciária e os bancos, na trava bancária, a sucessão será determinada pelas regras aplicáveis a qualquer credor incluído na recuperação judicial, se puderem votar. Se não tiverem direito a voto quanto ao crédito incluído, não se poderá falar em ausência de sucessão, salvo se o devedor mantiver bens suficientes para o pagamento de todas as dívidas (art. 1.145 do CC).

Outro caso digno de nota é o do credor por dano oculto, decorrente de fato anterior à inicial e à aprovação do plano, mas que foi conhecido posteriormente. Nessa situação, não faz sentido aplicar as regras da LREF a credor que não teve a oportunidade de se manifestar quanto ao plano.

Por derradeiro, encontra-se o Fisco excluído da recuperação judicial, por força do art. 187 do CTN[23]. Para esse credor, a não sucessão de

---

[23]   Necessário registrar que a não submissão do fisco ao processo da recuperação judicial tem sido relativizada pela jurisprudência que 1) dispensa siste-

obrigações fiscais na alienação foi determinada tanto pelo parágrafo único do art. 60 da LREF quanto pelo art. 133, § 1º, II, do CTN.

4. A LETRA, O SISTEMA E O OBJETIVO DA LEI

Delimitada a definição de UPI e verificado que sua alienação pode ferir direito de terceiros, especialmente se abranger todo o estabelecimento do devedor, é possível interpretar melhor os dispositivos legais pertinentes.

Verifica-se da leitura dos arts. 60 e 141 da LREF e do art. 133, § 1º, do CTN, que a lei faz distinção de tratamento da responsabilidade por sucessão nos casos de falência e de recuperação judicial.

Na falência, nenhuma forma de alienação de ativos, inclusive a venda do estabelecimento, gera responsabilidade por sucessão, salvo se realizada a pessoa ligada, parente ou agente do falido (art. 141 da LREF e art. 133, § 1º, I, do CTN), enquanto na recuperação judicial apenas não há sucessão na alienação de unidades produtivas isoladas (art. 60 da LREF e art. 133, § 1º, II, do CTN).

A LREF revela-se bastante clara ao utilizar termos jurídicos. No art. 50, por exemplo, distingue a hipótese de trespasse (art. 50, VII), que pode ser, sim, utilizada como meio de recuperação judicial, de venda parcial dos bens (art. 50, XI), categoria na qual se enquadram as unidades produtivas isoladas e outros bens, desafetados do estabelecimento.

Dessa forma, a literalidade da lei sugere que a ausência de sucessão se limita à venda de UPIs que não alcancem todo o estabelecimento. É o que entendeu a Ministra Nancy Andrighi, ao afirmar que:

---

maticamente a apresentação de certidão fiscal prevista no art. 57 da Lei n. 11.101/2005 como condição para a concessão da recuperação judicial (STJ, CE, REsp 1.187.404, Min. Luis Felipe Salomão, *DJe* 21.08.2013), entendimento não alterado pelo Superior Tribunal de Justiça após a regulamentação do art. 68 da Lei 11.101/2005, e 2) permitia o prosseguimento da execução fiscal, como preconiza o art. 6º, § 7º, da Lei n. 11.101/05, mas impedia que o juízo da execução praticasse atos executivos, competência atribuída ao juízo da recuperação, em homenagem ao princípio da recuperação da empresa (STJ, S2, AgInt no CC 140.021, Min. João Otávio de Noronha, *DJe* 22.08.2016). Em 2018, o STJ suspendera as execuções fiscais contra devedores em recuperação judicial (Tema de Recurso Repetitivo 987, STJ, S1, REsp 1.712.484/SP, Min. Mauro Campbell Marques, *DJe* 10.05.2019). Após a edição da Lei 14.112/2020, em 23.04.2021, o repetitivo foi desafetado, permitindo novamente o curso das execuções fiscais.

Cap. IV · ALIENAÇÃO DE UNIDADE PRODUTIVA ISOLADA NA RECUPERAÇÃO JUDICIAL | 89

[o] que ocorreu foi uma completa reestruturação societária envolvendo a totalidade do patrimônio das recuperandas, que resultou na transferência integral de seus ativos para novas empresas criadas, o que, diga-se de passagem, não está contemplado no mencionado dispositivo legal.[24]

Opinando, assim, pela sucessão de obrigações no caso analisado.

Acrescente-se ainda que apenas a lei falimentar usa a expressão unidades produtivas isoladas, no plural, enquanto o CTN trata apenas de unidade produtiva isolada no singular, não se podendo opor ao Fisco a não sucessão na hipótese de alienação de várias unidades produtivas do devedor. Nesse sentido, Ricardo Lobo Torres afirma que o art. 133, § 1º, do CTN "excepcionou da regra geral do *caput* a hipótese de alienação judicial na falência ou de filial ou unidade produtiva isolada em processo de recuperação judicial", distinguindo uma situação para a falência e outra para a recuperação judicial e, neste processo, utilizando a expressão "unidade produtiva isolada" no singular.[25]

A lei sugere a diferença, mas não é expressa em determiná-la. Assim, poder-se-ia argumentar pela interpretação analógica, aplicando-se à venda de todo o estabelecimento divididos em UPIs a regra de não sucessão de obrigações na venda de UPI em sentido mais restrito ou, ainda, a aplicação analógica da regra de não sucessão de obrigações na venda do estabelecimento na falência na hipótese de venda do estabelecimento na recuperação judicial, pois em ambos os casos estar-se-ia estimulando a aquisição de ativos nos processos coletivos, que de outra forma seria inviabilizada.

O problema da interpretação analógica é ser tão plausível quanto a interpretação *a contrario sensu* e levar a resultado exatamente oposto.[26] Vale dizer, se a norma tratou da matéria de uma forma em um tipo de caso, mas não a tratou em outro tipo, quer resultado distinto para cada situação.

A alienação de bens em processos concursais, contudo, faz parte do sistema da lei falimentar e está associada aos objetivos dessa lei. De fato, a LREF previu um instituto com vistas à reabilitação da empresa (art. 47), com procedimento e regras flexíveis, baseado na negociação

---

[24] STJ, S2, CC 144.219/RJ, Min. Paulo de Tarso Sanseverino, *DJe* 18.08.2017.

[25] TORRES, R. L. *Manual de direito financeiro e tributário*. Rio de Janeiro: Renovar, 2005. p. 266.

[26] KELSEN, H. *Teoria pura do Direito*. São Paulo: Martins Fontes, 2006. p. 392.

entre devedor e credores, a recuperação judicial, e outro processo mais rígido, prioritariamente voltado à extinção da empresa e liquidação dos seus bens, e ao pagamento de credores de acordo com regras preestabelecidas, a falência (art. 75).

O princípio da *par conditio creditorum*, no processo de falência, determina que os credores (todos) recebam seus créditos por ordem de preferência. A cada rateio, pagam-se primeira e proporcionalmente os créditos das classes mais privilegiadas, até sua satisfação integral, quando se passa ao pagamento da classe seguinte, repetindo-se o processo enquanto houver bens alienáveis. Alienado o estabelecimento (todo), o rateio entre classes segue a mesma lógica, seja no pagamento à vista, seja no pagamento parcelado pelo negócio jurídico.

Na recuperação judicial, porém, não há vinculação obrigatória dos rateios de alienações judiciais ao princípio do *par conditio creditorum*. Ao revés, o pagamento é realizado de acordo com o plano.

Ademais, enquanto a falência trata sempre da liquidação do devedor, a recuperação judicial pode tanto visar à preservação da empresa pelo mesmo empresário, modalidade conhecida como *turnaround*, ou visar à preservação da empresa por outro empresário (venda do estabelecimento).

No modelo do *turnaround*, não há venda do estabelecimento. Pode haver a venda de parte dos bens afetados ao estabelecimento, por itens ou reunidos em unidade produtiva isolada, mas o empresário necessita manter patrimônio bastante para a continuação da atividade. No modelo de preservação da atividade, explorada por novo empresário, ocorre a venda de todo o estabelecimento, o que não é ilícito, diante do permissivo do art. 50, VII, da LREF. Se o trespasse é lícito na recuperação judicial, nada obsta alienação do estabelecimento dividido em unidades isoladas.

Ocorre que a preservação da empresa (atividade), embora não do empresário, também pode ser obtida no processo falimentar, como se vê do art. 140, I, da LREF.[27] A mesma operação pode ser realizada, assim, tanto na recuperação judicial como na falência. Contudo, se a regra que afasta a sucessão for igualmente aplicada nos dois casos, devedor e credores poderão utilizar a recuperação judicial apenas para afastar o princípio do *par conditio creditorum*.

---

[27] GARDINO, A. V. P. *A falência e a preservação da empresa: compatibilidade?* Doutorado. Faculdade de direito da USP, 2012, p. 269.

Não haveria problema, não fosse pela existência de credores não incluídos do processo de recuperação judicial. Na falência, a empresa acaba. O empresário (se uma sociedade) também acaba (art. 1.087 c/c art. 1.044 do CC). Tudo é vendido e rateado entre os credores à luz da *par conditio creditorum* (art. 83 da LREF). Não restam mais bens e não restam mais credores. Todos são satisfeitos na medida da capacidade da massa.

Na recuperação judicial no modelo *turnaround*, nem a empresa nem o empresário acabam. Ao contrário, quis expressamente o legislador que recuperação judicial viabilize:

> *[...] a superação da situação de crise econômico-financeira do devedor, a fim de permitir a manutenção da fonte produtora, do emprego dos trabalhadores e dos interesses dos credores, promovendo, assim, a preservação da empresa, sua função social e o estímulo à atividade econômica (art. 47 da Lei 11.101/2005).*

Vendidos todos os seus bens, o empresário poderá superar a situação de crise, mas não implementará os resultados de manutenção da fonte produtiva e preservação do emprego dos trabalhadores. Vendido o estabelecimento, quem atenderá esses objetivos é o terceiro, adquirente. Contudo, nesse caso, não restariam bens para garantir o pagamento dos credores do empresário em crise.

Evidente que o valor da arrematação seria utilizado para o pagamento dos credores, não podendo reclamar sucessão da responsabilidade aqueles que aprovaram a venda do estabelecimento em assembleia, mas como o escopo da recuperação judicial é menor que o da falência, naquela, não concorrendo todos os créditos que participam desta, não se pode afastar a sucessão à venda do estabelecimento neste processo, sob pena de desrespeito ao princípio do *par conditio creditorum* bem como do consentimento do credor, como elemento essencial na regra civil do trespasse.

5. LIMITES DA COMPOSIÇÃO DE UPIS, A SUCESSÃO DE RESPONSABILIDADES E O DIREITO DE TERCEIROS

Nesse contexto, é possível analisar os principais contornos jurídicos da UPI e de sua alienação quanto ao devedor, ao adquirente e aos terceiros, credores que não participam da recuperação judicial, notadamente o Fisco.

Essa análise, porém, deve ser realizada em duas etapas, antes e depois da Lei nº 14.112/2020.

No primeiro cenário, o art. 60 da LREF, quanto à sucessão por dívidas tributárias, bem como o art. 133, § 1º, II, do CTN, não podem ser aplicados na venda de todo o estabelecimento, ou parte substancial desse, por trespasse em favor de adquirente único ou fracionado em unidades produtivas isoladas, com o desparecimento do devedor original, pois haveria desrespeito total ao direito dos credores não sujeitos à recuperação judicial. Em outros termos, o adquirente do estabelecimento ou o adquirente das unidades produtivas isoladas se submeteriam à regra da sucessão de responsabilidades. Na verdade, sequer faz sentido falar-se na venda de unidades isoladas do devedor, se esse vem a desaparecer e o meio de recuperação judicial previsto no art. 50, VII, não se encontra acobertado pelo art. 60 da LREF.

Na recuperação judicial com a preservação da pessoa do empresário (*turnaround*), que pressupõe a manutenção da personalidade do devedor empresário, há a possibilidade de alienação de UPI ou UPIs, sem a sucessão de responsabilidades. Não obstante, à míngua de norma específica, deveria se aplicar o art. 789 do CPC, segundo o qual "devedor responde com todos os seus bens presentes e futuros para o cumprimento de suas obrigações", juntamente com as normas pertinentes ao trespasse, de modo que haveria sucessão de responsabilidades ao adquirente, no valor do crédito de terceiros que excedesse aos bens remanescentes no patrimônio do devedor. O aviamento poderia ser considerado nesse cálculo, mas não o fluxo de caixa do devedor, salvo, evidentemente, se o negócio jurídico contar com a aprovação do Fisco e dos demais credores interessados.

Não se trata, a propósito, de extremismo interpretativo, pois o intuito da lei é a recuperação da empresa, mediante a negociação entre o devedor e os credores, não o desrespeito a créditos de terceiros. Ademais, a impossibilidade de pagamento dos créditos tributários ou de qualquer outro credor que não participe da recuperação judicial explicita a condição de insolvência do devedor.

Deveras, o limite da alienação de bens organizados em UPIs, sua sucessão de responsabilidades pelos adquirentes, pode ser entendido como aquele previsto no art. 73, § 1º, da LREF, acerca da convolação da recuperação judicial em falência, segundo o qual as hipóteses de convolação enumeradas no *caput* não impedem a decretação da falência de devedor por inadimplemento de obrigação não sujeita à recuperação judicial, estejam a obrigação em fase de execução ou não, ou, ainda, pela prática de atos falimentares (art. 94 da LREF).

Falido o devedor, é perfeitamente possível a alienação de unidades produtivas isoladas, ainda que abranjam todo o estabelecimento, sem a

Cap. IV · ALIENAÇÃO DE UNIDADE PRODUTIVA ISOLADA NA RECUPERAÇÃO JUDICIAL | 93

sucessão de responsabilidades pelo adquirente, mas nesse caso devem ser observadas as regras de preferências de todos os credores, de acordo com os art. 83 a 86 da LREF.

Lei n. 14.112/2020 incluiu o art. 60-A, e seu parágrafo único, na LREF, norma que faz menção a dois dispositivos também acrescentados pelo novo ato normativo, o inciso VI e o § 2º do art. 73. O texto do antigo parágrafo único foi mantido, mas renumerado como § 1º.

O art. 60-A, ao fazer menção ao inciso VI e ao § 2º do art. 73 da LREF, deixa evidente que o esvaziamento patrimonial, que implique liquidação substancial da empresa, em prejuízo de credores não sujeitos à recuperação judicial, inclusive as Fazendas Públicas, é causa de convolação em falência, ainda que os credores sujeitos ao processo decidam em outro sentido em assembleia. A norma não veda o esvaziamento patrimonial, mas determina a convolação da recuperação judicial em falência do devedor, se, mesmo sob aprovação do plano de recuperação judicial, houver substancial liquidação de bens, vale dizer, "quando não forem reservados bens, direitos ou projeção de fluxo de caixa futuro suficientes à manutenção da atividade econômica para fins de cumprimento de suas obrigações", como esclarece o art. 73, § 3º, da LREF.

A alienação de UPIs deve ser limitada pela preservação de bens suficientes para a garantia do fisco e demais credores não participantes do processo, como no regime anterior, mas passa a ser possível garantir o direito de terceiros por recursos gerados pelo fluxo de caixa futuro, apurado por projeção, sujeito a perícia específica e, certamente, aos consectários do princípio do contraditório e da ampla defesa.

De acordo com a letra do art. 73, § 2º, da LREF, a operação de esvaziamento patrimonial "não implicará a invalidade ou a ineficácia dos atos, e o juiz determinará o bloqueio do produto de eventuais alienações e a devolução ao devedor dos valores já distribuídos, os quais ficarão à disposição do juízo".

Não há, portanto, sucessão de responsabilidades ao adquirente, mas a manutenção do produto das alienações à disposição do juízo, com a restituição pelos credores, de eventuais pagamentos já realizados, ao patrimônio do devedor, agora transformado em massa falida.

Em síntese, as inovações legais estabelecem como critério de preservação do direito de terceiros na alienação de unidades produtivas isoladas em recuperação judicial o fluxo de caixa futuro, em acréscimo à já existente reserva de bens e direitos para o pagamento da dívida com credores não participantes do processo, e reformula a consequência jurídica da venda de UPIs que não preservem o direito destes, pois afasta a responsabilidade por sucessão ao adquirente, em qualquer hipótese, e determina a convolação da recuperação judicial do devedor em falência.

6. CONCLUSÃO

Em breve síntese, a diferença no tratamento da sucessão de obrigações na alienação da chamada unidade produtiva isolada, em processo de recuperação judicial, depende da concepção que se possa ter sobre a própria unidade produtiva isolada, do fundamento pelo qual a recuperação judicial com previsão de venda da UPI fora concedida, bem como da participação dos credores nesse processo, e do modelo de recuperação judicial de preservação da empresa, se com a preservação do empresário (*turnaround*) ou com sua liquidação (venda de todos os seus ativos como *going concern*).

UPI não coincide com filial nem com a totalidade do estabelecimento. Caracteriza-se como o conjunto de bens do estabelecimento, vale dizer, apenas de parte deste, cuja alienação pode ocorrer com adição de valor aos bens individualmente considerados (mais valia, aviamento, *goodwill*).

Em regra, sua alienação não será acompanhada de sucessão de obrigações pelo adquirente, na recuperação judicial. Não poderão se opor à ausência de sucessão os credores que participaram ou puderam participar da assembleia que aprovou o plano, concedido com fundamento no art. 58, *caput*, da LREF, mesmo que tenham sido vencidos, nem os credores que aprovaram o plano, na recuperação judicial concedida com fundamento no art. 58, § 1º, da LREF. A sucessão de responsabilidades pode ser oposta, porém, pelos credores que se encontram impedidos de votar e dos que, como o Fisco, não estão submetidos à recuperação judicial.

Embora as ferramentas de interpretação literal, analógica e *a contrario sensu* não levem a resultado seguro, especialmente quanto ao credor fiscal, a interpretação sistemática da LREF e do art. 133 do CTN, antes do advento da Lei nº 14.112/2020, sugere que deve haver sucessão de obrigações pelo adquirente na venda de uma ou várias UPIs que representem a totalidade do patrimônio do devedor (equivalente à venda do estabelecimento, em que não restam bens suficientes para a garantia de todos os credores), em respeito à ordem de preferências do art. 83 da LREF, porque seu resultado é idêntico ao da falência, o que requer uma interpretação restritiva do art. 133 do CTN. Na alienação de UPI que represente parte dos bens do estabelecimento, a ausência de sucessão depende apenas da preservação de bens suficientes na posse do devedor, que permita-lhe gerar atividade bastante para o pagamento das dívidas fiscais.

A partir da vigência da nova lei, aceita-se como critério legal de proteção do direito de terceiros tanto a reserva de bens suficientes no patrimônio do devedor, para o pagamento de dívidas com credores não participantes da recuperação judicial, bem como a previsão de fluxo de caixa futuro, sujeita a perícia e a contraditório. Violados esses limites, a alienação de UPIs que configure esvaziamento do patrimônio do devedor permanece lícita e não suscita sucessão de responsabilidades para o adquirente, mas gera como consequência a convolação da recuperação judicial em falência e a obrigação de recomposição do ativo da massa, por credores que eventualmente tenham recebido distribuição do valor pago pelos ativos alienados, antes da decisão que decretar a falência do devedor.

REFERÊNCIAS

ARAÚJO, J. F. C. Art. 133. In: SEEFERLDER, C.; CAMPOS, R. (coord.). *Constituição e Código Tributário Nacional comentados*: sob a ótica da Fazenda Nacional. São Paulo: Thomson Reuters, 2020.

CABELHO, F. B. A função social da empresa e a alienação de unidade produtiva isolada em recuperação judicial. In: COSTA, Daniel Carnio. *Insolvência empresarial*: temas essenciais. Curitiba: Juruá, 2019.

COELHO, F. U. *Curso de direito comercial*: direito de empresa. São Paulo: RT, 2015. v. 3.

FERES, M. *Estabelecimento empresarial*. Rio de Janeiro: Forense, 2007.

GANDRA, C. Da formação de UPIs e sua fiscalização na recuperação judicial. *Migalhas*, 2019. Disponível em: <https://www.migalhas. com.br/depeso/306103/da-formacao-de-upis-e-sua-fiscalizacao--na-recuperacao-judicial>.

GARDINO, A. V. P. *A falência e a preservação da empresa: compatibilidade?* Doutorado. Faculdade de direito da USP, 2012.

GOUVÊA, J. B. C. *Recuperação e falência*: Lei 11.101/2005, comentários artigo por artigo. Rio de Janeiro: Forense, 2009.

KELSEN, H. *Teoria pura do Direito*. São Paulo: Martins Fontes, 2006.

MACHADO, H. B. *Curso de direito tributário*. São Paulo: Malheiros, 2009.

MAMEDE, G. *Direito empresarial brasileiro*. São Paulo: Atlas, 2016. v. 4.

MOREIRA, A. C. *Comentários à nova Lei de Falência e Recuperação de Empresas*. Rio de Janeiro: Forense, 2009.

NEGRÃO, R. *Manual de direito comercial e de empresa*: recuperação de empresas e falência. São Paulo: Saraiva, 2015.

SABBAG, E. *Manual de direito tributário*. São Paulo: Saraiva, 2010.

SALOMÃO, L. F.; SANTOS, P. P. *Recuperação judicial, extrajudicial e falência*: teoria e prática. Rio de Janeiro: Forense, 2012.

SCHMIDT, J. H. B. A alienação de ativos em sede de recuperação judicial e seus desdobramentos. In: MENDES, Bernardo Bicalho de Alvarenga (org.). *Aspectos polêmicos e atuais da Lei de Recuperação Judicial de Empresas*. Belo Horizonte: D'Plácido, 2016.

SCHOUERI, L. E. *Direito tributário*. São Paulo: Saraiva, 2015.

STANGHELLINI, L.; MOKAL, R.; PAULUS, C. G.; TIRADO, I. *Best practices in European restructuring: contractualised distress resolution in the shadow of the law*. 2018. Disponível em: <https://ssrn.com/abstract=3271790>. Acesso em: 1º maio 2020.

TELLECHEA, R.; CORREA, G. *A unidade produtiva isolada na Lei 11.101/05*. s/d. Disponível em: <https://www.soutocorrea.com.br/noticias-e-imprensa/a-unidade-produtiva-isolada-na-lei-11-10105>.

TORRES, R. L. *Manual de direito financeiro e tributário*. Rio de Janeiro: Renovar, 2005.

Capítulo V
A CONTRATAÇÃO DE EMPRESAS EM RECUPERAÇÃO JUDICIAL PELO PODER PÚBLICO

Patrícia de Araújo Caldeira Brito

Sumário: 1. Introdução – 2. Da certidão negativa de falência e recuperação judicial – 3. A exigência de regularidade fiscal nas licitações – 4. Conclusão – Referências.

1. INTRODUÇÃO

A contratação realizada pelo Poder Público possui previsão na Constituição Federal de 1988, a qual, em seu art. 37, XXI, prescreve que, ressalvados os casos especificados na legislação, as obras, serviços, compras e alienações serão contratados mediante processo de licitação pública que assegure igualdade de condições a todos os concorrentes, o qual somente permitirá as exigências de qualificação técnica e econômica indispensáveis à garantia do cumprimento das obrigações.

Consagrou-se, portanto, o princípio da ampla concorrência na contratação de obras, serviços e bens, podendo essa ser mitigada em razão da necessidade de comprovação das qualificações técnicas e econômicas para garantir o cumprimento do contrato, as quais deverão ser mantidas durante toda sua execução, consoante dicção do art. 55, XIII, da Lei nº 8.666/1993 e do art. 92, XVI, da Lei nº 14.133/2021, a nova Lei de Licitações e Contratos Administrativos[1].

---

[1] A Lei nº 14.133/2021 entrou em vigor no dia 1º de abril de 2021, data de sua publicação. Entretanto, nos termos do art. 193 da lei, apenas os arts. 89 a 108

Deve-se ressaltar que a Administração Pública é regida pelo princípio da continuidade dos serviços públicos, já que estes, por serem essenciais para a população, não podem ser interrompidos ou suspensos, sob pena de acarretar importantes prejuízos à coletividade.

Em função do interesse público, é inerente ao contrato administrativo a existência de cláusulas exorbitantes, devendo o licitante ter solidez econômica para suportá-las, como a possibilidade, por parte da Administração, de suspensão da execução do contrato por até 120 dias ou de atraso no pagamento por até 90 dias, sem que se possa rescindi-lo, conforme previsto no art. 78, XIV e XV, da Lei nº 8.666/1993. Na nova Lei de Licitações e Contratos Administrativos, esses prazos passaram para 3 meses e 2 meses, respectivamente, nos termos de seu art. 137, § 2º, II e IV.

Ademais, nos casos de prestação de serviços continuados e de locação de equipamentos, o prazo de vigência contratual pode ser prorrogado por até 60 meses ou 48 meses, respectivamente, nos termos do art. 57, II e IV, da Lei nº 8.666/1993. Sob a égide da Lei nº 14.133/2021, a contratação de serviços e fornecimentos contínuos poderá vigorar por até 10 anos, conforme se depreende de seu art. 107. Considerando os custos incorridos com o processo de licitação, é consentânea com a eficiência administrativa a escolha de contratados que demonstrem ter um potencial mínimo para executar o objeto contratual durante todo esse período.

Desta maneira, é necessário que o ente público, na definição das regras constantes do edital, acautele-se de forma a não admitir empresas inidôneas ou incapazes de prestar os serviços ou fornecer os bens necessários à Administração. Essas exigências, é importante salientar, devem ser justificadas pelo gestor e devem guardar consonância com a quantidade e a complexidade do objeto a ser contratado.

Essa é justamente a questão que permeia a contratação de empresas em recuperação judicial, já que seu estado de insolvência e as questões atinentes a sua viabilidade econômica e financeira podem impactar o cumprimento de suas obrigações contratuais e causar soluções de continuidade na prestação de serviços públicos, fato que, além de causar sérios prejuízos ao interesse público, dará ensejo a sanções que podem

---

da Lei nº 8.666/1993, que tratam "Dos Crimes e das Penas" e "Do processo e Procedimento Judicial", foram revogados nessa data. Os demais dispositivos da Lei nº 8.666/1993 permanecerão em vigor pelo prazo de 2 anos, contados da referida publicação.

abalar seu plano de recuperação, como a aplicação de multas, a suspensão temporária e a declaração de inidoneidade para licitar ou contratar com a Administração.

Para sua habilitação no processo de licitação, a empresa em recuperação judicial precisa percorrer um caminho que lhe é particularmente difícil para comprovar sua capacidade de honrar os compromissos a serem assumidos. Serão tratados neste capítulo os dois entraves mais polêmicos, quais sejam, a apresentação de certidão negativa de falência e recuperação judicial e a exigência de regularidade fiscal.

2. DA CERTIDÃO NEGATIVA DE FALÊNCIA E RECUPERAÇÃO JUDICIAL

A Lei nº 8.666/1993, em seu art. 31, II, prevê, para a comprovação da qualificação econômico-financeira, a apresentação de certidão negativa de falência e concordata.

Com a edição da Lei nº 11.101/2005, a concordata foi substituída pela recuperação judicial ou extrajudicial do empresário e da sociedade empresária. Assim, suplantou-se o antigo regime focado na satisfação dos credores e inaugurou-se um novo marco regulatório no tratamento jurídico de empresas em crise econômico-financeira, por meio do qual se objetiva viabilizar sua superação, a fim de permitir a manutenção da fonte produtora, do emprego dos trabalhadores e dos interesses dos credores, promovendo, assim, a preservação da empresa, sua função social e o estímulo à atividade econômica.

Diante disso, alguns doutrinadores, como Joel Menezes Niebuhr[2], passaram a defender, a partir de uma interpretação literal, a impossibilidade de se exigir a certidão negativa de recuperação judicial, já que a Lei de Licitações não foi alterada para fazer referência expressa a ela.

Por outro lado, outros doutrinadores, como Marçal Justen Filho[3], Adilson Dallari e Mariana Novis[4], entenderam que mesmo com a mu-

---

[2]   NIEBUHR, Joel Menezes. *Licitação pública e contrato administrativo*. 4. ed. rev. e ampl. Belo Horizonte: Fórum, 2015. p. 447.

[3]   JUSTEN FILHO, Marçal. *Comentários à Lei de Licitações e Contratos Administrativos*. 16. ed. rev., atual e ampl. São Paulo: Revista dos Tribunais, 2014. p. 458-459.

[4]   DALLARI, Adilson Abreu; NOVIS, Mariana. Participação em licitações de empresas em recuperação judicial. *Revista Brasileira de Infraestrutura – RBINF*, Belo Horizonte, ano 3, n. 6, p. 75-90, jul./dez. 2014. p. 78-85.

dança do regime da concordata para a recuperação judicial manteve-se a presunção de insolvência, de forma a impedir sua participação nas licitações.

O STJ[5], em 2014, teve a oportunidade de enfrentar pela primeira vez a questão, em que a empresa em recuperação judicial preenchia, com exceção da referida certidão negativa, todos os demais requisitos para ser habilitada no processo de licitação. Essa empresa se dedicava exclusivamente à contratação com a Administração Pública, de onde provinha a totalidade de suas receitas.

A Segunda Turma do STJ, por maioria, afastou a necessidade de exigência da referida certidão para participação em processo licitatório. No entanto, consignou-se que não se estava, com isso, a permitir sua participação sumária em toda e qualquer licitação sem apresentação de quaisquer documentos previstos na Lei nº 8.666/1993.

Posteriormente, a Primeira Turma do STJ[6] também afastou a exigência da referida certidão ao concluir que não houve alteração no texto do art. 31 da Lei nº 8.666/1993 e, à luz do princípio da legalidade, a Administração não poderia levar a termo interpretação extensiva ou restritiva de direitos. Considerou que seria incabível a automática inabilitação dessas empresas unicamente pela não apresentação de certidão negativa de recuperação judicial, principalmente em função do disposto no art. 52 da Lei nº 11.101/2005, que entendeu prever a possibilidade de contratação com o poder público, o que, regra geral, pressupõe a participação prévia em licitação. Entretanto, essa condição não a exime de demonstrar, na fase de habilitação, sua viabilidade econômica.

Na fundamentação, foi citado o Parecer nº 4/2015/CPLC/DEP-CONSU/PGF/AGU[7], em sede do qual a AGU se manifestou em sentido favorável à participação dessas empresas na licitação, devendo a comissão de licitação diligenciar a fim de avaliar a real situação da capacidade econômico-financeira da empresa em vez de inabilitá-la de antemão.

---

[5] AgRg na Medida Cautelar 23.499/RS, 2ª Turma, por maioria, Rel. Min. Humberto Martins, Rel. para o acórdão Min. Mauro Campbell Marques, j. 18.12.2014, *DJe* 19.12.2014, *RT* vol. 954, p. 395.

[6] AREsp 309.867/ES, 1ª Turma, por unanimidade, Rel. Min. Gurgel de Faria, j. 26.06.2018, *DJe* 08.08.2018; *RSTJ* vol. 252, p. 381.

[7] Parecer disponível em: <https://www.gov.br/agu/pt-br/composicao/procuradoria-geral-federal-1/arquivos/PARECERN042015CPLCDEPCONSUIPGFAGU.pdf>. Acesso em: 13 mar. 2021.

Cap. V · A CONTRATAÇÃO DE EMPRESAS EM RECUPERAÇÃO JUDICIAL | 101

A AGU entendeu ser aplicável o art. 31, II, da Lei nº 8.666/1993, às empresas em recuperação judicial, mas ponderou que o processamento da recuperação judicial possui duas fases distintas. Na primeira fase, postulatória, a empresa confessa seu estado de insolvência e faz o pedido ao juízo falimentar, que pode deferi-lo ou não. Na segunda, fase deliberativa, o juiz defere a recuperação judicial, após a aprovação do plano submetido à assembleia geral de credores ou na ausência de objeção a ele, podendo-se, dessa forma, presumir sua aptidão econômico-financeira para ser habilitada, desde que comprove os demais requisitos previstos no edital.

Já em sede do controle de contas, o TCU, no Acórdão de Relação nº 8271/2011[8] proferido pela 2ª Câmara, entendeu ser possível a participação de empresa em recuperação judicial, desde que amparada em certidão emitida pela instância judicial competente que certificasse sua aptidão econômica e financeira para participar de procedimento licitatório.

Contudo, o Plenário do TCU, em representação na qual fez recomendações à Secretaria de Logística e Tecnologia da Informação do Ministério do Planejamento (SLTI/MP) e à AGU, entendeu ser legítima a exigência da certidão negativa por substituir a antiga concordata em situações surgidas após a edição da lei[9].

Posteriormente, essa Corte de Contas passou a opinar pela possibilidade de participação por parte de empresas com plano de recuperação homologado judicialmente[10]. No Acórdão nº 2265/2020[11], asseverou que é cabível a exigência da certidão negativa de recuperação judicial no edital para que se tome conhecimento da situação do licitante e se possa avaliá-la por meio de diligências cabíveis. Entretanto, a certidão negativa não poderia implicar sua inabilitação imediata.

A nova Lei de Licitações e Contratos Administrativos, Lei nº 14.133/2021, não mais prevê a certidão de recuperação judicial entre os documentos a serem apresentados para habilitação, fato que impede

---

[8]   Acórdão de Relação 8271/2011, 2ª Câmara, Rel. Min. Aroldo Cedraz, data da sessão 27.09.2011.

[9]   Acórdão 1214/2013, Plenário, Rel. Min. Aroldo Cedraz, data da sessão 22.05.2013.

[10]   Acórdão de Relação 5686/2017, 1ª Câmara, Rel. Min. Marcos Bemquerer, data da sessão 18.07.2017. Veja também: Acórdão 1201/2020, Plenário, Rel. Min. Vital do Rêgo, data da sessão 13.05.2020.

[11]   Acórdão 2265/2020, Plenário, Rel. Min. Benjamin Zymler, data da sessão 26.08.2020.

sua estipulação nos editais. Entretanto, remanescerá a obrigatoriedade de comprovação de sua capacidade econômica para honrar os compromissos a serem assumidos, conforme assente na jurisprudência do STJ e do TCU.

De acordo com o art. 69 da nova lei, a habilitação econômico-financeira deve ser comprovada de forma objetiva, por coeficientes e índices econômicos previstos no edital, devidamente justificados no processo de licitação. À semelhança da Lei nº 8.666/1993, a documentação está restrita à apresentação de balanço patrimonial, demonstração de resultado de exercício e demais demonstrações contábeis dos 2 últimos exercícios sociais, além da certidão negativa de feitos sobre falência. É também admitida a exigência da relação de compromissos assumidos pelo licitante que importem diminuição de sua capacidade econômico-financeira, excluídas as parcelas já executadas de contratos firmados. Além disso, nas compras para entrega futura e na execução de obras e serviços, o edital poderá estabelecer a exigência de capital mínimo ou de patrimônio líquido mínimo equivalente a até 10% (dez por cento) do valor estimado da contratação.

3. A EXIGÊNCIA DE REGULARIDADE FISCAL NAS LICITAÇÕES

De acordo com o art. 29, III e IV, da Lei nº 8.666/1993, e com o art. 68, III e IV, da Lei nº 14.133/2021, o licitante deve comprovar sua regularidade para com a Fazenda federal, estadual e/ou municipal de seu domicílio ou sede, na forma da lei, bem como perante a Seguridade Social e ao FGTS, demonstrando situação regular no cumprimento dos encargos sociais instituídos por lei.

Essa exigência é polêmica na doutrina, pois, com exceção da regularidade perante o sistema da seguridade social, que tem previsão expressa no art. 195, § 3º, da Constituição Federal de 1988, vários autores[12] a consideraram inconstitucional.

---

[12] Nesse sentido: Toshio Mukai. Maria Sylvia Zanella Di Pietro inicialmente manifestou posicionamento nesse sentido, mas posteriormente modificou seu entendimento em sua obra Direito Administrativo. No sentido de que seria permitida a exigência apenas nos casos em que o montante dos débitos possa colocar em risco o cumprimento das obrigações constantes do instrumento convocatório: Celso Antônio Bandeira de Mello, Adilson Abreu Dallari, Lúcia Valle Figueiredo, Maurício G. P. Zockun.

Isso porque a exigência carece de previsão no art. 37, XXI, da CF, que teria permitido apenas a comprovação de qualificação técnica e econômica indispensáveis à garantia do cumprimento das obrigações, além de caracterizar uma forma indireta de cobrança de tributos, uma espécie de sanção política.

Entretanto, a jurisprudência dos tribunais superiores[13] e do TCU[14] se consolidou no sentido de sua validade, em função da necessidade de preservação do interesse público e da isonomia entre os concorrentes.

Nesse sentido, transcreve-se os seguintes comentários de Marçal Justen Filho[15]:

> Deve-se admitir, porém, a possibilidade de o ente público recusar contratação com sujeito que se encontre em situação de dívida perante ele. Essa exigência, no caso de licitação, não é inconstitucional. A própria Constituição alude a uma modalidade de regularidade fiscal para fins de contratação com a Administração Pública (art. 195, § 3º). E o próprio STF reconheceu a inconstitucionalidade apenas quando houvesse impedimento absoluto ao exercício da atividade empresarial. A simples limitação, tal como a proibição de contratar com instituições financeiras governamentais, foi reconhecida como válida. Sob essa óptica, a proibição de contratar com a Administração Pública não configura impedimento absoluto ao exercício da atividade empresarial.

---

[13] O STF, em sede da ADI nº 173/DF, apreciou a constitucionalidade da Lei nº 7.711/1988, que veiculou normas que condicionavam a prática de atos da vida civil e empresarial à quitação de créditos tributários, inclusive quanto à participação em processos licitatórios. Da análise do inteiro teor do acórdão, pode-se depreender que os ministros ponderaram haver diferença entre a quitação e a regularidade fiscal, pois esta abrangeria também os débitos objeto de discussão judicial, o que tornaria a exigência menos gravosa e compatível com os princípios constitucionais então questionados, em especial com aqueles que regem a atividade econômica. A Corte rechaçou a exigência ampla e irrestrita de quitação de tributos para a participação em procedimentos licitatórios, mas entendeu ser ela permitida quando os tributos devidos pelo licitante não estiverem sob discussão judicial ou administrativa. Já no STJ, veja: REsp 138.745/RS, Rel. Min. Franciulli Netto, 05.04.2001, *DJ* 25.06.2001, p. 150; *RJADCOAS*, vol. 35, p. 85; *SJADCOAS*, vol. 118. p. 135; REsp 997.259/RS, Rel. Min. Castro Meira, 17.08.2010, *DJe* 25.10.2010; REsp 809.262/RJ, Rel. Min. Denise Arruda, 23.10.2007, *DJ* 19.11.2007.

[14] Súmula nº 283 do TCU: "Para fim de habilitação, a Administração Pública não deve exigir dos licitantes a apresentação de certidão de quitação de obrigações fiscais, e sim prova de sua regularidade".

[15] Ibid., p. 558.

Entretanto, o autor advertiu que essa exigência não pode ser desnaturada, sob pena de configuração de desvio de poder, fazendo críticas a sua ampliação sem qualquer medida e sua utilização como forma de punição daquele que não pagou suas dívidas.

De fato, parece-nos razoável considerar que o art. 37, XXI, da CF, não regulou de forma exaustiva a habilitação no processo de licitação, deixando para o legislador e para o administrador público a disciplina da questão[16]. Soma-se a isso o argumento de que tal comprovação garante a isonomia entre os licitantes, ao impedir a obtenção de uma vantagem competitiva por parte daquele que não cumpre suas obrigações fiscais.

Também milita a favor dessa exigência o fato de assegurar a capacidade de o licitante fielmente executar os serviços contratados, sem atrasos em sua execução, visto que processos de cobrança de dívidas fiscais poderiam comprometer sua atuação[17]. Estariam, portanto, resguardadas a proteção do interesse público e a segurança da contratação.[18]

Nesse sentido, destaca-se o entendimento de Ricardo Marcondes Martins[19]:

> (...) o fato de o licitante não pagar tributos desperta ao menos uma dúvida sobre sua idoneidade para cumprir as avenças com o poder público. Quem está em perfeitas condições financeiras, honra suas dívidas e, pois, paga os tributos. Se não o faz, é bem provável que não seja idôneo cumpridor de seus deveres. De modo que o sonegador gera duas presunções contra si: a) uma presunção relativa de que não esteja em condições financeiras adequadas; b) uma presunção relativa de que não cumpra seus deveres. A pergunta é: por que o Poder Público deve ignorar essas presunções e assumir o risco de contratar alguém que

---

[16] Nesse sentido: SUNDFELD, Carlos Ari. *Licitação e contrato administrativo de acordo com as Leis 8.666/93 e 8.883/94*. São Paulo: Malheiros, 1994. p. 122. Sidney Bittencourt comparte deste mesmo entendimento em seu livro: Licitação passo a passo: comentando todos os artigos da Lei nº 8.666/93 totalmente atualizada. 10. ed. Belo Horizonte: Fórum, 2019. p. 307.

[17] Veja: PEREIRA JUNIOR, Jessé Torres. *Comentários à Lei de Licitações e Contratações da Administração Pública*. 6. ed. rev., atual. e ampl. Rio de Janeiro: Renovar, 2003. p. 329.

[18] Nesse sentido: GARCIA, Flávio Amaral. *Licitações e contratos administrativos: casos e polêmicas*. 4. ed. São Paulo: Malheiros, 2016. p. 228.

[19] MARTINS, Ricardo Marcondes. Pregão: cabimento – regularidade fiscal: invalidação pelo Tribunal de Contas. *Boletim de Licitações e Contratos*, São Paulo, v. 28, n. 11, p. 1173-1181, nov. 2015.

descumpra as obrigações contratuais, ou em decorrência da falta de condições econômicas ou em decorrência de falta de comprometimento com o cumprimento de seus deveres?

Não se vislumbra, tampouco, ser uma hipótese de cobrança indireta, visto que não se exige a quitação do licitante, que poderá possuir débitos com exigibilidade suspensa ou até mesmo em fase de execução forçada, mas terá que demonstrar, nos termos da lei, a capacidade para suportá--los, através da oferta de garantia em sede de execução fiscal.

Feitas essas considerações sobre a exigência da regularidade fiscal nas licitações, passa-se a tratar especificamente das empresas em recuperação judicial.

Os arts. 57 e 58 da Lei nº 11.101/2005 e o art. 191-A do Código Tributário Nacional prescrevem, para a concessão da recuperação judicial, a necessidade de apresentação de certidões negativas de débitos tributários nos termos dos arts. 151, 205 e 206 do Código Tributário Nacional. Estes dispositivos foram objeto de críticas, sob o argumento de que a exigência das certidões acabaria por inviabilizar a eficácia do próprio instituto da recuperação judicial.

Essas críticas encontraram eco na Corte Especial do STJ que, em sede do REsp nº 1187404-MT, firmou o entendimento de que a nova lei veiculou "uma norma-programa de densa carga principiológica, constituindo a lente pela qual devem ser interpretados os demais dispositivos"[20] e, em decorrência disso, deveriam ser afastadas interpretações que embaraçassem a superação da crise empresarial, dado o objetivo de preservação da empresa economicamente viável. Considerou-se que a exigência peremptória de regularidade fiscal acabava por impedir o procedimento da recuperação judicial, o que não satisfazia o interesse nem da empresa nem dos credores, inclusive do fisco.

Como a Lei nº 11.101/2005, em seu art. 68, bem como o CTN, em seu art. 155-A, § 3º, previram a existência de um parcelamento especial a ser disciplinado em lei específica, a Corte afirmou ser esse um direito do devedor sujeito à recuperação judicial e entendeu que o eventual descumprimento do fornecimento de certidão de regularidade fiscal deveria ser imputado à ausência de lei específica que disciplinasse o referido parcelamento.

Como consectário da prevalência conferida ao princípio da preservação da empresa, que deu ensejo ao afastamento da certidão de

---

20   REsp 1.187.404, Rel. Min. Luis Felipe Salomão, 19.06.2013, *DJe* 21.08.2013.

regularidade fiscal para a concessão da recuperação judicial, nos termos dos arts. 57 e 58 da Lei nº 11.101/2005, alguns juízos passaram a determinar que essas empresas não só pudessem participar de licitações como também o fizessem sem a necessidade de comprovação de regularidade fiscal durante o certame ou o período de execução contratual, mesmo em face do disposto no art. 52, II, da mesma Lei, que, em sua redação original, prescrevia ao juiz, ao deferir o processamento da recuperação judicial, determinar a dispensa da apresentação de certidões negativas para que o devedor exerça suas atividades, "exceto para contratação com o Poder Público".

O STJ, em sede do REsp nº 1173735-RN[21], considerou, na mesma linha de intelecção da exegese teleológica da Lei nº 11.101/2005 visando conferir operacionalidade à recuperação judicial, que também seria inexigível, pelo menos por enquanto, demonstração de regularidade fiscal para as empresas em recuperação judicial, seja para continuar no exercício de sua atividade (já dispensado de acordo com a literalidade da norma), seja para contratar ou continuar executando contrato com o Poder Público.

Ressalte-se que o caso se referia a pedido de recebimento dos valores pelos serviços efetiva e reconhecidamente prestados, que estavam sendo obstados em função da ausência da certidão de regularidade fiscal. A Corte concluiu ser indevida a retenção. Esse entendimento é assente para qualquer empresa contratada pela Administração Pública que esteja em situação irregular perante o fisco[22].

Não obstante se tenha afirmado ser dispensada a regularidade fiscal para, inclusive, contratar com o Poder Público, asseverou-se que o descumprimento da cláusula de regularidade fiscal poderia ensejar, eventualmente e se fosse o caso, a rescisão do contrato, por não mais preencher os requisitos de habilitação, aplicando-se o disposto no art. 55, XIII, c/c art. 78, I, da Lei nº 8.666/1993.

---

[21] REsp 1.173.735, por unanimidade, Quarta Turma, Rel. Min. Luis Felipe Salomão, 22.04.2014, *DJe* 09.05.2014.

[22] Veja, neste sentido, os termos do art. 31 da Instrução Normativa SEGES/MP nº 03, de 26 de abril de 2018, que estabelece regras de funcionamento do Sistema de Cadastramento Unificado de Fornecedores – Sicaf, no âmbito do Poder Executivo Federal. Nos termos de seu inciso V, caso haja "efetiva prestação de serviços ou o fornecimento dos bens, os pagamentos serão realizados normalmente, até que se decida pela rescisão contratual, caso o fornecedor não regularize sua situação junto ao SICAF".

Cap. V · A CONTRATAÇÃO DE EMPRESAS EM RECUPERAÇÃO JUDICIAL | 107

Posteriormente, em análise de suspensão de segurança[23], na qual se discutia a participação em licitação por parte de uma das maiores operadoras de telefonia do país em recuperação judicial, o STJ entendeu que a dispensa de apresentação de comprovação de regularidade fiscal para participação em licitações está na máxima concretização do princípio da preservação da empresa.

Em decisão mais recente, em sede do AgInt no REsp 1841307/AM[24], o STJ decidiu não negar *prima facie* a participação de uma empresa em recuperação judicial em processo de licitação pela exigência de apresentação de Certidão Negativa de Débitos. Entendeu ser possível conciliar, a partir de uma interpretação sistemática da Lei nº 8.666/1993 e da Lei nº 11.101/2005, a preservação do "interesse da coletividade com ações no sentido de avaliar se a empresa em recuperação tem condições de suportar os custos da execução do contrato e também resguardando a função social da empresa".

Observa-se das referidas decisões que não se fez nenhuma ressalva quanto aos débitos para com o sistema de seguridade social, apesar do claro comando constante do art. 195, § 3º, da Constituição Federal de 1988[25], de vedar ao Poder Público a contratação nestas condições.

Como bem lecionou Ricardo Marcondes Martins[26], a Constituição retirou do âmbito de discricionariedade legislativa e administrativa a habilitação de pessoa jurídica em débito com a seguridade social.

Considerando o princípio da tripartição de poderes, ao Poder Judiciário caberia, enquanto guardião da Constituição, dar efetividade e concretude a essa regra na aplicação do direito ao caso concreto. Uma interpretação no sentido de mitigar uma regra de envergadura constitucional em face de um princípio da preservação da empresa proveniente

---

[23] SS 3.048/RJ, Corte Especial, Rel. Min. Pres. João Otávio Noronha, j. 26.12.2018, *DJe*/STJ nº 2601 de 01.02.2019.

[24] AgInt no REsp 1.841.307/AM, 2ª Turma, Rel. Min. Herman Benjamin, j. 30.11.2020, *DJe* 09.12.2020.

[25] A aplicação desse dispositivo constitucional foi excepcionada durante a vigência de estado de calamidade pública nacional reconhecida pelo Congresso Nacional em razão de emergência de saúde pública de importância internacional decorrente de pandemia, conforme disposto no art. 3º, parágrafo único, da Emenda Constitucional nº 106/2020. Na pandemia da Covid-19, esse reconhecimento foi realizado através do Decreto Legislativo nº 6/2020 e teve efeitos até 31 de dezembro de 2020.

[26] Ibid., 2015.

de normativo infraconstitucional não parece ser a melhor exegese a ser dada à questão.

Ressalta-se que o princípio da preservação da empresa não foi consagrado pela CF. Se, por um lado, é possível admitir que este seja corolário do princípio da função social da propriedade ou da liberdade de iniciativa ou da valorização do trabalho[27,] por outro, sua relação com a CF é apenas reflexa e não lhe pode garantir o mesmo *status* que a norma constante do referido art. 195, § 3º, que constitui expressão do dever fundamental de recolher tributos.

Com a nova redação dada ao art. 52, II, da Lei de Falências e Recuperação Judicial pela Lei nº 14.112/2020, ampliou-se no texto legal a possibilidade de dispensa da apresentação de certidões negativas para que o devedor exerça suas atividades, inclusive para contratar com o Poder Público, mas fez-se expressa remissão à necessidade de observância do referido comando constitucional.

Não obstante a mudança no texto da lei e a manutenção da apresentação da certidão de regularidade fiscal como condicionante para a concessão da recuperação judicial no art. 57 da Lei nº 11.101/2005[28], a interpretação do referido inciso II do art. 52 da Lei nº 11.101/2005 precisa considerar o art. 20 do Decreto-lei nº 4.657/1942 (LINDB) e perpassar pelo microssistema atinente às licitações porque o art. 37, XXI, da Constituição Federal de 1988, consagra o princípio da isonomia entre os concorrentes, em especial quanto às exigências de qualificação econômica indispensáveis ao cumprimento do contrato.

Sob esse prisma, a dispensa de regularidade fiscal gera efeitos deletérios ao princípio da ampla concorrência, visto que o peso da carga

---

[27] GUIMARÃES, Bernardo Strobel; BORDA, Daniel Siqueira. Limites e possibilidades de empresas em recuperação judicial participarem de licitações públicas (Ecos do acórdão proferido pelo Superior Tribunal de Justiça no AgRg na Medida Cautelar 23.499/RS). *Revista de Direito Empresarial – RDEmp*, Belo Horizonte, ano 12, n. 1, p. 257-279, jan./abr. 2015, p. 267-268.

[28] À luz da manutenção da exigência de regularidade fiscal pelo art. 57, é de se concluir, a partir de uma interpretação sistemática dos dispositivos, que eventual aplicabilidade da dispensa prevista no art. 52, II, somente teria lugar durante o *stay period*, ou seja, até o momento do art. 57, a partir do qual a regularidade fiscal é exigida. Sobre a necessidade de comprovação da regularidade fiscal para concessão da recuperação judicial e sua relação com o dever fundamental de recolher tributos, veja o artigo "Aplicabilidade do art. 191-A do Código Tributário Nacional ante o dever fundamental de recolher tributos", de Raphael Silva Rodrigues, publicado na Revista Dialética de Direito Tributário, dez. 2013.

tributária constitui um elemento de extrema relevância na formação de preço de um concorrente[29]. Essa situação se potencializa ainda mais nas licitações na modalidade do pregão, pois, como é curial, a diferença entre lances costuma ser mínima.

Assim, uma empresa que não precisa estar regular com suas obrigações tributárias e tem direito de acesso a parcelamento com condições mais vantajosas estará competindo de maneira totalmente desigual em relação aos seus concorrentes, que lograram ter uma gestão eficiente e cumpriram a contento sua função social e seu dever fundamental de recolher tributos.

Nesse aspecto, é importante lembrar a lição de Paulo Marques[30] sobre o descumprimento do dever fundamental de recolher tributos:

> *O incumprimento do dever fundamental de pagar impostos implica uma grave e perturbadora disfunção social, inibindo o Estado da realização de suas tarefas fundamentais e o setor privado da dinamização da economia e do emprego. Em resultado da conduta fiscal não colaborante dos infractores surge como inevitável o crescimento exponencial da carga tributária sobre os contribuintes cumpridores e uma restrição pouco desejável dos investimentos públicos considerados indispensáveis. A fraude e a evasão fiscal pelas avultadas receitas públicas que envolvem constituem algumas vezes um 'subsídio indirecto' aos contribuintes infractores, representando este então um elevado ónus sobre os contribuintes cumpridores. Pelo que quando se fala em incumprimento fiscal, não devemos ficar pelos contornos tradicionais da relação jurídica de imposto bilateral, mas antes por uma relação tripartida (ou triangular) de imposto composta pelo **Estado**, o **sujeito passivo (devedor)** e o **contribuinte cumpridor (vítima)**, cabendo ao ordenamento jurídico tutelar os interesses legítimos deste último. Na observação lúcida de Marcelo Cavali, do dever fundamental de pagar tributos "ninguém pode ser excluído e **cada contribuinte tem o direito de exigir do Estado que lhe valha dos meios necessários a impedir que outros dele se eximam**". (destaques do autor)*

---

[29] Veja-se nesse sentido notícia sobre uma nota de repúdio realizada pela Associação de Provedores de Internet do Sul – InternetSul à concessão da suspensão de segurança deferida pelo STJ a um dos maiores grupos de telecomunicações do país para participar de licitações sem comprovar sua regularidade fiscal: <https://teletime.com.br/17/01/2019/associacao-internetsul-critica-decisao--do-stj-que-libera-oi-para-participar-de-leiloes/>. Acesso em: 21 mar. 2021.

[30] MARQUES, Paulo. *Elogio do Imposto* – a relação do Estado com os contribuintes. Coimbra: Coimbra Editora, 2011. p. 81-82.

A partir dessa ótica, pode-se concluir que o concorrente de uma empresa em recuperação judicial no processo de licitação sofre duplo prejuízo, enquanto contribuinte cumpridor, vítima do descumprimento do dever fundamental de pagar tributos, e enquanto licitante em desvantagem competitiva. Ao final, o contribuinte cumpridor e diligente em seus negócios corre o risco de ser preterido por empresa cuja gestão é comprovadamente ineficiente e que não precisa cumprir da mesma maneira o pesado[31] dever de recolher tributos.

Sob o ponto de vista do risco de inexecução do contrato, esta dispensa também é preocupante, já que a exigência de regularidade fiscal dos contratantes tem como objetivo minorá-lo, dado os danos que podem acarretar em função da interrupção do serviço público, que, como visto, é essencial à população e é regido pelo princípio da continuidade.

Deve-se ressaltar que nem a prestação de garantia nem a aplicação de sanções pelo inadimplemento contratual podem neutralizar os prejuízos decorrentes da eventual inexecução do contrato. Em primeiro lugar, porque a garantia, em regra, limita-se a 5% (cinco por cento) do valor do contrato, nos termos do art. 56, § 2º, da Lei nº 8.666/1993 e do art. 98 da Lei nº 14.133/2021, e não assegura o ressarcimento integral de todos os prejuízos acrescidos das multas contratuais que, a depender da conduta, podem chegar a percentuais maiores que esses. Em segundo lugar, a efetiva tutela do interesse público e a reparação dos prejuízos restarão prejudicadas pelo processo de recuperação judicial.

Ao final, o Estado, que atua sob o pálio do princípio da eficiência, corre o risco de ter que assumir o ônus da ineficiência de agentes econômicos com prejuízos à prestação dos serviços públicos.

4. CONCLUSÃO

A contratação de empresas em recuperação judicial pelo Poder Público reflete a preocupação constante do art. 37, XXI, da CF acerca da capacidade para cumprir as obrigações previstas no edital. A empresa que

---

[31] Isso nos remete ao Sermão de Santo Antônio, de Padre Antônio Vieira: "15. O maior jugo de um reino, a mais pesada carga de uma república, são os imoderados tributos. Se queremos que sejam leves, se queremos que sejam suaves, repartam-se por todos. Não há tributo mais pesado que o da morte, e contudo todos o pagam, e ninguém se queixa; porque é tributo de todos". Disponível em: <http://textosdefilosofiabrasileira.blogspot.com/2016/01/sermao-de-santo-antonio.html>. Acesso em: 19 abr. 2021.

pede recuperação judicial tem contra si uma presunção de insolvência que pode ser ilidida com a concessão do plano de recuperação judicial, observados os arts. 57 e 58 da Lei nº 11.101/2005.

Não obstante, a invocação do princípio da preservação da empresa, extraído do art. 47 da Lei nº 11.101/2005, levantou o entrave constante do art. 31, II, da Lei nº 8.666/1993, que previa a apresentação de certidão negativa de concordata para a qualificação econômico-financeira no certame. Esse entendimento foi acolhido pela Nova Lei de Licitações e Contratos Administrativos, que não mais a prevê no rol de documentos a serem apresentados para a habilitação.

Como consectário desse princípio, o Poder Judiciário passou a admitir a possibilidade de essas empresas terem direito não só à concessão da recuperação judicial como também a participarem de licitações e manterem seus contratos com o Poder Público sem a apresentação da certidão de regularidade fiscal.

Malgrado tenha sido modificada a redação do art. 52, II, da Lei nº 11.101/2005, sua interpretação, à luz do art. 20 do Decreto-lei nº 4.657/1942 (LINDB), deve considerar as possíveis consequências danosas ao microssistema atinente às licitações, que consagra o princípio da ampla concorrência, da isonomia, da continuidade dos serviços públicos e da eficiência.

A pretensão de se preservar a empresa com dificuldades econômicas não pode ser transformada num valor absoluto, a ser conquistada a qualquer preço, em especial no contexto de uma economia de mercado e quando está em jogo o cumprimento do dever fundamental de recolher tributos, o qual decorre de uma relação trilateral entre fisco, sujeito passivo e contribuinte pagador.

O contribuinte pagador que conduz seus negócios com eficiência não pode ser prejudicado na licitação por uma forma de subsídio indireto conferido a um concorrente presumidamente ineficiente na gestão de seus negócios. Por outro lado, a Administração Pública não deve conviver com o constante risco de solução de continuidade na prestação de serviços públicos que, por determinação constitucional, devem ser orientados pelo princípio da eficiência.

REFERÊNCIAS

BANDEIRA DE MELLO, Celso Antônio. Regularidade fiscal nas licitações. *Revista Trimestral de Direito Público,* São Paulo, n. 21, p. 5-11, 1998.

BITTENCOURT, Sidney. *Licitação passo a passo*: comentando todos os artigos da Lei nº 8.666/93 totalmente atualizada. 10. ed. Belo Horizonte: Fórum, 2019.

DALLARI, Adilson Abreu. *Aspectos jurídicos da licitação.* 6. ed. atual. rev. e ampl. São Paulo: Saraiva, 2003.

DALLARI, Adilson Abreu; NOVIS, Mariana. Participação em licitações de empresas em recuperação judicial. *Revista Brasileira de Infraestrutura – RBINF*, Belo Horizonte, ano 3, n. 6, p. 75-90, jul.-dez. 2014.

DI PIETRO, Maria Sylvia Zanella. *Direito administrativo.* 20. ed. São Paulo: Atlas, 2007; 32. ed. 2019.

FIGUEIREDO, Lúcia Valle. *Direitos dos licitantes.* 4. ed. São Paulo: Malheiros, 1994.

GARCIA, Flávio Amaral. *Licitações e contratos administrativos*: casos e polêmicas. 4. ed. São Paulo: Malheiros, 2016.

GUIMARÃES, Bernardo Strobel; BORDA, Daniel Siqueira. Limites e possibilidades de empresas em recuperação judicial participarem de licitações públicas (Ecos do acórdão proferido pelo Superior Tribunal de Justiça no AgRg na Medida Cautelar 23.499/RS). *Revista de Direito Empresarial – RDEmp*, Belo Horizonte, ano 12, n. 1, p. 257-279, jan.-abr. 2015.

JUSTEN FILHO, Marçal. *Comentários à Lei de Licitações e Contratos Administrativos.* 16. ed. rev., atual e ampl. São Paulo: Revista dos Tribunais, 2014.

MARQUES, Paulo. *Elogio do Imposto* – a relação do Estado com os contribuintes. Coimbra: Coimbra Editora, 2011.

MARTINS, Ricardo Marcondes. Pregão: cabimento – regularidade fiscal: invalidação pelo Tribunal de Contas. *Boletim de Licitações e Contratos,* São Paulo, v. 28, n. 11, p. 1173-1181, nov. 2015. Parecer.

MUKAI, Toshio. A Constituição de 1988 e as qualificações nas licitações. *Revista de Direito Administrativo,* Rio de Janeiro, n. 186, p. 103-113, out.-dez. 1991.

NIEBUHR, Joel Menezes. *Licitação pública e contrato administrativo.* 4. ed. rev. e ampl. Belo Horizonte: Fórum, 2015.

PEREIRA JUNIOR, Jessé Torres. *Comentários à Lei de Licitações e Contratações da Administração Pública.* 6. ed. rev., atual. e ampl. Rio de Janeiro: Renovar, 2003.

RODRIGUES, Raphael Silva. Aplicabilidade do art. 191-A do Código Tributário Nacional ante o dever fundamental de recolher tributos.

Revista Dialética de Direito Tributário, São Paulo, n. 219, p. 78-87, dez. 2013.

SUNDFELD, Carlos Ari. *Licitação e contrato administrativo de acordo com as Leis 8.666/93 e 8.883/94.* São Paulo: Malheiros, 1994.

ZOCKUN, Maurício G. P. A proibição de imposição de sanções políticas e a regularidade fiscal como requisitos de habilitação para participar de licitações: comentários ao acórdão do STF na ADI nº 173. *Revista Trimestral de Direito Público,* São Paulo, n. 51/52, p. 311-319, 2005.

Tomo II
FALÊNCIA E FAZENDA PÚBLICA

Capítulo VI

DO PEDIDO DE FALÊNCIA PELO CREDOR PÚBLICO

Thiago Morelli Rodrigues de Sousa

Sumário: 1. Considerações iniciais – 2. Posição doutrinária e jurisprudencial – 3. Inovação do tema pela Lei n° 14.112/2020 – 4. Conclusão – Referências.

1. CONSIDERAÇÕES INICIAIS

Entre todos os tipos de créditos de um determinado devedor, há aqueles que possuem uma posição privilegiada, no caso de instauração de um concurso universal. Os credores detentores desse tipo podem, a depender do privilégio, receber seu crédito com primazia em relação aos outros, ou terem destacado do patrimônio do devedor um bem individualizado sobre o qual têm preferência na destinação, em caso de liquidação desse bem.

Embora os concursos universais disciplinem, por razões da natureza do crédito e seu impacto social (por exemplo, os créditos decorrentes da legislação do trabalho) uma prevalência em relação a outros, fato é que, nos termos do art. 97 da Lei n° 11.101/2005, "podem requerer a falência do devedor: (...) IV – qualquer credor".

Assim, de forma taxativa, qualquer credor pode, desde que o devedor seja apto a se enquadrar no regime jurídico da LREF, requerer sua falência, cumpridos os requisitos contidos no art. 94 dessa Lei.

A título exemplificativo, um dos credores que mais detém privilégios no concurso universal instaurado pelo regime falimentar, o credor trabalhista pode requerer a falência do seu devedor, muito embora ele tenha primazia relativa[1] sobre os demais credores:

> *Recurso especial. Falência. Credor trabalhista. Pedido. Possibilidade. Distinção entre credores. Lei nº 11.101/2005. Inexistência. Omissão. Não configuração. Certidão de crédito oriunda da Justiça obreira. Fé pública. Vício. Falta de provas. Litigância de má-fé. Não comprovação. Súmula nº 7/STJ.*
>
> *1. Não subsiste a alegada ofensa ao art. 535 do CPC/1973, pois o tribunal de origem enfrentou as questões postas, não havendo no aresto recorrido omissão, contradição ou obscuridade.*
>
> *2. O credor trabalhista tem legitimidade ativa para ingressar com pedido de falência, visto que o art. 97, IV, da Lei nº 11.101/2005 não faz distinção entre credores.*
>
> *3. Na hipótese, o credor tem legitimidade ativa, porquanto detém título de valor superior a 40 (quarenta) salários, e, em execução anterior, não obteve resultado em pagamento ou mesmo apresentação de bens para penhora.*
>
> *4. A jurisprudência deste Tribunal Superior é firme no sentido de que, na litigância de má-fé, o dolo deve ser comprovado. Neste caso, o Tribunal recorrido expressamente registrou não ter havido a referida comprovação (art. 17 do CPC/1973), o que impede o reexame do tema por esta Corte, a teor da Súmula nº 7/STJ.*
>
> *5. Recurso especial não provido (STJ, REsp 1.544.267/DF, Rel. Min. Ricardo Villas Bôas Cueva, 3ª Turma, j. 23.08.2016, DJe 06.09.2016).*

Quanto ao credor com garantia real, enquanto a disciplina anterior do Decreto-Lei nº 7.661/1945 condicionava seu pedido à renúncia da garantia ou à prova de que a garantia se tornara insuficiente, a disciplina atual, inaugurada com a LREF silencia a esse respeito, de modo que, embora tenha um privilégio em relação aos credores quirografários e ao próprio Fisco, no concurso falimentar, também se legitima como sujeito ativo do pedido de falência[2].

---

[1] Diz-se relativa, pois ele não prefere aos créditos extraconcursais, o que parece lógico, visto que, como o próprio nome indica, estão fora do concurso de credores, e seu privilégio é limitado em até 150 salários mínimos. O crédito que sobejar deverá ser enquadrado como crédito quirografário.

[2] Nesse sentido: RAMOS, André Luiz Santa Cruz. *Direito empresarial esquematizado*. 4. ed. rev., atual. e ampl. Rio de Janeiro: Forense; São Paulo: Método, 2014. p. 333.

Cap. VI · DO PEDIDO DE FALÊNCIA PELO CREDOR PÚBLICO | **119**

Por fim, e ao que interessa ao presente estudo, tem-se a situação do Fisco, como credor público, dos tributos devidos e de outros créditos públicos, devidamente inscritos em dívida ativa.

2. POSIÇÃO DOUTRINÁRIA E JURISPRUDENCIAL

Quanto ao tema, formaram-se basicamente duas correntes doutrinárias.

A primeira delas nega a possibilidade de o Fisco pleitear a falência do devedor empresário. Para essa corrente, as garantias, os privilégios e as preferências do crédito tributário já estão insculpidas nos arts. 183 a 193 do CTN. Assim, qualquer outra prerrogativa feriria a isonomia com os demais credores e colocaria o devedor numa posição de sujeição.

Ademais, para essa linha de entendimento, qualquer discussão judicial da dívida ativa, inaugurada pelo Fisco, deveria ser feita na execução fiscal, nos termos do art. 1º da Lei nº 6.830/1980 (Lei de Execuções Fiscais – LEF). Por conta disso, O Fisco não poderia ajuizar a ação de falência, e, se ajuizasse, seria carecedor da ação. Para essa linha, ainda mais enfático seria o artigo 38 da LEF, ao estatuir que a "discussão judicial da Dívida Ativa da Fazenda Pública só é admissível em execução, na forma desta Lei, salvo as hipóteses de mandado de segurança, ação de repetição do indébito ou ação anulatória (...)"[3].

A segunda corrente doutrinária defende que a Fazenda Pública pode, sim, pedir a falência do devedor. Esse entendimento se apoia, no

---

[3]   Confira-se o escólio doutrinário do professor Rubens Requião: "De nossa parte, estranhamos o interesse que possa ter a Fazenda Pública no requerimento de falência do devedor por tributos. Segundo o Código Tributário Nacional os créditos fiscais não estão sujeitos ao processo concursal, e a declaração de falência não obsta o ajuizamento do executivo fiscal, hoje de processamento comum. À Fazenda Pública falece, ao nosso entender, legítimo interesse econômico e moral para postular a declaração de falência de seu devedor. A ação pretendida pela Fazenda Pública tem isso sim, nítido sentido de coação moral, dadas as repercussões que um pedido de falência tem em relação às empresas solventes" (*Curso de Direito Falimentar*, 1º vol., nº 72, p. 95, 12ª edição). Também nesse sentido: "o crédito tributário, por expressa disposição legal (art. 38 da Lei 6.830/1980) não habilita a Fazenda a requerer a falência do contribuinte, posto que o executivo fiscal prossegue" (*Comentários à Lei de Recuperação de Empresas e Falência*: Lei 11.101/2005. Coord. Francisco Satiro de Souza Junior, Antônio Sérgio A. de Moraes Pitombo. São Paulo: Revista dos Tribunais, 2007. p. 410).

mais das vezes, na interpretação literal do artigo 9º, III, do Revogado Decreto-Lei nº 7.661/1945, e do artigo 97, IV, da LREF[4]. Pela literalidade deste último dispositivo, "podem requerer a falência do devedor: (...) qualquer credor".

Por conta dessa divisão doutrinária, e ainda sob a égide da legislação falimentar anterior (do DL 7.661/45), o Superior Tribunal de Justiça (STJ), a princípio, exarou decisões em sentidos opostos, ora admitindo a possibilidade do pedido de falência feito pela Fazenda, ora negando.

Por fim, a Corte consolidou sua jurisprudência no sentido de que a Fazenda Pública não detém legitimidade ativa para requerer a falência de empresas e/ou empresários.

Prevaleceu o entendimento de que, se o artigo 187 do Código Tributário Nacional dispensa o crédito tributário do concurso de credores ou da habilitação em falência, na mesma linha do artigo 29 da LEF, a Fazenda Pública não teria interesse em pedido falimentar de que sequer se sujeitaria.

Outro argumento é o de que a LEF havia, de forma exclusiva, assentado a Execução Fiscal como único meio para a cobrança do crédito público em juízo, ressalvadas apenas as exceções contidas em seu próprio artigo 38. Nesse sentido, a ação de falência proposta pelo Fisco seria uma forma enviesada de ação de cobrança, burlando-se assim o comando da Lei de Execuções Fiscais.

Confiram-se os precedentes tomados sob a vigência do DL 7.661/45:

> *Processo civil. Pedido de falência formulado pela Fazenda Pública com base em crédito fiscal. Ilegitimidade. Falta de interesse. Doutrina. Recurso desacolhido.*
>
> *I – Sem embargo dos respeitáveis fundamentos em sentido contrário, a Segunda Seção decidiu adotar o entendimento de que a Fazenda Pública não tem legitimidade, e nem interesse de agir, para requerer a falência do devedor fiscal.*
>
> *II – Na linha da legislação tributária e da doutrina especializada, a cobrança do tributo é atividade vinculada, devendo o fisco utilizar-se do instrumento afetado pela lei à satisfação do crédito tributário, a execução fiscal, que goza de especificidades e privilégios, não lhe sendo facultado pleitear a falência do devedor com base em tais créditos (REsp 164.389/*

---

4   Nesse sentido, COMPARATO, Fábio Konder. Falência – legitimidade da Fazenda Pública para requerê-la. *Revista dos Tribunais*, São Paulo: Revista dos Tribunais, n. 442, ago. 1972.

MG, Rel. Min. Castro Filho, Rel. p/ acórdão Min. Sálvio de Figueiredo Teixeira, 2ª Seção, j. 13.08.2003, DJ 16.08.2004, p. 130).

Tributário e comercial. Crédito tributário. Protesto prévio. Desnecessidade. Presunção de certeza e liquidez. Art. 204 do Código Tributário Nacional. Fazenda Pública. Ausência de legitimação para requerer a falência do comerciante contribuinte. Meio próprio para cobrança do crédito tributário. Lei de Execuções Fiscais. Impossibilidade de submissão do crédito tributário ao regime de concurso universal próprio da falência. Arts. 186 e 187 do CTN.

I – A Certidão de Dívida Ativa, a teor do que dispõe o art. 204 do CTN, goza de presunção de certeza e liquidez que somente pode ser afastada mediante apresentação de prova em contrário.

II – A presunção legal que reveste o título emitido unilateralmente pela Administração Tributária serve tão somente para aparelhar o processo executivo fiscal, consoante estatui o art. 38 da Lei 6.830/80. (Lei de Execuções Fiscais)

III – Dentro desse contexto, revela-se desnecessário o protesto prévio do título emitido pela Fazenda Pública.

IV – Afigura-se impróprio o requerimento de falência do contribuinte comerciante pela Fazenda Pública, na medida em que esta dispõe de instrumento específico para cobrança do crédito tributário.

V – Ademais, revela-se ilógico o pedido de quebra, seguido de sua decretação, para logo após informar-se ao Juízo que o crédito tributário não se submete ao concurso falimentar, consoante dicção do art. 187 do CTN.

VI – O pedido de falência não pode servir de instrumento de coação moral para satisfação de crédito tributário. A referida coação resta configurada na medida em que o art. 11, § 2º, do Decreto-Lei 7.661/45 permite o depósito elisivo da falência.

VII – Recurso especial improvido (REsp 287.824/MG, Rel. Min. Francisco Falcão, 1ª Turma, j. 20.10.2005, DJ 20.02.2006, p. 205).

E, embora o artigo 97, IV, da LREF pareça mais enfático, pela possibilidade de o credor público requerer a falência de seu devedor, o STJ, já posteriormente à vigência da atual legislação falimentar, manteve-se pela negativa.

Agora, orientado também pelo artigo 47 da LREF, que trouxe expresso o princípio da preservação da empresa, o Sodalício acrescentou aos argumentos existentes o de que conferir legitimidade ativa à Fazenda Pública para requerer a falência de sociedades empresárias e/ou empresários tornaria inviável a superação da situação de crise econômico-financeira da empresa, em desacordo com o mencionado princípio. Nesse sentido o seguinte julgado:

> *Tributário e comercial. Crédito tributário. Fazenda Pública. Ausência de legitimidade para requerer a falência de empresa.*
>
> *1. A controvérsia versa sobre a legitimidade de a Fazenda Pública requerer falência de empresa.*
>
> *2. O art. 187 do CTN dispõe que os créditos fiscais não estão sujeitos a concurso de credores. Já os arts. 5º, 29 e 31 da LEF, a fortiori, determinam que o crédito tributário não está abrangido no processo falimentar, razão pela qual carece interesse por parte da Fazenda em pleitear a falência de empresa.*
>
> *3. Tanto o Decreto-lei n. 7.661/45 quanto a Lei n. 11.101/2005 foram inspirados no princípio da conservação da empresa, pois preveem respectivamente, dentro da perspectiva de sua função social, a chamada concordata e o instituto da recuperação judicial, cujo objetivo maior é conceder benefícios às empresas que, embora não estejam formalmente falidas, atravessam graves dificuldades econômico-financeiras, colocando em risco o empreendimento empresarial.*
>
> *4. O princípio da conservação da empresa pressupõe que a quebra não é um fenômeno econômico que interessa apenas aos credores, mas sim, uma manifestação jurídico-econômica na qual o Estado tem interesse preponderante.*
>
> *5. Nesse caso, o interesse público não se confunde com o interesse da Fazenda, pois o Estado passa a valorizar a importância da iniciativa empresarial para a saúde econômica de um país. Nada mais certo, na medida em que quanto maior a iniciativa privada em determinada localidade, maior o progresso econômico, diante do aquecimento da economia causado a partir da geração de empregos.*
>
> *6. Raciocínio diverso, isto é, legitimar a Fazenda Pública a requerer falência das empresas inviabilizaria a superação da situação de crise econômico-financeira do devedor, não permitindo a manutenção da fonte produtora, do emprego dos trabalhadores, tampouco dos interesses dos credores, desestimulando a atividade econômico-capitalista. Dessarte, a Fazenda poder requerer a quebra da empresa implica incompatibilidade com a ratio essendi da Lei de Falências, mormente o princípio da conservação da empresa, embasador da norma falimentar.*
>
> *Recurso especial improvido (REsp 363.206/MG, Rel. Min. Humberto Martins, 2ª Turma, j. 04/05/2010, DJe 21.05.2010).*

Na linha do que decidido pelo e. STJ, o Conselho da Justiça Federal, organizador da I Jornada de Direito Comercial, aprovou o Enunciado nº

56, *verbis*: "a Fazenda Pública não possui legitimidade ou interesse de agir para requerer a falência do devedor empresário".

Em verdade, o julgamento paradigma sobre o caso, e que pacificou o tema no e. STJ, foi o REsp n° 164.389/MG.

Observando-se esse caso, que, de forma muito profunda, analisou as implicações a favor e contra o pedido, ficaram opostas duas visões sobre o assunto em causa.

A visão do Relator originário, Ministro Castro Filho, escorou-se na ausência de qualquer vedação a que o Fisco, como credor, propusesse o pedido falimentar. As vedações que certos tipos de credores possuem para propor a ação falimentar precisariam estar expressas em lei.

Além disso, e de uma maneira bastante arguta, teceram-se considerações sobre o impacto negativo que uma empresa devedora contumaz exerce sobre o mercado. Nesse sentido, a Fazenda Pública teria legitimidade e interesse que uma empresa com débitos recorrentes, sem condições de regularizar sua situação, falisse, a fim de manter o mercado atuando de forma coerente.

Já na visão da divergência aberta pelo Ministro Sálvio de Figueiredo Teixeira, que acabou se tornando o Relator para o Acórdão, pareceria incongruente que o Estado, o qual tem por missão garantir a livre-iniciativa e a livre concorrência, pudesse decretar a "morte" da empresa, por meio do processo falimentar.

Por outro lado, e como já assentado por parte da doutrina, a LEF, método de cobrança especial e exorbitante à disposição do Fisco, concentraria todas as medidas de cobrança do crédito público, por meio da Execução Fiscal. Assim, por ter uma via própria e diferente de qualquer outro credor, com rito de cobrança diferenciado e prerrogativas processuais únicas, a Fazenda não teria interesse processual para propor ação falimentar.

Por fim, os votos dissidentes do Relator originário, que formaram maioria, demonstraram preocupação com o uso indiscriminado das ações falimentares como forma de cobrança de créditos inscritos em Dívida Ativa. Como asseverado, em regra a pessoa jurídica em crise tem débitos para com o Fisco. Desse modo, somando-se ao poder-dever dos agentes públicos, notadamente os procuradores judiciais das Fazendas Públicas, em empreender todos os meios de cobrança à disposição, temeram os Ministros uma enxurrada de pedidos de falência, de forma automática e pela mera impontualidade no cumprimento das obrigações para com o ente público. E, pior que isso, houve o receio do uso seletivo da ação falimentar, ao arbítrio do procurador do ente, em caso que seria de flagrante abuso de poder e desvio de função.

3. INOVAÇÃO DO TEMA PELA LEI Nº 14.112/2020

Resumindo o tópico anterior, de todos os argumentos trazidos, por ambas as correntes, talvez os mais interessantes sejam aqueles relacionados à posição do credor público ou do devedor empresário diante da coletividade – os concorrentes, os consumidores, o mercado como um todo.

Isso porque, levadas as situações ao extremo, os temores externados pelos dois lados são fundamentados.

A doutrina de direito empresarial demonstra preocupação com o componente concorrencial que uma empresa reiteradamente inadimplente traz consigo. Manoel Justino Bezerra Filho, a propósito da convolação da recuperação judicial em falência, traz a seguinte advertência: "a recuperação judicial destina-se às empresas que estejam em situação de crise econômico-financeira, com possibilidade, porém, de superação, pois aquelas em tal estado, porém em crise de natureza insuperável, devem ter sua falência decretada, até para que não se tornem elemento de perturbação do bom andamento das relações econômicas do mercado"[5].

Nessa mesma linha é o ensinamento de Fábio Ulhoa Coelho:

> *Nem toda falência é um mal. Algumas empresas, por que são tecnologicamente atrasadas, descapitalizadas ou possuem organização administrativa precária, devem mesmo ser encerradas. Para o bem da economia como um todo, os recursos – materiais, financeiros e humanos – empregados nessa atividade devem ser realocados para que tenham otimizada a capacidade de produzir riqueza. Assim, a recuperação da empresa não deve ser vista como um valor jurídico a ser buscado a qualquer custo. Pelo contrário, as más empresas devem falir para que as boas não se prejudiquem. Quando o aparato estatal é utilizado para garantir a permanência de empresas insolventes inviáveis, opera-se uma inversão inaceitável: o risco da atividade empresarial transfere-se do empresário para os seus credores.*
>
> *(...)*
>
> *A reorganização de atividades econômicas é custosa. Alguém há de pagar pela recuperação, seja na forma de investimento no negócio em*

---

[5] *Nova Lei de Recuperação e Falências comentada.* 3. ed. São Paulo: Revista dos Tribunais, p. 130.

Cap. VI · DO PEDIDO DE FALÊNCIA PELO CREDOR PÚBLICO | 125

crise, seja na de perdas parciais ou totais de créditos. Em última análise, como os principais agentes econômicos acabam repassando os riscos associados à recuperação judicial ou extrajudicial do devedor, o ônus da reorganização da empresa no Brasil recai na sociedade brasileira como um todo. O crédito bancário e os produtos oferecidos e consumidos ficam mais caros porque parte dos juros e preços se destina a socializar os efeitos da recuperação das empresas.

(...)

Mas se é a sociedade brasileira como um todo que arca, em última instância, com os custos da recuperação das empresas, é necessário que o Judiciário seja criterioso ao definir quais merecem ser recuperadas. (...) Em outros termos, somente as empresas viáveis devem ser objeto de recuperação judicial ou extrajudicial. Para que se justifique o sacrifício da sociedade brasileira presente, em maior ou menor extensão, em qualquer recuperação de empresa não derivada de solução de merca-do, o devedor que a postula deve mostrar-se digno do benefício. Deve mostrar, em outras palavras, que tem condições de devolver à sociedade brasileira, se e quando recuperada, pelo menos uma parte o sacrifício feito para salvá-la[6].

Especificamente sobre a fazenda pública poder requerer a falência dos devedores, sob a ótica do mercado, assim se manifestou Marcelo Barbosa Sacramone:

Quanto ao argumento de que o Fisco poderia comprometer o desenvol-vimento econômico nacional com diversos pedidos de falência, não há diferenciação do Fisco com os demais credores. A possibilidade mais célere de exigência do crédito, sob pena de decretação de falência poderia incentivar os credores a manterem sua condição fiscal regularizada, com ganhos econômicos para toda a coletividade. (...) O pedido de falência permitiria manter a higidez do mercado, a concorrência em igualdade de condições entre todos os agentes e recolhimento regular de tributos, em benefício do desenvolvimento econômico nacional.[7]

Assim, há inegável interesse jurídico que a Fazenda Pública, no-tadamente a Fazenda Nacional, como braço do Estado brasileiro, este último agente normativo e regulador da atividade econômica, busque

---

[6] COELHO, Fábio Ulhôa. *Comentários à Lei de Falências e de Recuperação de Empresas.* 8. ed. p. 173-188

[7] *Comentários à Lei de Recuperação de Empresas e Falência.* São Paulo: Saraiva Jur, 2018. p. 370.

eliminar desvios na concorrência. E, embora não seja função típica do Fisco escoimar abusos ao direito à livre concorrência, não pode este permitir desvios decorrentes da contumácia do devedor no pagamento dos tributos ou outros créditos públicos devidos. Deve, portanto, lançar mão dos mecanismos necessários tanto para a cobrança do crédito quanto para eliminar os desvios à liberdade na concorrência entre particulares.

De outra parte, ao menos na sistemática do revogado Decreto-Lei nº 7.661/1945, qualquer impontualidade poderia dar azo ao pedido de falência do devedor. E é quase impossível, entre os empresários em crise, quem não deva ao Fisco, seja federal, estadual ou municipal. Mesmo com a atual lei, ao aumentar o limite para quarenta salários mínimos, não pareceria um limite proibitivo, em especial ao credor público.

Assim, a prática indiscriminada de somar, ao executivo fiscal, o pedido de falência do devedor, multiplicaria por certo os pedidos, e muitas das sociedades empresárias certamente teriam o feito falimentar deferido, por não terem condições de efetuarem o depósito elisivo.

Embora, na sistemática atual, a falência por impontualidade tenha recebido um filtro (o valor mínimo do crédito), ainda assim é comum encontrar executivos fiscais frustrados[8], de modo que haveria inegável acréscimo nos pedidos e nos deferimentos dos pedidos falimentares.

Nessa ordem de ideias, necessário se faz uma solução que garanta, ao menos em casos crônicos, a possibilidade de o credor público requerer judicialmente a falência do devedor.

Pensando nesse cenário, o Legislador, ao reformar a LREF, por meio da Lei nº 14.112, de 2020, trouxe expressamente ao menos duas possibilidades de o Fisco requerer judicialmente a convolação da recuperação judicial em falência.

São as seguintes possibilidades:

> *Art. 73. O juiz decretará a falência durante o processo de recuperação judicial:*
> *I – por deliberação da assembléia-geral de credores, na forma do art. 42 desta Lei;*

---

[8] Em verdade, segundo dados do IPEA, em somente 15% (quinze por cento) das Execuções Fiscais é realizado algum tipo de penhora de bens, e somente em 0,2% (dois décimos por cento) dessas penhoras há a satisfação integral do crédito fiscal (BRASIL. Custo Unitário do Processo de Execução Fiscal na Justiça Federal. Instituto de Pesquisa Econômica Aplicada. Brasília, 2011).

II – pela não apresentação, pelo devedor, do plano de recuperação no prazo do art. 53 desta Lei;

III – quando não aplicado o disposto nos §§ 4º, 5º e 6º do art. 56 desta Lei, ou rejeitado o plano de recuperação judicial proposto pelos credores, nos termos do § 7º do art. 56 e do art. 58-A desta Lei; (Redação dada pela Lei nº 14.112, de 2020)

IV – por descumprimento de qualquer obrigação assumida no plano de recuperação, na forma do § 1º do art. 61 desta Lei.

V – por descumprimento dos parcelamentos referidos no art. 68 desta Lei ou da transação prevista no art. 10-C da Lei nº 10.522, de 19 de julho de 2002; e (Incluído pela Lei nº 14.112, de 2020)

VI – quando identificado o esvaziamento patrimonial da devedora que implique liquidação substancial da empresa, em prejuízo de credores não sujeitos à recuperação judicial, inclusive as Fazendas Públicas. (Incluído pela Lei nº 14.112, de 2020)

§ 1º. O disposto neste artigo não impede a decretação da falência por inadimplemento de obrigação não sujeita à recuperação judicial, nos termos dos incisos I ou II do caput do art. 94 desta Lei, ou por prática de ato previsto no inciso III do caput do art. 94 desta Lei. (Redação dada pela Lei nº 14.112, de 2020)

§ 2º A hipótese prevista no inciso VI do caput deste artigo não implicará a invalidade ou a ineficácia dos atos, e o juiz determinará o bloqueio do produto de eventuais alienações e a devolução ao devedor dos valores já distribuídos, os quais ficarão à disposição do juízo. (Incluído pela Lei nº 14.112, de 2020)

§ 3º Considera-se substancial a liquidação quando não forem reservados bens, direitos ou projeção de fluxo de caixa futuro suficientes à manutenção da atividade econômica para fins de cumprimento de suas obrigações, facultada a realização de perícia específica para essa finalidade. (Incluído pela Lei nº 14.112, de 2020)

Atualmente, então, há, ao menos, possibilidade expressa de a Fazenda Pública requerer a convolação da recuperação judicial em falência.

As duas primeiras possibilidades de convolação dizem respeito à rescisão do parcelamento e da transação tributárias deferidas de forma específica às empresas em recuperação judicial. Tais formas de equacionamento do passivo fiscal são mais vantajosas que os parcelamentos e as transações disponíveis para os demais contribuintes pessoas jurídicas, justamente pela compreensão da difícil situação em que o devedor se encontra.

Se, mesmo com condições únicas, como planos de pagamentos alongados, ou com descontos, ou com a possibilidade de deduzir do montante parcela dos prejuízos fiscais acumulados, ainda assim o devedor não conseguir regularizar sua situação, tem-se uma presunção legal de que a recuperação da sociedade empresária é impossível, e não resta outra alternativa senão a falência.

Já a terceira hipótese, e que no presente estudo ganha relevo, diz respeito aos casos de esvaziamento patrimonial da devedora que implique liquidação substancial da empresa.

Esse esvaziamento ocorre, no mais das vezes, dentro da própria recuperação judicial. Isso porque o Plano de Recuperação pode prever a alienação de unidades produtivas do devedor. Desse modo, de acordo com o texto legal, quando não forem reservados bens, direitos ou rendas futuras suficientes à continuidade da operação, efetivamente a Fazenda Pública, que não submete seus créditos à recuperação judicial, pode pedir a convolação da recuperação em falência.

Embora o comum seja que a alienação de unidades produtivas esteja prevista no Plano de Recuperação Judicial e se dê através de leilão judicial, é possível que que a recuperanda aliene bens extrajudicialmente. Isso pode ocorrer de maneira lícita (quando o bem alienado não faz parte do Plano) ou mesmo ilicitamente (quando o bem faz parte do Plano, mas sua alienação se dá à revelia do conhecimento dos demais credores ou outros interessados). Assim, nada impede que o esvaziamento patrimonial ocorra fora da recuperação judicial. Até mesmo casos fortuitos ou de força maior, como um desastre natural ou um incêndio que afete as instalações do empresário, podem comprometer a solvabilidade e o cumprimento do Plano, e devem ser considerados, para fins de requerimento de falência.

Ainda, digno de nota que o § 1º, embora tenha sido apenas renumerado (antes da reforma era o parágrafo único), ganhou novo significado, ao prever que a convolação da Recuperação Judicial em Falência não impede a decretação da falência direta, por inadimplemento de obrigação não sujeita à recuperação judicial, nos termos dos incisos I (impontualidade no pagamento de dívida), II (execução frustrada), ou por prática de atos tidos por falimentares, previstos no inciso III do *caput* do art. 94 da LREF, embora não se possa confundir a mera impontualidade (inciso I) com a insolvência do devedor.

Conclui-se que, para harmonizar o contido neste § 1º com a jurisprudência sedimentada do e. STJ (embora tomada em contexto legislativo diferente), a interpretação que melhor atende os interesses do Fisco, e ao mesmo tempo resguarda as empresas em crise, é aquela que conjuga os diferentes incisos do artigo 94 da LREF, com a existência de atos de disposição patrimonial que reflitam na impossibilidade de a empresa, com seu fluxo de caixa, seu patrimônio e sua perspectiva de renda futura, adimplir o crédito fiscal.

Em outras palavras, a atualização da LREF reforça que a falência pode ser requerida pelo credor público, quando identificado o esvaziamento patrimonial, o que se coaduna à ideia de insolvência. Isso porque, se o Fisco pode requerer a convolação em falência da recuperação judicial em que houver liquidação substancial do patrimônio do devedor, não se consegue ver óbice que o mesmo Fisco possa requerer do mesmo devedor a falência, sem prévia recuperação judicial, no mesmo caso de diminuição patrimonial substancial, que comprometa a solvência do devedor.

Tal comprometimento na solvência do devedor pode ser traduzida tanto na frustração da execução fiscal quanto na prática de atos de falência, que nada mais são que práticas de disposição patrimonial heterodoxas, visando distribuir o patrimônio e, assim, não deixar recursos suficientes para o pagamento dos demais credores – incisos II e III do artigo 94 da LREF.

Ainda antes da reforma da legislação falimentar, já havia quem se posicionasse pela adequação dos pedidos de falência pelo Fisco, nos casos acima mencionados, não admitindo, todavia, quanto ao pedido de falência fundado na mera impontualidade:

> *Entretanto, em sendo o exigível crédito tributário e restando infrutífera a cobrança pela Execução Fiscal, por qual razão não se aplicariam os artigos da Lei de Falências referentes à execução frustrada? Assim como, caso constatado pelo agente público a ocorrência de qualquer dos atos ruinosos previstos no artigo 94, II da Lei 11.101/200561, seja no curso da Execução Fiscal, seja no âmbito de processo administrativo regulado por lei, por qual motivo não estará justificado o interesse no pedido de falência?*
>
> *(...)*
>
> *De fato, resta afastado o interesse de agir do Fisco para a decretação da falência com base na simples impontualidade. Mas é inegável que existe o interesse jurídico geral da Fazenda Pública em iniciar o processo falimentar com base na execução frustrada ou diante da comprovação de atos de falência. Seja para fazer cessar as atividades e proteger o mercado contra o abuso econômico dos devedores tributários, seja para preservar a isonomia dos credores em concurso junto ao Juízo universal[9].*

---

[9]   MENDES, Thayana Félix; BRÍGIDO, Thiago Cioccari. Legitimidade da Fazenda Pública para postular a falência do devedor tributário: a função social da

Agora, com a positivação do pedido de falência baseado no esvaziamento patrimonial que implique liquidação substancial da sociedade empresária devedora, em prejuízo ao credor público – expressamente, no caso de pedido incidental em processo de recuperação judicial, e implicitamente, no caso de pedido autônomo, posto que presente a mesma *ratio* – parece que o Fisco pode, nos casos de execução fiscal frustrada, e na ocorrência de atos de falência, requerer a quebra do devedor.

Mutatis mutandis, em recente caso, o e. TJSP reformou decisão que afastava a legitimidade de o Fisco requerer a falência do devedor. Entendeu-se que, no caso, a frustração no recebimento do crédito por meio do executivo fiscal, aliado ao flagrante esvaziamento patrimonial (clara insuficiência do ativo para saldar o passivo), além da sujeição do Fisco a um concurso de credores material (visto que seu crédito não é privilegiado, como são, por exemplo, aos créditos trabalhistas), eram circunstâncias que traduziam interesse processual ao requerimento de falência, feito pelo credor público. Confira-se a ementa do julgamento:

> *Falência. Pedido formulado pela União Federal. Sentença que indeferiu a petição inicial e julgou extinto o feito, sem julgamento do mérito, por falta de interesse de agir da Fazenda Pública. Hipótese de anulação. Pedido de falência com base no art. 94, II, da Lei nº 11.101/05. Caso concreto em que restou frustrada a execução fiscal. Esgotamento dos meios disponíveis à União para satisfação do crédito. Interesse de agir. Hipótese que não configura violação aos princípios da impessoalidade e da preservação da empresa. Efeitos de eventual decretação de falência relevantes para a preservação da livre concorrência, em combate aos agentes econômicos nocivos ao mercado. Fazenda Pública que se submete ao concurso material de credores, e, portanto, também tem interesse no pedido de quebra. Apelação provida para anular a sentença (TJSP, Apelação Cível 1001975-61.2019.8.26.0491, Rel. Alexandre Lazzarini, 1ª Câmara Reservada de Direito Empresarial, por maioria, j. 16.07.2020).*

4.   CONCLUSÃO

Embora ainda haja divergência doutrinária acerca da possibilidade de a Fazenda Pública poder requerer a falência do devedor, e o e. STJ tenha precedentes no sentido da impossibilidade, há, com o advento da

---

empresa e o interesse jurídico no *par conditio creditorium. Revista da PGFN*, ano 1, n. 3, p. 229-252, 2012.

reforma da LREF, operada pela Lei nº 14.112/20, uma possibilidade de nova leitura sobre o tema.

Isso porque a reforma trouxe expressamente, nos casos em que identificados atos de esvaziamento patrimonial, a possibilidade de a Fazenda Pública requerer a convolação da recuperação judicial em falência. Utilizando-se a mesma razão de ser, deve-se franquear a possibilidade de o Fisco requerer, no caso de identificação de esvaziamento patrimonial, a falência do devedor, quando tal liquidação for verificada em execução fiscal frustrada (artigo 94, II, da LREF)z e quando a devedora praticar atos de diversionismo patrimonial (artigo 94, III, da LREF), que impliquem na insolvência da devedora, particularmente quando empregado meio fraudulento para sua consecução.

REFERÊNCIAS

BEZERRA FILHO, Manoel Justino. *Nova Lei de Recuperação e Falências comentada*. 3. ed. São Paulo: Revista dos Tribunais, 2005.

COELHO, Fábio Ulhôa. *Comentários à Lei de Falências e de Recuperação de Empresas*. 8.ed. São Paulo: Revista dos Tribunais, 2011.

COMPARATO, Fábio Konder. Falência – legitimidade da fazenda pública para requerê-la. *Revista dos Tribunais*, São Paulo: Revista dos Tribunais, n. 442, ago. 1972.

MENDES, Thayana Felix; BRÍGIDO, Thiago Cioccari. Legitimidade da Fazenda Pública para postular a falência do devedor tributário: a função social da empresa e o interesse jurídico no p*ar conditio creditorium*. *Revista da PGFN*, ano 1, n. 3, p. 229-252, 2012.

RAMOS, André Luiz Santa Cruz. *Direito empresarial esquematizado*. 4. ed. rev., atual. e ampl. Rio de Janeiro: Forense; São Paulo: Método, 2014.

REQUIÃO, Rubens Requião. *Curso de direito falimentar*. 12. ed. 1º vol., nº 72, p. 95.

SACRAMONE, Marcelo Barbosa. *Comentários à Lei de Recuperação de Empresas e Falência*. São Paulo: Saraiva Jur, 2018.

SOUZA JÚNIOR, Francisco Satiro de; PITOMBO, Antônio Sérgio A. de Moraes. *Comentários à Lei de Recuperação de Empresas e Falência*: Lei 11.101/2005. São Paulo: Revista dos Tribunais, 2007.

Capítulo VII

DOS EFEITOS DA DECRETAÇÃO DA FALÊNCIA EM RELAÇÃO À COBRANÇA DO CRÉDITO TRIBUTÁRIO

Isadora Rassi Jungmann

Sumário: 1. Introdução – 2. Das garantias e dos privilégios do crédito tributário – 3. Do juízo universal da falência – 4. Do incidente de classificação do crédito público – 5. Das garantias previstas no incidente de classificação de crédito – 6. Dos efeitos sobre as garantias e depósitos existentes – 7. Dos depósitos judiciais – 8. Conclusão – Referências .

1.   INTRODUÇÃO

A Lei nº 14.112, de 24 de dezembro de 2020, alterou as Leis 11.101, de 9 de fevereiro de 2005, 10.522, de 19 de julho de 2002, e 8.929, de 22 de agosto de 1994, para atualizar a legislação referente à recuperação judicial, à recuperação extrajudicial e à falência do empresário e da sociedade empresária, apresentando modificações significativas no tocante à cobrança do crédito público.

No que diz respeito ao processo falimentar, a previsão de formas mais céleres de liquidação de ativos, a previsão do *"fresh start"* ao falido e o regramento de procedimento específico de atuação do Fisco dentro do feito, dão balizamento ao intérprete para que aplique a norma de forma uniforme e transparente, garantindo-se a celeridade desejada pelo legislador.

Na égide do Decreto-Lei nº 7.661/1945, o crédito fiscal sequer era expressamente mencionado nos dispositivos que determinavam a classificação dos créditos.

Posteriormente, a partir da vigência da Lei nº 11.101/2005, o crédito tributário passou a ser previsto expressamente na norma, mas o procedimento a ser adotado pelas Fazendas Públicas dentro do concurso de credores não era explícito, o que gerava enorme insegurança jurídica e litígios que paralisavam o feito e contribuíam para a demora na prestação jurisdicional.

Diversos julgados do Superior Tribunal de Justiça sinalizaram para impedir a chamada "*dupla garantia*"[1], dificultando a satisfação do crédito público dentro da ação falimentar. A atuação das Fazendas Públicas não era uniforme, adaptando-se os credores fiscais ao melhor procedimento aceito pelo Tribunal local.

A inserção do artigo 7º-A na Lei 11.101/2005, prevendo o incidente de classificação do crédito das Fazendas Públicas, traz uniformidade de procedimento e servirá de norte na atuação em todo território nacional, eliminando qualquer dúvida acerca da forma correta de inclusão dos créditos fiscais no quadro-geral de credores.

Além disso, se a intenção da alteração legislativa for possibilitar celeridade e eficiência aos processos de insolvência empresarial, garantindo ampla colaboração dos credores, acertou o legislador ao incluir a participação ativa das Fazendas Públicas no processo falimentar, com previsão de intimação pessoal, contribuindo para a lisura e transparência dos feitos.

2. DAS GARANTIAS E DOS PRIVILÉGIOS DO CRÉDITO TRIBUTÁRIO

O artigo 183 do CTN, inaugura o capítulo que trata das garantias e dos privilégios dos créditos tributários, tendentes a resguardar a satisfação do interesse público, garantindo maior efetividade e segurança jurídica.

Conforme ensinam Maria Helena Rau de Souza e Marcelo Guerra Martins[2]:

> *A superioridade do interesse público com relação ao privado, bem como o reconhecimento da essencialidade das receitas tributárias à manutenção do Estado (cf. art. 37, XXII da Constituição, com a reda-*

---

[1] A Primeira Seção do STJ afetou ao rito dos recursos especiais repetitivos o Tema 1.092: Possibilidade de a Fazenda Pública habilitar em processo de falência crédito tributário objeto de execução fiscal em curso (REsp 1.872.759/SP, REsp 1.891.836/SP, REsp 1.907.397/SP – Tema 1092).

[2] FREITAS, Vladimir Passos de (coord.). *Código Tributário Nacional comentado*: doutrina e jurisprudência, artigo por artigo, inclusive ICMS e ISS. 5. ed. rev., atual. e ampl. São Paulo: Revista dos Tribunais, 2011.

ção da Emenda 42/2003), fundamenta e autoriza o legislador conferir ao crédito tributário uma série de garantias, privilégios e preferências.

Conforme define Paulo de Barros Carvalho, citado por Luiz Henrique Teixeira da Silva[3]:

> *Por garantias devemos entender os meios jurídicos assecuratórios que cercam o direito subjetivo do Estado de receber a prestação do tributo. E por privilégios, a posição de superioridade de que desfruta o crédito tributário, em relação aos demais, excetuando-se os decorrentes da legislação do trabalho. Vê-se aqui, novamente, a presença daquele princípio implícito, mas de grande magnitude, que prescreve a supremacia do interesse público.*

Como reflexo da supremacia do interesse público, conferindo privilégio ao crédito público, temos a disposição do artigo 186 do CTN, que estabelece a preferência do credor tributário diante da coexistência de créditos em face do mesmo devedor, cedendo lugar apenas aos créditos decorrentes da legislação do trabalho ou do acidente do trabalho.

A regra sofrerá mitigação quando estivermos diante do concurso universal. Isso porque, enquanto na execução contra devedor solvente a preferência do crédito tributário se sobressai ao do credor com garantia real[4], tal situação foi excepcionada pelo regra do parágrafo único do art. 186 do CTN.

Por sua vez, o artigo 187 do CTN, prevê que a cobrança judicial do crédito tributário não se sujeita a concurso de credores. No mesmo sentido, a regra do art. 29 da Lei nº 6.830/1980, ao prever que a cobrança judicial da Dívida Ativa não é sujeita a concurso de credores ou habilitação em falência, recuperação judicial, concordata, inventário ou arrolamento[5].

---

3   MELO FILHO, João Aurino de (coord.); CHUCRI, Augusto Newton et al. *Execução fiscal aplicada*: análise pragmática do processo de execução fiscal. 8. ed. rev., ampl. e atual. Salvador: JusPodivm, 2020. p. 193.

4   AgRg no REsp 1.117.667/RS, Rel. Min. Benedito Gonçalves, Primeira Turma, j. 02.08.2011, *DJe* 05.08.2011.

5   O Supremo Tribunal Federal no ADPF nº 357, julgado em 24/06/2021, declarou a não recepção pela Constituição da República de 1988 das normas previstas no parágrafo único do art. 187 do Código Tributário Nacional e do parágrafo único do art. 29 da Lei nº 6.830/1980, por contrariedade ao princípio federativo que não reconhece hierarquia entre os entes da Federação.

Com efeito, a Lei nº 6.830/80 disciplina a cobrança judicial da Dívida Ativa da Fazenda Pública, prevendo a execução fiscal como via autônoma e independente de cobrança.

Na prática esse conjunto normativo possibilita que o credor fiscal ajuíze a sua ação de cobrança, independentemente da instauração de um concurso universal de credores, podendo executar diretamente o espólio, a massa falida ou os sucessores, conforme previsão do artigo 4º da Lei nº 6.830/1980.

Nos casos em que a falência é superveniente ao ajuizamento da execução fiscal, a pessoa jurídica original pode ser substituída pela massa falida, representada pelo administrador judicial. Isso porque a massa falida possui apenas personalidade judiciária, para o fim de legitimar o administrador judicial a promover, no interesse dos credores, a administração do universo de direitos e obrigações deixadas pelo falido.

Referido entendimento restou sedimentado no Recurso Especial nº 1.372.243/SE[6], representativo de controvérsia, que decidiu, em homena-

---

[6] "Tributário e processual civil. Recurso especial representativo da controvérsia. Art. 543-C do CPC. Resolução n. 8/2008 do STJ. Execução fiscal ajuizada contra pessoa jurídica empresarial. Falência decretada antes da propositura da ação executiva. Correção do polo passivo da demanda e da CDA. Possibilidade, a teor do disposto nos arts. 284 do CPC e 2º, § 8º, da Lei n. 6.830/80. Homenagem aos princípios da celeridade e economia processual. Inexistência de violação da orientação fixada pela Súmula 392 do Superior Tribunal de Justiça. 1. Na forma dos precedentes deste Superior Tribunal de Justiça, **'a mera decretação da quebra não implica extinção da personalidade jurídica do estabelecimento empresarial. Ademais, a massa falida tem exclusivamente personalidade judiciária, sucedendo a empresa em todos os seus direitos e obrigações.** Em consequência, **o ajuizamento contra a pessoa jurídica, nessas condições, constitui mera irregularidade, sanável nos termos do art. 284 do CPC e do art. 2º, § 8º, da Lei 6.830/1980'** (REsp 1.192.210/RJ, Rel. Min. Herman Benjamin, Segunda Turma, *DJe* 4/2/2011). 2. De fato, por meio da ação falimentar, instaura-se processo judicial de concurso de credores, no qual será realizado o ativo e liquidado o passivo, para, após, confirmados os requisitos estabelecidos pela legislação, promover-se a dissolução da pessoa jurídica, com a extinção da respectiva personalidade. A **massa falida, como se sabe, não detém personalidade jurídica, mas personalidade judiciária – isto é, atributo que permite a participação nos processos instaurados pela empresa, ou contra ela, no Poder Judiciário.** Nesse sentido: REsp 1.359.041/SE, Rel. Ministro Castro Meira, Segunda Turma, julgado em 18/6/2013, *DJe* 28/6/2013; e EDcl no REsp 1.359.259/SE, Rel. Ministro Mauro Campbell Marques, Segunda Turma, julgado em 2/5/2013, *DJe* 7/5/2013. 3. Desse modo, afigura-se equivocada a compreensão segundo a

gem aos princípios da celeridade e da economia processual, ser possível a regularização do polo passivo da ação executiva, sem ferir a orientação da Súmula 392 do STJ[7], que não permite a modificação do sujeito passivo da execução.

Ainda no tocante às garantias do crédito tributário que se relacionam com o processo falimentar, podemos citar a disposição do artigo 191 do CTN, que exige a prova de quitação dos tributos para a extinção das obrigações do falido[8].

---

qual a retificação da identificação do polo processual – com o propósito de fazer constar a informação de que a parte executada se encontra em estado falimentar – implicaria modificação ou substituição do polo passivo da obrigação fiscal. 4. Por outro lado, atentaria contra os princípios da celeridade e da economia processual a imediata extinção do feito, sem que se facultasse, previamente, à Fazenda Pública oportunidade para que procedesse às retificações necessárias na petição inicial e na CDA. 5. Nesse sentido, é de se promover a correção da petição inicial, e, igualmente, da CDA, o que se encontra autorizado, a teor do disposto, respectivamente, nos arts. 284 do CPC e 2º, § 8º, da Lei n. 6.830/80. 6. Por fim, cumpre pontuar que **o entendimento ora consolidado por esta Primeira Seção não viola a orientação fixada pela Súmula 392 do Superior Tribunal Justiça, mas tão somente insere o equívoco ora debatido na extensão do que se pode compreender por 'erro material ou formal', e não como 'modificação do sujeito passivo da execução', expressões essas empregadas pelo referido precedente sumular**. 7. Recurso especial provido para, afastada, no caso concreto, a tese de ilegitimidade passiva ad causam, determinar o retorno dos autos ao Juízo de origem, a fim de que, facultada à exequente a oportunidade para emendar a inicial, com base no disposto no art. 284 do CPC, dê prosseguimento ao feito como entender de direito. Acórdão submetido ao regime estatuído pelo art. 543-C do CPC e Resolução STJ 8/2008" (grifamos, REsp 1.372.243/SE, Rel. Min. Napoleão Nunes Maia Filho, Rel. p/ acórdão Min. Og Fernandes, Primeira Seção, j. 11.12.2013, *DJe* 21.03.2014).

[7]   Súmula 392 do STJ: "A Fazenda Pública pode substituir a certidão de dívida ativa (CDA) até a prolação da sentença de embargos, quando se tratar de correção de erro material ou formal, vedada a modificação do sujeito passivo da execução".

[8]   Importante mencionar que o Supremo Tribunal Federal, pelo menos em duas oportunidades, manifestou-se sobre a exigência do artigo 191 do CTN, decidindo pela necessidade da quitação dos tributos como requisito para a extinção das obrigações do falido: "Falência. Extinção das obrigações. Termo inicial do quinquênio legal. Necessidade de prova, pelo falido, de quitação com as fazendas. Recurso extraordinário conhecido, mas não provido" (**RE 89.993**, Rel. Xavier de Albuquerque, Primeira Turma, j. 11.12.1979, *DJ*

Sobre o tema[9], enquanto não houver alteração legislativa, entendemos que prevalecem as conclusões do Parecer Conjunto PGFN/CRJ/CDA nº 06/2017:

> *22. Nesse contexto, parece-nos que, por mais que se possa questionar a opção legislativa[10] (que não é recente) refletida no art. 191 do CTN, tal dispositivo é unívoco o suficiente para afastar a possibilidade de interpretação que, sem apontar nenhuma inconstitucionalidade, implique autorização da extinção das obrigações do falido sem qualquer exigência de comprovação da regularidade fiscal.*
>
> *23. A propósito, observa-se que a constitucionalidade do art. 191 do CTN já foi questionada ao menos numa oportunidade perante o STF, que, todavia, não examinou o mérito de tal alegação. Vide, a esse respeito, o ARE 831261, relator Min. Ricardo Lewandowski.*

21.12.1979, pp-09665, *Ement* vol-01158-04, p-00986). No mesmo sentido: **RE 64.196/GB e RE 68.965**.

[9] O c. Superior Tribunal de Justiça possui precedentes, em sentido contrário ao defendido, julgados sob a égide do Decreto-Lei nº 7.661/45: **REsp 834.932/MG**, Rel. Min. Raul Araújo, Quarta Turma, j. 25.08.2015, *DJe* 29.10.2015 e **REsp 1.426.422/RJ**, Rel. Min. Nancy Andrighi, Terceira Turma, j. 28.03.2017, *DJe* 30.03.2017. Por outro lado, **no âmbito dos Tribunais de Justiça existem diversos julgados reconhecendo a validade da disposição do Código Tributário Nacional**. Podemos citar: **TJSP** – Apelação Cível 0000868-47.2015.8.26.0100; Relator (a): Ana Maria Baldy; Órgão Julgador: 6ª Câmara de Direito Privado; Data do Julgamento: 04/04/2019; **TJMG** – Apelação Cível 1.0456.99.004428-5/001, Relator(a): Des.(a) Dárcio Lopardi Mendes , 4ª CÂMARA CÍVEL, julgamento em 22/08/2019, publicação da súmula em 27/08/2019; **TJDFT** – 5ª Turma Cível, Processo: 20120110495219APC, APC -Apelação Cível, Relator(a): JOÃO EGMONT, julgado em 21/08/2013, DJe de 26/08/2013; **TJ-RJ** – APELAÇÃO APL 01114266320108190001 RIO DE JANEIRO CAPITAL 3 VARA EMPRESARIAL, data de publicação 02/08/2013; **TJRS** – Apelação Cível Nº 70072766504, Sexta Câmara Cível, Relator: Elisa Carpim Corrêa, Julgado em 30/03/2017; **TJRS** – Agravo de Instrumento Nº 70057154957, Sexta Câmara Cível, Sylvio José Costa da Silva Tavares, Julgado em 31/07/2014.

[10] Não desconhecemos os argumentos de parcela da doutrina empresarial no sentido de que esse tipo de óbice é prejudicial à economia do país (e à própria arrecadação tributária, na medida em que não atingiria os fins a que se pretende, por ausência de patrimônio do falido, e impediria o surgimento de novos tributos), inviabilizando, em muitos casos, o retorno do falido ao exercício de atividades empresariais, com o denominado *fresh start*. Todavia, entendemos que tal debate deve ser travado no âmbito do Poder Legislativo, de *lege ferenda*, não cabendo nem ao Poder Judiciário nem à PGFN discutir o mérito das opções legislativas.

24. Feitas tais considerações, entendemos que a extinção das obrigações do(s) falido(s), bem como a cessação dos efeitos da decretação da falência, somente poderá ser requerida quando extintos (provavelmente por prescrição) os créditos tributários (bem com os não tributários inscritos em dívida ativa), recomendando, assim, que, diante do pedido a que se refere o art. 159 da Lei nº 11.101/2005, o juízo exija a apresentação de CND de todos os entes federativos em que o falido tinha estabelecimento.

25. E nem se diga que o art. 191 implica sanção de caráter perpétuo, uma vez que, conforme será abordado mais adiante, o destino natural (isto é, a "regra") do crédito fiscal não adimplido antes do encerramento da falência é o de extinção por prescrição, o que aparentemente só não vem ocorrendo a contento em razão de indefinições a respeito do termo inicial para retomada o curso desse prazo, após o encerramento da falência.

O art. 31 da Lei nº 6.830/1980 também trata de garantia ao crédito fiscal, que consiste em exigir a prova de quitação da Dívida Ativa ou a concordância da Fazenda Pública, antes da alienação judicial nos processos de falência, concordata, liquidação, inventário, arrolamento ou concurso de credores[11].

Nesse aspecto andou bem o legislador da reforma da Lei nº 11.101/2005 ao acrescentar o § 7º ao art. 142, para prever a necessidade de intimação, em qualquer modalidade de alienação, do Ministério Público e das Fazendas Públicas, sob pena de nulidade.

3. DO JUÍZO UNIVERSAL DA FALÊNCIA

A Lei nº 11.101/2005 prevê, em seu art. 76, a universalidade do juízo falimentar, estabelecendo a regra da indivisibilidade e da unicidade, definindo a competência do juízo para conhecer todas as ações sobre bens, interesses e negócios do falido.

Ao dispor que "o juízo da falência é indivisível e competente para conhecer todas as ações sobre bens, interesses e negócios do falido", a

---

[11] Luis Henrique Teixeira da Silva aduz ser "impossível negar sua característica de verdadeira garantia, impedindo que se dissipe patrimônio sem que (1) haja autorização judicial e (2) se apresente certidão de quitação fiscal (não se falando em mera regularidade, ou seja, a certidão exigida é a negativa) **ou a Fazenda Pública tenha possibilidade de intervir e manifestar-se quanto à alienação de bens em processos liquidatórios ou concorrenciais"** (MELO FILHO, João Aurino. *Execução fiscal aplicada*. 8. ed. Salvador: JusPodivm, 2020. p. 227).

lei falimentar refere-se à unicidade processual (competência do Juízo falimentar[12]). Por outro lado, ao prever o concurso de credores, com a hierarquia de preferências previstas na norma, o legislador impõe a universalidade material ou obrigacional.

Conforme leciona Daniel Carnio[13]:

> *Com esta regra, objetiva-se conhecer com profundidade a situação em que se encontram as finanças do devedor e quais são seus credores, para garantir que os créditos serão classificados e satisfeitos respeitada a ordem prevista nesta Lei, e para que sejam proferidas as decisões mais acertadas para cada situação.*

Já ensinava Rubens Requião[14] que a universalidade "reúne todos os bens e todos os interesses dos credores, e do devedor, sob a égide do interesse público, sob uma única e indivisível jurisdição, que por isso mesmo é dito *juízo universal da falência*."

A universalidade, contudo, não é absoluta. A Lei nº 11.101/2005 prevê exceções ao concurso material, nos art. 84 e 85, ao dispor sobre as restituições e os créditos extraconcursais, uma vez que satisfeitos antes dos credores concursais, conforme expressamente prevê o art. 149. Além da previsão do instituto da compensação, na forma do art. 122, possibilitando o encontro de contas quando houver reciprocidade da obrigação e a liquidez e certeza dos débitos[15].

---

[12] Art. 3º da Lei 11.101/05: "É **competente** para homologar o plano de recuperação extrajudicial, deferir a recuperação judicial ou **decretar a falência o juízo do local do principal estabelecimento do devedor** ou da filial de empresa que tenha sede fora do Brasil" (destacamos).

[13] COSTA, Daniel Carnio; MELO, Alexandre Correa Nasser de. *Comentários à Lei de Recuperação de Empresas e Falência*: Lei 11.101, de 09 de fevereiro de 2005. Curitiba: Juruá, 2021.

[14] *Curso de direito falimentar*. São Paulo: Saraiva, 1998. v. 1, p. 97.

[15] "2. A compensação de créditos, embora prevista no direito comum e também no direito concursal, há de ser aplicada com redobradas cautelas quando se trata de processo falimentar, uma vez que **significa a quebra da par conditio creditorum**, que deve sempre reger a satisfação das dívidas contraídas pela falida. **Operada a compensação, a Massa deixa de receber determinado valor** (o que em si já é prejudicial), **ao passo que o credor é liberado de observar a respectiva classificação de seu crédito** (o que, por derradeiro, atinge também os interesses dos demais credores). Em suma, a compensação de créditos no processo falimentar coloca sob a mesma dogmática jurídica o pagamento de débitos da falida e o recebimento de créditos pela massa

Por sua vez, a parte final do art. 76 define as exceções ao juízo indivisível falimentar, prevendo expressamente que as causas fiscais são excluídas do concurso formal (processual) instaurado com a decretação da falência. Ou seja, as execuções fiscais permanecem nos juízos competentes, não sendo atraídas ao juízo falimentar, assim como as causas trabalhistas e as ações em que o falido figure como autor ou litisconsorte ativo, estas últimas desde que não tratem de ações tipicamente falimentares.

Na hipótese do crédito fiscal, antes da alteração promovida pela Lei nº 14.112/20, só havia na lei menção à classificação do crédito tributário, mas não era expresso o procedimento pelo qual as Fazendas Públicas poderiam exercer seu direito material de cobrança dentro da falência.

Os julgados do c. STJ passaram a replicar a tese de que as Fazendas Públicas deveriam optar por habilitar seu crédito dentro da falência ou prosseguir nas execuções fiscais.

Por outro lado, a redação do art. 187 do CTN é clara ao prever que cobrança judicial do crédito tributário não é sujeita a habilitação em falência.

A melhor interpretação ao tema parece ter sido dada pelo Acórdão proferido pela Primeira Turma do c. STJ, no Recurso Especial nº 1831186/SP[16], que efetivamente analisou a questão da dupla garantia.

---

falida, situações que ordinariamente obedecem a sistemas bem distintos" (destacamos, REsp 1.121.199/SP, Rel. Min. Raul Araújo, Rel. p/ acórdão Min. Luis Felipe Salomão, Quarta Turma, j. 10.09.2013, *REPDJe* 12.02.2014, *DJe* 28.10.2013).

[16] "Tributário. Processual civil. Código de Processo Civil de 2015. Aplicabilidade. Violação ao art. 1.022 do CPC. Inexistência. Pedido de habilitação de crédito tributário no juízo universal. **Coexistência com a execução fiscal desprovida de penhora. Possibilidade. Dupla garantia**. Inocorrência. (...) III – A **ação executiva fiscal não representa, por si só, uma garantia para o credor, porquanto essa salvaguarda somente se concretiza com a penhora ou a indisponibilidade de bens e direitos**. Precedentes. IV – **Revela-se cabível a coexistência da habilitação de crédito em sede de juízo falimentar com a execução fiscal desprovida de garantia, desde que a Fazenda Nacional se abstenha de requerer a constrição de bens em relação ao executado que também figure no polo passivo da ação falimentar**. V – Recurso especial parcialmente provido, reformando o acórdão recorrido para determinar o processamento do incidente de habilitação de crédito no juízo falimentar, nos termos da fundamentação" (destacamos, REsp 1.831.186/SP, Rel. Min. Napoleão Nunes Maia Filho, Rel. p/ acórdão Min. Regina Helena Costa, Primeira Turma, j. 26.05.2020, *DJe* 19.06.2020).

De acordo com o entendimento esposado no Voto-Vista proferido pela e. Ministra Regina Helena Costa, "obstar a coexistência da ação executiva fiscal e da habilitação de crédito no juízo falimentar malfere os arts. 187 do CTN, 5º e 29 da LEF, bem como os arts. 6º e 7º da Lei n. 11.101/2005", dispositivos que garantem a autonomia da Lei de Execução Fiscal, sem comprometer os princípios da Lei Falimentar, bem como o princípio da efetividade da prestação jurisdicional[17].

Conforme ensina Marcelo Sacramone[18]:

> *A não submissão à verificação do crédito fiscal na falência, todavia, não implica que a Fazenda fique fora da ordem de pagamento determinada pelos credores em razão da liquidação dos ativos. Embora não sujeitos à verificação processual de crédito, as pessoas jurídicas de direito público com crédito materializado em dívida ativa sujeitam-se materialmente aos rateios do produto da liquidação dos bens, conforme a ordem legal dos créditos prevista nos arts. 83 e 84 da Lei n. 11.101/2005.*

Por fim, importante mencionar que a doutrina expressamente reconhece a sentença falimentar como sendo de natureza constitutiva[19], conforme art. 99 da Lei nº 11.101/2005. Além disso, a partir da decretação da quebra do devedor as relações anteriormente celebradas passam a se submeter a um novo regime jurídico. Haverá dissolução da sociedade empresária e alteração das relações jurídicas preexistentes[20]. O devedor passa a ser considerado insolvente e os credores recebem de acordo com a classificação legal e a paridade de classes[21].

De acordo com Sérgio Campinho,[22] a partir da decretação da falência "instaura-se, um novo estado jurídico, com previsão e regulação legal,

---

[17]   No mesmo sentido: AgInt no REsp 1.857.065/SP, Rel. Min. Herman Benjamin, Segunda Turma, j. 18.08.2020, *DJe* 02.10.2020.

[18]   SACRAMONE, Marcelo Barbosa. *Comentários à Lei de Recuperação de Empresas e Falência*. São Paulo: Saraiva Educação, 2018. p. 83.

[19]   COELHO, Fabio Ulhoa. *Comentários à Lei de Falências e de Recuperação de Empresas*. 11. ed. rev., atual. e ampl. São Paulo: Revista dos Tribunais, 2016.

[20]   FRANCO, Vera Helena de Mello. *Comentários à Lei de Recuperação de Empresas e Falência*: Lei 11.101/2005. Coord. Francisco Satiro de Souza Junior e Antônio Sérgio A. de Moraes Pitombo. São Paulo: Revista dos Tribunais, 2007.

[21]   De acordo com Rubens Requião, a sentença falimentar "cria a massa falida objetiva e a massa falida subjetiva, esta constituída pelos credores e aquela constituída pelo patrimônio do falido, dando-lhe nítido status jurídico" (op. cit., p. 125).

[22]   CAMPINHO, Sérgio. *Curso de direito comercial*: falência e recuperação de empresa. 9. ed. São Paulo: Saraiva Educação, 2018. p. 284.

que se impõe *erga omnes*, a partir do qual se terá uma efetiva mutação não só em relação à pessoa do empresário, mas também em relação a seus bens, contratos e credores".

Nessa ordem de ideias sustentamos que a sentença falimentar é ato judicial que constitui em mora o devedor, interrompendo o prazo prescricional, na forma prevista no art. 174, III, do CTN.

Também defendendo o efeito interruptivo da sentença falimentar, Alberto Camiña Moreira[23]:

> *A marcação de prazo para a habilitação de crédito ou pedido de reserva é mais compatível com a ideia de interrupção do curso da prescrição do que com a ideia de suspensão. Parece que o uso da palavra suspensão não está correto. Assegurado ao credor o prazo de três anos para exercer o direito de ajuizar a habilitação de crédito, tem-se que a sentença declaratória de falência interrompe o prazo prescricional, que volta a correr, agora pelo prazo de três anos, qualquer que seja a pretensão titularizada pelo credor.*
>
> *Na prática falimentar, chegamos a ver uma habilitação de crédito apresentada 18 anos após a declaração de falência. Isso é uma anomalia. É preciso conferir à sentença declaratória de falência o efeito interruptivo do prazo prescricional. Assim compreendido o fenômeno, ter-se-á uma boa contribuição para a não eternização dos processos falimentares.*
>
> *Por certo a proposta andaria mais afeiçoada aos institutos relativos à prescrição se preferisse a interrupção à suspensão, noções essas que já estão consolidadas em nosso direito, mas que a legislação falimentar teima em ignorar.*

4. DO INCIDENTE DE CLASSIFICAÇÃO DO CRÉDITO PÚBLICO

O legislador inseriu na Lei nº 11.101/2005 o artigo 7º-A para prever o Incidente de Classificação de Crédito Público, disciplinando o procedimento a ser seguido pelo credor fiscal para apresentar seu crédito no juízo falimentar, estabelecendo formas e prazos processuais, especificando as competências de cada juízo.

---

[23] INSOLVÊNCIA EM FOCO. A prescrição do crédito na falência e o projeto de reforma da Lei 11.101/2005. *Migalhas*. Disponível em: <https://www.migalhas.com.br/coluna/insolvencia-em-foco/312623/a-prescricao-do-credito-na--falencia-e-o-projeto-de-reforma-da-lei-11-101-05>. Acesso em: 10 abr. 2021.

Percebe-se a clara intenção do legislador de estabelecer critérios objetivos sobre a forma correta de comunicação do crédito público no juízo falimentar, encerrando as discussões sobre a possibilidade de habilitação do crédito tributário enquanto ajuizada a execução fiscal, construindo um procedimento uniforme a ser utilizado.

A alteração legislativa expressamente cria incidente específico para que cada Fazenda Pública credora possa apresentar diretamente ao administrador judicial ou em juízo, a depender do momento processual, a relação completa de seus créditos inscritos em dívida ativa, acompanhada dos cálculos, da classificação e das informações sobre a situação atual.

Esclarece a Lei que será considerada credora a Fazenda Pública que conste do edital previsto no art. 99, § 1º, da Lei nº 11.101/2005, que contém a relação de credores apresentada pelo falido, ou que, após a intimação pessoal da sentença de quebra, alegue, no prazo de 15 (quinze) dias, possuir crédito contra o falido.

O juiz instaurará, de ofício, o incidente para que, no prazo de 30 (trinta) dias, cada credor fiscal apresente a relação completa de créditos.

Caberá à Fazenda Pública, nessa fase, discriminar os créditos inscritos, apontando o valor principal, juros até a data da quebra (art. 124), multa e encargo legal, apontando a classificação de cada verba. O valor do crédito deve ser apresentado com atualização até a data da decretação da falência (art. 7º-A, §4, II c/c art. 9º, II).

Relevante lembrar que a multa é classificada no artigo 83, inc. VII, da Lei 11.101/2005, e o encargo legal tem as mesmas preferências do crédito tributário, devendo ser classificado, na falência, na ordem estabelecida pelo art. 83, inc. III, da Lei falimentar[24].

O falido, os demais credores e o administrador judicial terão o prazo de 15 (quinze) dias para manifestar objeções, limitadas ao cálculo e à ordem de classificação para pagamento (art. 7º-A, § 3º, I).

A Fazenda Pública poderá prestar esclarecimentos no prazo de 10 (dez) dias, acerca das manifestações apresentadas, garantindo-se a reserva integral do crédito até o julgamento definitivo (art. 7º-A, § 3º, II e III).

Os créditos incontroversos, desde que exigíveis, serão imediatamente incluídos no quadro-geral de credores, de acordo com a classificação

---

[24] Conforme decisão do c. Superior Tribunal de Justiça, firmada no julgamento do Recurso Especial 1.521.999/SP, Rel. Min. Sérgio Kukina, Rel. p/ acórdão Min. Gurgel de Faria, Primeira Seção, j. 28.11.2018, *DJe* 22.03.2019, julgado sob o rito dos recursos repetitivos, tema 969.

legal. Nesse ponto, havendo reconhecimento do débito pelo devedor, falido ou massa falida, representada pelo administrador judicial, podemos considerar como interrompida a prescrição, na forma prevista no art. 174, inc. IV, do CTN.

Em caso de inércia da Fazenda Pública credora, o incidente será arquivado, podendo ser desarquivado a qualquer tempo, sujeitando-se a parte credora aos efeitos das habilitações retardatárias: ausência de votos em eventual assembleia de credores (art. 10, § 2º); perda do direito a rateios eventualmente realizados (art. 10, § 3º); após a homologação do quadro-geral de credores, somente poderão requerer a inclusão do crédito observado o procedimento ordinário previsto no Código de Processo Civil (art. 10, § 6º).

5. DAS GARANTIAS PREVISTAS NO INCIDENTE DE CLASSIFICAÇÃO DE CRÉDITO

A reforma da lei falimentar deixa clara a competência de cada juízo acerca da análise do crédito fiscal. Nesse sentido, estabelece a lei expressamente a competência do juízo falimentar sobre os cálculos e a classificação dos créditos, cabendo ao juízo da execução fiscal a decisão sobre a existência, a exigibilidade e o valor do crédito.

A alteração incorpora à legislação aquilo que o c. STJ já havia decidido no Conflito de Competência nº 110.465/CE[25], deixando expressa a competência do juízo do executivo fiscal para definir o *an* e *quantum debeatur*, e a competência do juízo falimentar para arrecadar bens, realizar ativo, classificar e pagar os credores[26].

---

[25] "Conflito de competência. Ação falimentar. Dívida ativa da União. Redução do *quantum debeatur*. Incompetência absoluta do juízo estadual, nos termos do art. 187 do CTN e do art. 29 da Lei 6.830/1980. (...) 4. **São inconfundíveis a competência para classificação dos créditos, na Ação Falimentar, e para a definição do an e do quantum debeatur em matéria tributária.** 5. Ao definir o montante do crédito da Fazenda Pública, o juízo falimentar usurpou competência privativa do juízo da Execução Fiscal (art. 187 do CTN e art. 29 da Lei 6.830/1980). 6. Conflito conhecido para declarar a competência do Juízo Federal da 9'Vara da Seção Judiciária do Estado do Ceará"(destacou-se, CC 110.465/CE, Rel. Min. Herman Benjamin, Primeira Seção, j. 25.08.2010, *DJe* 01.02.2011).

[26] Nesse sentido, inclusive, já se pronunciava a doutrina, mesmo antes da alteração legislativa: "A competência do juízo universal não se confunde com a competência de jurisdição, de natureza constitucional. Esta, presente no caso

Lembrando que, após a decretação da falência, a massa falida será representada pelo administrador judicial, que deve ser intimado em todas as ações, inclusive as de natureza fiscal e trabalhista, conforme previsão do art. 22, inc. III, alínea n, c/c art. 76, p. único, da Lei nº 11.101/2005.

A norma garante, ainda, que seja respeitada a presunção de certeza e liquidez do crédito inscrito em Dívida Ativa, nos termos do art. 3º da Lei nº 6.830/1980, e do art. 204 do CTN.

Após o ajuizamento do incidente de classificação dos créditos, as execuções fiscais permanecerão suspensas até o encerramento da falência, sem prejuízo da possibilidade de prosseguimento contra os corresponsáveis[27], decisão que também caberá ao juízo da execução fiscal.

O art. 7º-A, em seu § 4º, inciso VI, ainda prevê que a restituição em dinheiro e a compensação serão preservadas, nos termos dos art. 86 e 122 da Lei nº 11.101/2005, o que nos leva a crer que, apesar da instauração do incidente, o pedido de restituição deverá ser realizado, nas hipóteses legais (art. 86)[28] e a compensação comunicada ao juízo falimentar nos casos admitidos em lei (art. 122)[29].

---

de créditos trabalhistas e tributários federais, é inafastável para reconhecer a existência de um crédito, caso tenha sido contestado. Perante a Justiça Federal e a Justiça do Trabalho será feito o reconhecimento jurisdicional de um crédito resultante de imposição tributária ou de relações de trabalho. Mas, subseqüentemente, esse crédito, quando amparado por decisão judicial definitiva, irá fazer-se presente no juízo da falência, para concorrer ao rateio no concurso falimentar, cujo juízo definirá sobre sua classificação" (*Comentários à Lei de Recuperação de Empresas e Falência*: Lei 11.101/2005. Coord. Francisco Satiro de Souza Junior e Antônio Sérgio A. de Moraes Pitombo. São Paulo: Revista dos Tribunais, 2007. p. 440).

[27] Nesse ponto, conforme recomenda o Parecer Conjunto PGFN/CRJ/CDA/No 06/2017, já citado acima, eventual pedido de redirecionamento deve ser realizado tão logo se tenha ciência da hipótese que justifique o prosseguimento da execução fiscal em face do corresponsável.

[28] "Art. 86. Proceder-se-á à restituição em dinheiro: (...) IV – às Fazendas Públicas, relativamente a tributos passíveis de retenção na fonte, de descontos de terceiros ou de sub-rogação e a valores recebidos pelos agentes arrecadadores e não recolhidos aos cofres públicos. (Incluído pela Lei nº 14.112, de 2020)"

[29] "Falência. Compensação legal. Inteligência do art. 122, 'caput', da Lei n. 11.101/2005. Possibilidade, atendidos os requisitos dos arts. 368 e 369 do CC. Dívidas existentes, recíprocas, líquidas, vencidas (exigíveis) e fungíveis. Requisitos preenchidos. Diferença de causas irrelevante, ausente qualquer hipótese do art. 373 do CC. Compensação legal operada de pleno direito, de

O incidente não gera condenação de honorários, uma vez que instaurado de ofício pelo magistrado (art. 7º-A, § 8º).

6. DOS EFEITOS SOBRE AS GARANTIAS E DEPÓSITOS EXISTENTES

Nos termos do artigo 6º, inciso III, da Lei nº 11.101/2005, a decretação da falência implica "na proibição de qualquer forma de retenção, arresto, penhora, sequestro, busca e apreensão e constrição judicial ou extrajudicial sobre os bens do devedor, oriunda de demandas judiciais ou extrajudiciais cujos créditos ou obrigações sujeitem-se à recuperação judicial ou à falência".

De acordo com Daniel Carnio Costa e Alexandre Nasser de Mello, a regra posta se justifica na medida em que o juízo da falência é universal e possui competência funcional absoluta para decidir a destinação dos bens do devedor. De acordo com os autores, "apenas o juízo universal, por conhecer de forma ampla a situação em que se encontra o devedor"[30] é capaz de verificar se a alienação de um bem pode prejudicar a coletividade de credores.

Em tese, portanto, a alteração legislativa apresenta bons contornos sobre a questão das garantias realizadas em outros processos e como se deve proceder em casos de quebra.

Contudo, há situações em que a fase de alienação de bens, em processos individuais, encontra-se muito adiantada, com o bem já avaliado e leilão designado. Nessa hipótese, tratando-se de quebra, é o caso de se questionar qual a melhor solução, sendo desproporcional considerar referidos atos nulos, quando se pode utilizar a cooperação judicial como mecanismo de se garantir maior efetividade ao processo de insolvência.

Nessa hipótese pensamos que a melhor solução, apesar da literalidade do artigo, é garantir a alienação do bem, no processo que se encontra mais adiantado, em ato concertado com o juízo universal (art.

---

forma automática e independente da vontade das partes. Decisão reformada. Recurso provido" (TJSP, Agravo de Instrumento 2216359-46.2019.8.26.0000, Rel. Gilson Delgado Miranda, 1ª Câmara Reservada de Direito Empresarial, Foro Central Cível – 2ª Vara de Falências e Recuperações Judiciais, j. 09.01.2020, Data de Registro: 09.01.2020).

[30] COSTA, Daniel Carnio; MELO, Alexandre Correa Nasser de. *Comentários à Lei de Recuperação de Empresas e Falência*: Lei 11.101, de 09 de fevereiro de 2005. Curitiba: Juruá, 2021. p. 67.

69 do CPC), transferindo o produto arrecadado na execução individual ao juízo concursal, a fim de que se incorpore ao monte da massa para distribuição segundo as preferências legais.

Em nosso sentir, referida solução estaria alinhada às práticas da cooperação judicial, razoabilidade, eficiência e celeridade que devem nortear os processos falimentares, evitando a prática duplicada dos mesmos atos por juízos distintos[31].

Conforme leciona Marcelo Sacramone[32]:

> Nada impede que, caso a execução fiscal tenha sido promovida antes da decretação da falência e tenha ocorrido a penhora sobre bens do falido, com a designação de hastas públicas, a alienação de bens da Massa efetivamente ocorra. Desde que não prejudique a venda dos estabelecimentos em bloco, nos termos do art. 140, a manutenção da hasta já designada é conforme a celeridade do processo. Contudo, o produto da arrematação não será utilizado para o pagamento do credor fiscal, mas será destinado ao juízo falimentar, a quem competirá determinar a classe de credores que será satisfeita.

De fato, a instrumentalidade deve ser sempre buscada em detrimento do formalismo excessivo, que pode atrasar de maneira injustificada o resultado útil do processo de insolvência[33].

7. DOS DEPÓSITOS JUDICIAIS

Prevê o art. 22, inciso III, alínea "s", que caberá ao administrador judicial "arrecadar os valores dos depósitos realizados em processos ad-

---

[31] Nesse sentido, antes da modificação legislativa, já tínhamos o entendimento esposado pelo c. Superior Tribunal de Justiça: "Agravo regimental em conflito de competência. Penhora realizada pelo juízo da execução fiscal com a anuência do juízo universal. Remessa do valor ao juiz falimentar. Precedentes do STJ. 1. Realizado o ato de arrematação do bem penhorado pelo juízo da execução fiscal após o decreto de falência e com a anuência expressa e formalizada do juízo universal, o produto da venda judicial do imóvel tão somente ser repassado ao juiz falimentar. Precedentes do STJ. 2. Agravo regimental desprovido" (Agravo Regimental no Conflito de Competência 129.400/SP, 2ª Seção, Rel. Min. Marco Buzzi, j. 11.02.2015, *DJe* 18.02.2015). **No mesmo sentido:** EREsp 276.781/SP, Rel. Min. Laurita Vaz, Corte Especial, j. 05.05.2010, *DJe* 09.05.2011.

[32] SACRAMONE, Marcelo Barbosa. *Comentários à Lei de Recuperação de Empresas e Falência*. São Paulo: Saraiva Educação, 2018. p. 83.

[33] COSTA, Daniel Carnio; MELO, Alexandre Correa Nasser de. *Comentários à Lei de Recuperação de Empresas e Falência*: Lei 11.101, de 09 de fevereiro de 2005. Curitiba: Juruá, 2021. p. 31.

ministrativos ou judiciais nos quais o falido figure como parte, oriundos de penhoras, de bloqueios, de apreensões, de leilões, de alienação judicial e de outras hipóteses de constrição judicial", com ressalva aos depósitos judiciais e extrajudiciais de créditos fiscais.

Na verdade, a reforma insere no ordenamento o entendimento já consagrado no STJ[34] de que os depósitos judiciais realizados para a suspensão do crédito tributário[35] ficam presos à ação na qual foram realizados e dependentes do trânsito em julgado.

De fato, nos termos da Lei nº 9.703/98, os depósitos judiciais e extrajudiciais serão efetuados na Caixa Econômica Federal e repassados para a Conta Única do Tesouro Nacional, com o seu destino atrelado ao encerramento da lide ou do processo litigioso, quando, mediante ordem da autoridade judicial ou autoridade administrativa competente, no caso de depósito extrajudicial, será devolvido ao depositante, quando a sentença lhe for favorável, ou transformado em pagamento definitivo, quando se tratar de decisão favorável à Fazenda Nacional.

Não há na hipótese qualquer exceção ao princípio universal da falência, na parte em que prevê a confluência para o juízo da falência de todos os bens localizados e arrecadados, já que o depósito judicial constitui, na verdade, pagamento antecipado da dívida tributária sob condição resolutória.

Nesse sentido, também não há ofensa à *par conditio creditorum*, na medida em que, uma vez efetuado o depósito, a Fazenda Pública sequer pode ser considerada credora da massa falida, razão pela qual não há que se falar em tratamento diferenciado diante daqueles que, de fato, ostentam a condição de credor.

Assim, o valor depositado, uma vez destacado do patrimônio do contribuinte, não mais lhe pertence, permanecendo indisponível até o trânsito em julgado da sentença, com seu destino estritamente vinculado ao resultado da demanda em cujos autos se efetivou[36].

---

[34] REsp 465.034/MG, Rel. Min. Franciulli Netto, Segunda Turma, j. 04.09.2003, *DJ* 03.11.2003, p. 300.

[35] Na seara tributária, o depósito é prerrogativa da parte, suspendendo a exigibilidade do crédito tributário se for integral e em dinheiro, conforme previsão da Súmula nº 112 do STJ e art. 151, inc. II, do CTN.

[36] Nem em face de créditos trabalhistas o c. STJ permitiu a desvinculação do depósito ao resultado da demanda: "Tributário. Depósito judicial visando à suspensão da exigibilidade dos créditos previdenciários. Indisponibilidade dos valores depositados. Falência superveniente. Inviabilidade de pretendida arrecadação. 1. Os depósitos judiciais com a finalidade de se discutir o acerto

8. CONCLUSÃO

Conforme narramos ao longo do presente estudo, a reforma introduziu mecanismos mais eficientes para a condução célere dos processos de insolvência, adequando as práticas processuais para que auxiliem na rápida recuperação das empresas ou promovam a eficiente liquidação das pessoas jurídicas em crise.

No momento atual de profunda crise mundial, espera-se que a construção de procedimentos uniformes, com critérios objetivos, auxilie na redução da litigiosidade, conferindo segurança jurídica ao aplicador do direito, o que por certo irá diminuir o custo do crédito, incentivando investimento e auxiliando no crescimento econômico do país.

Em linhas gerais podemos concluir que a reforma representa um grande avanço, modernizando o sistema de insolvência, para alinhar o Brasil às melhores práticas internacionais.

REFERÊNCIAS

CAMPINHO, Sérgio. *Curso de direito comercial*: falência e recuperação de empresa. 9. ed. São Paulo: Saraiva Educação, 2018.

COELHO, Fabio Ulhoa. *Comentários à Lei de Falências e de Recuperação de Empresas*. 11. ed. rev., atual. e ampl. São Paulo: Revista dos Tribunais, 2016.

COSTA, Daniel Carnio; MELO, Alexandre Correa Nasser de. *Comentários à Lei de Recuperação de Empresas e Falência*: Lei 11.101, de 09 de fevereiro de 2005. Curitiba: Juruá, 2021.

FREITAS, Vladimir Passos de (coord.); CALMON, Eliana et al. *Código Tributário Nacional comentado*: doutrina e jurisprudência, artigo por artigo, inclusive ICMS e ISS. 5. ed. rev., atual. e ampl. São Paulo: Revista dos Tribunais, 2011.

---

na forma de aplicação de correção monetária e multa provocam a suspensão da exigibilidade dos créditos tributários. 2. A quantia referente ao débito principal, não sendo controvertida, transfere-se desde logo ao credor, que dela não poderá dispor até que ocorra o trânsito em julgado da causa. 3. Ocorrendo a superveniente falência do devedor, não assiste direito à Massa Falida em promover a arrecadação dos depósitos, sob a alegação de que os créditos trabalhistas preferem aos tributários, haja vista que o montante a ela pertencente é apenas aquele referente ao excesso reconhecidamente indevido. 4. Recurso Especial desprovido" (REsp 412.737/PR, Rel. Min. Denise Arruda, Primeira Turma, j. 01.03.2005, *DJ* 21.03.2005, p. 217).

INSOLVÊNCIA EM FOCO. A prescrição do crédito na falência e o projeto de reforma da Lei 11.101/2005. *Migalhas*. Disponível em: <https://www.migalhas.com.br/coluna/insolvencia-em-foco/312623/a--prescricao-do-credito-na-falencia-e-o-projeto-de-reforma-da--lei-11-101-05>. Acesso em: 10 abr. 2021.

MELO FILHO, João Aurino de (coord.); CHUCRI, Augusto Newton et al. *Execução fiscal aplicada*: análise pragmática do processo de execução fiscal. 8. ed. rev., ampl. e atual. Salvador: JusPodivm, 2020.

SACRAMONE, Marcelo Barbosa. *Comentários à Lei de Recuperação de Empresas e Falência*. São Paulo: Saraiva Educação, 2018.

REQUIÃO, Rubens. *Curso de direito falimentar*. São Paulo: Saraiva, 1998. v. 1.

SOUZA JUNIOR, Francisco Satiro de; PITOMBO Antônio Sérgio A. de Moraes (coord.); MARTIN, Antonio et al. *Comentários à Lei de Recuperação de Empresas e Falência*: Lei 11.101/2005. São Paulo: Revista dos Tribunais, 2007.

Capítulo VIII

DA CLASSIFICAÇÃO DOS CRÉDITOS PÚBLICOS NA ORDEM DE PAGAMENTO DA FALÊNCIA

Guilherme Chagas Monteiro

Sumário: 1. Introdução – 2. Da falência – 3. A ordem de classificação dos créditos públicos – 4. Dos créditos tributários extraconcursais e passíveis de restituição – 5. Da especificação do crédito para pagamento na falência – 6. Conclusão – Referências.

1. INTRODUÇÃO

A União tem se conscientizado cada vez mais sobre a importância do procedimento falimentar para a arrecadação e o pagamento de débitos tributários inscritos em dívida ativa de devedores insolventes.

De posse do título executivo – CDA (certidão de dívida ativa) – a Procuradoria-Geral da Fazenda Nacional – PGFN, diante do ajuizamento da execução fiscal, tem incrementado esforços para realizar a penhora no rosto dos autos, ingressar com pedido de habilitações *lato sensu* (habilitações propriamente ditas, pedidos de restituição e pedido de pagamento de crédito tributário extraconcursal), elaborando petição ou enviando informação administrativa dos débitos ao administrador judicial da falência.

2. DA FALÊNCIA

Seguindo os princípios da defesa do interesse do erário, da eficiência na cobrança dos tributos, da celeridade processual, da efetividade na arrecadação, do acesso à justiça, da igualdade, da supremacia do interesse público e da *par conditio creditorum*[1], a União cumpre seu papel na arrecadação de tributos, concretizando sua função de Estado, alicerçando sua pretensão no privilégio do crédito público[2], pois, em última instância, a Fazenda Pública é a própria sociedade brasileira.

A falência, nos dizeres de Marlon Tomazette é "o processo de execução coletiva decretado por sentença judicial, contra o (comerciante) devedor, com objetivo de satisfazer o crédito dos credores".[3]

A lei (artigos 6º, 7º, 18 e 22 da Lei nº 11.101/2005 – LREF) explicita que, após a decretação da falência, o administrador deve formar o quadro geral de credores levando à falência as dívidas do falido[4], porém, na prática, e em regra, as dívidas da União não são arroladas diretamente por aquele, com raras exceções[5]. Tal cenário deve mudar com a nova disciplina da Lei nº 14.112/2020, que alterou significativamente a LREF.

Assim, com a instauração do procedimento falimentar, tem a União/Fazenda Pública a faculdade (prerrogativa do ente público[6]) de realizar,

---

[1] "Fala-se em aplicação da *par conditio creditorum*, no sentido de que todos os credores terão direitos iguais no processo de falência, ressalvadas as preferências estabelecidas pela legislação. Do mesmo modo, todos os credores suportarão os prejuízos decorrentes da falência do devedor" (TOMAZETTE, Marlon. *Curso de direito empresarial*. 8. ed. São Paulo: Saraiva, 2020. p. 309).

[2] Em resumo, o privilégio, em si, é uma característica anexada a um crédito, a qual implicará determinada prelação de satisfação deste frente a outros. (MELO FILHO, João Aurino de (coord.). *Execução fiscal aplicada – análise pragmática do processo de execução fiscal*. 4. ed. Salvador: JusPodivm, 2015. p. 155).

[3] TOMAZETTE, Marlon. *Curso de direito empresarial*. 8. ed. São Paulo: Saraiva, 2020. p. 303.

[4] "Em outras palavras, se o credor tem seu direito contemplado no quadro geral de credores – QGC –, não haverá necessidade de instauração de procedimento de habilitação. É o que se depreende do art. 18 da lei 11.101/05" (GOUVEA, Marcus de Freitas; BENSOUSSAN, Fábio Guimarães. A Fazenda Pública nos processos de falência. *Revista da ANAFE*, v. 2, 2018, p.165 e seguintes).

[5] "De fato, não pode a Fazenda Pública deixar o crédito público aos cuidados exclusivos do administrador judicial, contentando-se em atuar nos processos de execução fiscal. Esse comportamento passivo é absolutamente prejudicial aos interesses por ela defendidos" (GOUVEA, Marcus de Freitas; BENSOUSSAN, Fábio Guimarães. A Fazenda Pública nos processos de falência. *Revista da ANAFE*, v. 2, 2018, p. 165 e seguintes).

[6] Não há em legislação, doutrina ou jurisprudência determinação impositiva para que a Fazenda Nacional opte por habilitar seu crédito na falência ou

Cap. VIII · DA CLASSIFICAÇÃO DOS CRÉDITOS PÚBLICOS | 155

nas execuções fiscais dos devedores, tanto a penhora no rosto dos autos quanto a habilitação de crédito[7] *lato sensu* diretamente no juízo falimentar.

Em contraponto a tais formas de informação dos créditos na falência, os artigos 5º e 29 da Lei nº 6.830/80[8] c/c artigo 187[9] do CTN e Súmula 44 do TFR[10] sinalizam que a União pode optar em prosseguir com a execução fiscal (exceção à regra do juízo universal da falência), mas o produto da alienação deverá necessariamente ser enviado ao juízo falimentar[11-12]. Além

---

    requerer na execução fiscal a penhora no rosto dos autos, sendo ambas as alternativas possíveis.

[7]   "Esta Corte já decidiu que [a] prejudicialidade do processo falimentar para a satisfação do crédito tributário não implica a ausência de interesse processual no pedido de habilitação do crédito tributário ou na penhora no rosto dos autos (REsp 1.729.249/SP)" (STJ, REsp 1.857.055/SP (2020/0005897-0), Rel. Min. Nancy Andrighi, 3ª T., v.u., j. 12.05.2020, *DJe* nº 2909 de 18.05.2020).

[8]   "Art. 5º A competência para processar e julgar a execução da Dívida Ativa da Fazenda Pública exclui a de qualquer outro Juízo, inclusive o da falência, da concordata, da liquidação, da insolvência ou do inventário."

    "Art. 29. A cobrança judicial da Dívida Ativa da Fazenda Pública não é sujeita a concurso de credores ou habilitação em falência, concordata, liquidação, inventário ou arrolamento."

[9]   "Art. 187. A cobrança judicial do crédito tributário não é sujeita a concurso de credores ou habilitação em falência, recuperação judicial, concordata, inventário ou arrolamento."

[10] "Ajuizada a execução fiscal anteriormente à falência, com penhora realizada antes desta, não ficam os bens penhorados sujeitos a arrecadação no Juízo falimentar; proposta a execução fiscal contra a massa falida, a penhora far--se-á no rosto dos autos do processo da quebra, citando-se o síndico."

[11] "Contudo, mesmo quando alienado na execução fiscal, o valor ao final arrecadado não pode ser disponibilizado ao ente público, devendo ser transferido ao juízo falimentar, onde será destinado aos credores de acordo com a posição preferencial de cada crédito" (MELO FILHO, João Aurino de (coord.). *Execução fiscal aplicada* – análise pragmática do processo de execução fiscal. 4. ed. Salvador: JusPodivm, 2015. p. 424).

[12] "Eventual bem penhorado no processo executivo já em curso será levado à alienação, ainda que aberta posterior falência ou inventário, transferindo-se o produto da arrematação ao juízo universal. Portanto, mesmo que o bem seja arrematado, é possível que o valor obtido pela Fazenda Pública seja direcionado a credores à sua frente na ordem legal de preferências, nos termos do art. 83 da Lei 11.101/05. A jurisprudência se posiciona neste sentido: 3. Mesmo já aparelhada a execução fiscal com penhora, uma vez decretada a falência da empresa executada, sem embargo do prosseguimento da execução singular, o produto da alienação deve ser remetido ao juízo falimentar, para que ali seja entregue aos credores, observada a ordem de preferência

do mais, o artigo 6º, § 7º-B, da LREF[13], acrescentado pela Lei nº 14.112/2020, reforça o entendimento da não suspensão das execuções fiscais.

Tal alternativa de prosseguimento da execução fiscal não parece a mais adequada, eficaz ou razoável para a União, que possui outros meios de informação do valor devido diretamente nos autos falimentares, para que seja formada a classificação correta dos créditos públicos e seu posterior pagamento.

Assim, a habilitação *lato sensu*, a penhora no rosto dos autos ou mesmo o incidente de classificação de créditos públicos nos processos posteriores à Lei nº 14.112/2020, só se mostram possíveis após o juízo falimentar decretar a falência, nos termos do artigo 99 da LREF, nomeando-se o administrador e oportunizando os procedimentos classificatórios[14].

Ricardo Negrão[15] assim pontua:

> [...] O acertamento de créditos, salvo na hipótese de falência incidental à recuperação judicial, ainda exige prévia habilitação dos credores, processamento de seus pedidos, eventual impugnação, sentença, publicação do quadro geral de credores e possíveis recursos promovidos pelos participantes do processo falimentar. [...]

Quanto ao procedimento informativo da penhora no rosto dos autos falimentares[16], instituto muito usado pelos Procuradores no âmbito da PGFN, este não passa de uma anotação que ficará acostada nos

---

legal. Precedente da Corte Especial. (REsp n. 118.148/ RS). 4. Embargos de divergência conhecidos e rejeitados" (STJ, S1, EREsp 444.964/RS, Min. João Otávio de Noronha, *DJ* 09.12.2003).

13 "Art. 6º (...) § 7º-B. O disposto nos incisos I, II e III do *caput* deste artigo não se aplica às execuções fiscais, admitida, todavia, a competência do juízo da recuperação judicial para determinar a substituição dos atos de constrição que recaiam sobre bens de capital essenciais à manutenção da atividade empresarial até o encerramento da recuperação judicial, a qual será implementada mediante a cooperação jurisdicional, na forma do art. 69 da Lei nº 13.105, de 16 de março de 2015 (Código de Processo Civil), observado o disposto no art. 805 do referido Código".

14 Vide artigos 7º e 7º-A da Lei nº 11.101/2005

15 NEGRÃO, Ricardo. *Falência e recuperação de empresas* – aspectos objetivos da Lei 11.101/2005. 6. ed. São Paulo: Saraiva, 2019. p. 113.

16 "A penhora no rosto dos autos é a penhora de um direito disputado em juízo litigioso. (...) Por isso, estabelece-se a penhora no rosto dos autos como solução para as execuções fiscais, isto é, seria algo como uma penhora dos bens que ficassem disponíveis para pagamentos dos créditos fiscais, mas

autos falimentares, feito por mandado de penhora expedido pelo juízo da execução fiscal, salvo nos juízos que consideram a penhora no rosto dos autos como uma verdadeira habilitação de crédito. Esta, em regra, não se faz incluir no quadro geral de credores[17] e nem mesmo propicia discussões nos autos falimentares ou se insere corretamente na classificação dos créditos na ordem de pagamento. A finalidade precípua desta na execução fiscal é suspender a prescrição, situação em que, intimado o administrador, a execução fiscal deve ficar sobrestada até o término do processo falimentar ou o pagamento do crédito público.

A outra providência mais eficaz é a habilitação de crédito *lato sensu*, pois nela se individualiza o crédito público, juntam-se os cálculos e o classifica adequadamente para um correto pagamento. Porém, diferentemente da penhora no rosto dos autos e do incidente de classificação de crédito público estabelecido no artigo 7º-A, § 4º, I e II da LREF[18], a habilitação de crédito *lato sensu* possibilita que se discuta a existência, a exigibilidade e a validade do crédito tributário em outro juízo que não no juízo executivo.

Seguindo os modos de informação, o novo incidente de classificação de crédito público, instaurado de ofício pelo juiz falimentar, foi pensado para ser procedimento que visa à celeridade, à efetividade e à eficiência, separa as competências dos juízos falimentar e executivo para que não haja demora na classificação, ficando a discussão judicial da existência,

---

que ainda não se sabem quais são" (TOMAZETTE, Marlon. *Curso de direito empresarial*. 8. ed. São Paulo: Saraiva, 2020. p. 424).

[17] "Portanto, não cabe em nenhuma hipótese, ao juízo da falência, analisar, apreciar ou julgar a regularidade ou exigibilidade do crédito público, cabendo nos estreitos limites de sua competência no caso específico, apenas a análise da posição na qual o crédito de ver incluído no quadro geral de credores" (MELO FILHO, João Aurino de (coord.). *Execução fiscal aplicada* – análise pragmática do processo de execução fiscal. 4. ed. Salvador: JusPodivm, 2015. p. 426). Situação diferente se dá com a habilitação *lato sensu*.

[18] Artigo 7º-A, § 4º, I e II, da Lei nº 11.101/2005:
"Com relação à aplicação do disposto neste artigo, serão observadas as seguintes disposições:
I – a decisão sobre os cálculos e a classificação dos créditos para os fins do disposto nesta Lei, bem como sobre a arrecadação dos bens, a realização do ativo e o pagamento aos credores, competirá ao juízo falimentar;
II – a decisão sobre a existência, a exigibilidade e o valor do crédito, observado o disposto no inciso II do *caput* do art. 9º desta Lei e as demais regras do processo de falência, bem como sobre o eventual prosseguimento da cobrança contra os corresponsáveis, competirá ao juízo da execução fiscal;"

da exigibilidade e da validade para os embargos à execução fiscal, se oferecidos. Ademais, se não houver objeção no incidente, os créditos são de pronto classificados e incluídos no quadro geral de credores (salvo créditos extraconcursais) e caso haja objeção, limitadamente sobre cálculo e classificação, os créditos do pedido serão reservados integralmente até o julgamento definitivo daquela. Ressalva-se no incidente de classificação de crédito público o pedido de restituição e a compensação do artigo 122, nos termos do artigo 7º-A, § 4º, VI.

Portanto, após a sentença de decretação da falência e a informação dos créditos, abre-se a fase para arrecadação[19] de ativos existentes, formando-se a massa falida objetiva, para posterior venda desses bens isoladamente ou conjuntamente considerados, propiciando, por fim, o pagamento dos credores.

Nas palavras de Maicon de Abreu Heise[20]:

> [...] A realização do ativo consiste na alienação dos bens arrecadados da massa falida para o posterior rateio entre os credores de acordo com a ordem de classificação de crédito. Ou seja, é a "conversão em dinheiro dos bens arrecadados para pagamento do passivo".

No rateio, há distribuição proporcional entre os credores da mesma classe quando há ativo parcial disponível para pagamento na falência, antes de ocorrer a extinção desta, porém, para se ter direito a tal rateio, o crédito público deve estar arrolado no quadro geral de credores ou, quanto aos créditos extraconcursais (artigo 84, alterado pela Lei nº 14.112/2020), destacado para pagamento preferencial.

3. A ORDEM DE CLASSIFICAÇÃO DOS CRÉDITOS PÚBLICOS

Para que se efetive o pagamento dos créditos públicos na falência, na ordem de classificação dos créditos públicos há de se diferenciar

---

[19] "Arrecadação é o complexo de atos tendentes à efetivação do desapossamento dos bens, retirando do devedor o poder de deles dispor e submetendo-os à guarda do administrador judicial, ou, sob sua responsabilidade, a pessoa de sua escolha, ou, ainda, em depósito em mãos do falido ou de seus representantes, para, após avaliação, serem vendidos e realizados os pagamentos dos credores que compõem a massa concursal" (NEGRÃO, Ricardo. *Falência e recuperação de empresas* – aspectos objetivos da Lei 11.101/2005. 6. ed. São Paulo: Saraiva, 2019. p. 139).

[20] OLIVEIRA FILHO, Paulo Furtado (coord.). *Lei de Recuperação e Falência* – pontos relevantes e controversos da reforma pela lei. Editora Foco, 2021. p. 79.

os regimes legais no Decreto-lei nº 7.661/45, na Lei nº 11.101/2005 e na nova Lei nº 14.112/2020, que alterou a Lei nº 11.101/2005, senão vejamos:

Tomaremos como base na classificação dos créditos públicos, o crédito tributário[21-22] e a classificação entre créditos concursais e extra-concursais.

> [...] Os créditos concursais são os créditos provenientes da atividade do empresário devedor enquanto este ainda estava na condução de sua atividade empresarial, desde que antes do pedido de recuperação judicial convolada em falência, ou antes da decretação desta.[23]
>
> [...] Os créditos extraconcursais são os contraídos pela Massa Falida durante o procedimento concursal, seja como remuneração aos seus próprios agentes para o desenvolvimento do processo, seja por obrigações contraídas perante terceiros, ou ainda os créditos contraídos pelo devedor durante o procedimento recuperacional e que veio a se convolar em falência.[24-25]

Estes últimos não integram o quadro geral de credores. São créditos com prioridade de recebimento em relação aos créditos concursais.

Na égide do Decreto-lei nº 7.661/45 e até o advento da Lei nº 11.101/2005[26], o crédito tributário, nos termos do CTN, era preterido

---

[21] Vide artigos 139 e 142 do CTN, artigo 2º da Lei nº 6.830/80 (LEF) e artigo 39 da Lei nº 4.320/64.

[22] "O crédito tributário não se confunde com o crédito fiscal. A Lei n. 4.930/64 caracteriza, em seu artigo 39, § 2º, os créditos fiscais como quaisquer créditos da Fazenda Pública, tanto tributários quanto não tributários. (...) Embora espécie dos créditos fiscais, apenas os créditos tributários integram essa terceira classe preferencial de pagamento"(SACRAMONE, Marcelo Barbosa. *Comentários à Lei de Recuperação de Empresas e Falência*. 2. ed. São Paulo: Saraiva, 2021. p. 431).

[23] SACRAMONE, Marcelo Barbosa. *Comentários à Lei de Recuperação de Empresas e Falência*. 2. ed. São Paulo: Saraiva, 2021. p. 424.

[24] SACRAMONE, Marcelo Barbosa. *Comentários à Lei de Recuperação de Empresas e Falência*. 2. ed. São Paulo: Saraiva, 2021. p. 436.

[25] Art. 188 do CTN: "São extraconcursais os créditos tributários decorrentes de fatos geradores ocorridos no curso do processo de falência".

[26] "A alteração da ordem de classificação dos créditos tributários na falência, diminuindo o privilégio da Fazenda Pública, foi imposta por norma de natureza material, aplicando-se apenas às falências decretadas depois da nova regulação. A atual Lei de Falências, no artigo 192, esclarece que suas

em sua classificação somente em relação ao crédito trabalhista (*caput* do artigo 102 do Decreto-lei nº 7.661/45) – sem limite de valor – e a indenização por acidente do trabalho (§ 1º do artigo 102 do Decreto-lei 7.661/45[27]), seguindo a regra estabelecida no artigo 186 do CTN (Lei nº 5.172, de 25 de outubro de 1966 – lei especial)[28].

Após a classificação dos créditos tributários em terceiro lugar na ordem dos créditos concursais (com fato gerador antecedente à decretação da falência), seguiam na ordem os créditos com direitos reais de garantia, os créditos com privilégio especial sobre determinados bens, os créditos com privilégio geral e os créditos quirografários.

Observava-se, nos termos dos artigos 124, ressalvado no *caput* do artigo 102, bem como no artigo 76, a classificação pretérita dos créditos extraconcursais e importâncias passíveis de restituição e ainda as dívidas compensáveis do artigo 46, todos do Decreto-lei nº 7.661/45.

As multas no regime do Decreto-lei não são cobradas, nos termos do artigo 23, parágrafo único, inc. III[29].

---

normas não se aplicam aos processos de falência ajuizados antes do início da sua vigência, que devem ser concluídos nos termos do Decreto-lei nº 7.661/45. Portanto, o marco inicial para aplicação das novas regras é a data da entrada em vigor da nova lei (9 de junho de 2005), devendo-se analisar se a falência foi decretada antes ou depois de tal marco" (MELO FILHO, João Aurino de (coord.). *Execução fiscal aplicada* – análise pragmática do processo de execução fiscal. 4. ed. Salvador: JusPodivm, 2015. p. 428).

[27] "Art. 102. Ressalvada a partir de 2 de janeiro de 1958, a preferência dos créditos dos empregados, por salários e indenizações trabalhistas, sôbre cuja legitimidade não haja dúvida, ou quando houver, em conformidade com a decisão que fôr proferida na Justiça do Trabalho, e, depois dêles a preferência dos credores por encargos ou dívidas da massa (art. 124), a classificação dos créditos, na falência, obedece à seguinte ordem: (Redação dada pela Lei nº 3.726, de 11.2.1960)

(...)

§ 1º Preferem a todos os créditos admitidos à falência a indenização por acidente do trabalho e os outros créditos que, por lei especial, gozarem essa prioridade."

[28] "Art. 186. O crédito tributário prefere a qualquer outro, seja qual for a natureza ou o tempo da constituição deste, ressalvados os créditos decorrentes da legislação do trabalho". (redação original)

[29] "Art. 23. Ao juízo da falência devem concorrer todos os credores do devedor comum, comerciais ou civis, alegando e provando os seus direitos.

Parágrafo único. Não podem ser reclamados na falência:

Os juros, por sua vez, nos termos do artigo 26 do mesmo Decreto-lei nº 7.661/45, não são exigíveis contra a massa falida, com a ressalva de ter ativo suficiente para pagamento do principal. Assim, apurado montante disponível para pagamento do principal, aplicam-se os juros.

Após 9 de fevereiro de 2005, vigente a Lei nº 11.101/2005, nos termos do artigo 83[30], o crédito tributário (crédito concursal) passou a ser classificado em quarto lugar, com exceção sempre da compensação

---

(...)

III – as penas pecuniárias por infração das leis penais e administrativas."

[30] Artigo 83 da Lei nº 11.101/2005 em sua redação original:

"Art. 83. A classificação dos créditos na falência obedece à seguinte ordem:

I – os créditos derivados da legislação do trabalho, limitados a 150 (cento e cinqüenta) salários-mínimos por credor, e os decorrentes de acidentes de trabalho;

II – créditos com garantia real até o limite do valor do bem gravado;

III – créditos tributários, independentemente da sua natureza e tempo de constituição, excetuadas as multas tributárias;

IV – créditos com privilégio especial, a saber:

a) os previstos no art. 964 da Lei nº 10.406, de 10 de janeiro de 2002;

b) os assim definidos em outras leis civis e comerciais, salvo disposição contrária desta Lei;

c) aqueles a cujos titulares a lei confira o direito de retenção sobre a coisa dada em garantia;

V – créditos com privilégio geral, a saber:

a) os previstos no art. 965 da Lei nº 10.406, de 10 de janeiro de 2002;

b) os previstos no parágrafo único do art. 67 desta Lei;

c) os assim definidos em outras leis civis e comerciais, salvo disposição contrária desta Lei;

VI – créditos quirografários, a saber:

a) aqueles não previstos nos demais incisos deste artigo;

b) os saldos dos créditos não cobertos pelo produto da alienação dos bens vinculados ao seu pagamento;

c) os saldos dos créditos derivados da legislação do trabalho que excederem o limite estabelecido no inciso I do caput deste artigo;

VII – as multas contratuais e as penas pecuniárias por infração das leis penais ou administrativas, inclusive as multas tributárias;

VIII – créditos subordinados, a saber:

a) os assim previstos em lei ou em contrato;

b) os créditos dos sócios e dos administradores sem vínculo empregatício.

§ 1º Para os fins do inciso II do caput deste artigo, será considerado como valor do bem objeto de garantia real a importância efetivamente arrecadada

de dívidas nos termos do artigo 122, dos pagamentos dos artigos 150 e 151 (despesas de pagamento antecipado – créditos prioritários), das importâncias passíveis de restituição (artigo 86) e dos créditos extraconcursais (artigo 84)[31], ficando atrás, na classificação concursal, dos créditos derivados da legislação do trabalho, limitados a 150 salários mínimos por credor, dos decorrentes de acidentes de trabalho e dos créditos com garantia real no limite do bem gravado, tendo o CTN, no artigo 186, se adequado a tal regra da Lei nº 11.101/2005 pela edição da LC nº 118/2005.

Nos dizeres de Moacyr Lobato Campos Filho[32]:

> *[...] Os créditos trabalhistas continuam a ocupar lugar de realce entre os chamados créditos privilegiados, só que, agora, limitados ao valor de 150 (cento e cinquenta) salários mínimos. Ao seu lado, figuram os créditos decorrentes de acidente do trabalho, para os*

---

com sua venda, ou, no caso de alienação em bloco, o valor de avaliação do bem individualmente considerado.

§ 2º Não são oponíveis à massa os valores decorrentes de direito de sócio ao recebimento de sua parcela do capital social na liquidação da sociedade.

§ 3º As cláusulas penais dos contratos unilaterais não serão atendidas se as obrigações neles estipuladas se vencerem em virtude da falência.

§ 4º Os créditos trabalhistas cedidos a terceiros serão considerados quirografários."

[31] Antes da modificação da Lei nº 14.112/2020:

"Art. 84. Serão considerados créditos extraconcursais e serão pagos com precedência sobre os mencionados no art. 83 desta Lei, na ordem a seguir, os relativos a:

I – remunerações devidas ao administrador judicial e seus auxiliares, e créditos derivados da legislação do trabalho ou decorrentes de acidentes de trabalho relativos a serviços prestados após a decretação da falência;

II – quantias fornecidas à massa pelos credores;

III – despesas com arrecadação, administração, realização do ativo e distribuição do seu produto, bem como custas do processo de falência;

IV – custas judiciais relativas às ações e execuções em que a massa falida tenha sido vencida;

V – obrigações resultantes de atos jurídicos válidos praticados durante a recuperação judicial, nos termos do art. 67 desta Lei, ou após a decretação da falência, e tributos relativos a fatos geradores ocorridos após a decretação da falência, respeitada a ordem estabelecida no art. 83 desta Lei."

[32] CAMPOS FILHO, Moacyr Lobato. *A falência*: inovações introduzidas pela Lei nº 11.101/2005. Belo Horizonte, a. 56, n. 172, p. 19-41, jan.-mar. 2005.

quais a lei não estabeleceu qualquer espécie de limitação de valor. O crédito acidentário continua a ser aquele decorrente de culpa do empregador, não se confundindo, pois, com a indenização paga pela Previdência Social. O crédito com garantia real ganha posições no quadro de classificação, imediatamente após os decorrentes da legislação trabalhista e por acidente do trabalho, garantidos até o limite do bem gravado. Para o excedente do crédito com garantia real, assim como para o valor excedente a 150 salários mínimos nas hipóteses dos créditos decorrentes da legislação trabalhista, a lei reservou a categoria de quirografários.

Para a União, que administra os débitos do FGTS (Fundo de Garantia do Tempo de Serviço), ter um débito social equiparado aos créditos trabalhistas (natureza alimentar), nos termos do artigo 2º, § 3º, da Lei nº 8.844/94[33], é ter a chance de recebimento destes em primazia, beneficiando, assim, toda a sociedade e, em especial, os trabalhadores. Para tal pagamento, como também no caso dos créditos decorrentes de acidente do trabalho, não há o limite de valor de 150 salários mínimos, diferente do inciso I do artigo 83.

Ressalta-se, porém, que a Contribuição Social do Servidor Público e as contribuições ao FGTS estabelecidas pela LC nº 110/2001 são de natureza nitidamente tributária, sendo cobradas e classificadas no inciso III do artigo 83.

Outros créditos de natureza alimentar[34] classificados juntamente com a classe trabalhista são os honorários advocatícios. Esses também são equiparados a trabalhistas, porém, sujeitam-se ao limite de valor de 150 salários mínimos, nos termos do Tema 637 do STJ[35]. Nos mesmos

---

[33] "Os créditos relativos ao FGTS gozam dos mesmos privilégios atribuídos aos créditos trabalhistas".

[34] REsp 566.190/SC, Rel. Min. Nancy Andrighi, 3ª Turma, j. 14.06.2005, *DJ* 01.07.2005.

[35] Tese firmada no recurso repetitivo:
I – os créditos resultantes de honorários advocatícios têm natureza alimentar e equiparam-se aos trabalhistas para efeito de habilitação em falência, seja pela regência do Decreto-Lei n. 7.661/1945, seja pela forma prevista na Lei n. 11.101/2005, observado o limite de valor previsto no artigo 83, inciso I, do referido Diploma legal.
II – são créditos extraconcursais os honorários de advogado resultantes de trabalhos prestados à massa falida, depois do decreto de falência, nos termos dos arts. 84 e 149 da Lei n. 11.101/2005.

moldes do inciso I do artigo 83, o que exceder aos 150 salários mínimos é classificado como quirografário[36].

Após a classificação dos créditos tributários em quarto lugar na ordem de classificação ordinária, seguiam na ordem os créditos com privilégio especial, os créditos com privilégio geral, os créditos quirografários, as multas, os créditos subordinados e os juros vencidos após a quebra.

As multas, os créditos subordinados e os juros vencidos após a quebra são doutrinariamente classificados como créditos subquirografários.

Como se pôde perceber, no regime da Lei nº 11.101/2005, as multas e os juros são agora classificados para pagamento pela massa falida[37].

No âmbito federal, os juros nos créditos tributários, calculados até a data da quebra, são indissociáveis da correção monetária – aplicação da SELIC[38] – e, por isso, são classificados juntamente com os créditos tributários na ordem de pagamento na falência, apesar do artigo 124 da Lei nº 11.101/2005[39] estipular em sentido diverso.

Com o advento da Lei nº 14.112/2020[40], tal regramento classificatório sofreu certa modificação. O artigo 83 da Lei nº 11.101/2005

---

[36] REsp 1.152.218/RS (2009/0156374-4); REsp 1.728.374/DF (2018/0051773-2).

[37] Ressalta-se quanto à multa que as Súmulas 192 e 565 do STF somente se aplicam às falências regidas pelo Decreto-lei nº 7.661/45.

[38] Parecer PGFN/CRJ 485/2010, de 4 de março de 2010, e NOTA PGFN/CDA 868/2009.

[39] "Art. 124. Contra a massa falida não são exigíveis juros vencidos após a decretação da falência, previstos em lei ou em contrato, se o ativo apurado não bastar para o pagamento dos credores subordinados."

[40] Ressalva para o art. 5º da Lei 14.112/2020: "Observado o disposto no art. 14 da Lei nº 13.105, de 16 de março de 2015 (Código de Processo Civil), esta Lei aplica-se de imediato aos processos pendentes.
§ 1º Os dispositivos constantes dos incisos seguintes somente serão aplicáveis às falências decretadas, inclusive as decorrentes de convolação, e aos pedidos de recuperação judicial ou extrajudicial ajuizados após o início da vigência desta Lei:
(...)
II – as alterações sobre a sujeição de créditos na recuperação judicial e sobre a ordem de classificação de créditos na falência, previstas, respectivamente, nos arts. 49 , 83 e 84 da Lei nº 11.101, de 9 de fevereiro de 2005".

Cap. VIII · DA CLASSIFICAÇÃO DOS CRÉDITOS PÚBLICOS | **165**

manteve a mesma ordem classificatória, porém alguns pontos específicos foram alterados[41]. Alteração significativa ocorreu também no artigo 84[42].

---

[41] Art. 83 da Lei nº 11.101/2005 após alteração pela Lei nº 14.112/2020:

"Art. 83. A classificação dos créditos na falência obedece à seguinte ordem:

I – os créditos derivados da legislação trabalhista, limitados a 150 (cento e cinquenta) salários-mínimos por credor, e aqueles decorrentes de acidentes de trabalho; (Redação dada pela Lei nº 14.112, de 2020)

II – os créditos gravados com direito real de garantia até o limite do valor do bem gravado; (Redação dada pela Lei nº 14.112, de 2020)

III – os créditos tributários, independentemente da sua natureza e do tempo de constituição, exceto os créditos extraconcursais e as multas tributárias; (Redação dada pela Lei nº 14.112, de 2020)

IV e V – (revogados pela Lei nº 14.112, de 2020);

VI – os créditos quirografários, a saber: (Redação dada pela Lei nº 14.112, de 2020)

a) aqueles não previstos nos demais incisos deste artigo;

b) os saldos dos créditos não cobertos pelo produto da alienação dos bens vinculados ao seu pagamento; e (Redação dada pela Lei nº 14.112, de 2020)

c) os saldos dos créditos derivados da legislação trabalhista que excederem o limite estabelecido no inciso I do *caput* deste artigo; (Redação dada pela Lei nº 14.112, de 2020)

VII – as multas contratuais e as penas pecuniárias por infração das leis penais ou administrativas, incluídas as multas tributárias; (Redação dada pela Lei nº 14.112, de 2020)

VIII – os créditos subordinados, a saber: (Redação dada pela Lei nº 14.112, de 2020)

a) os previstos em lei ou em contrato; e (Redação dada pela Lei nº 14.112, de 2020)

b) os créditos dos sócios e dos administradores sem vínculo empregatício cuja contratação não tenha observado as condições estritamente comutativas e as práticas de mercado; (Redação dada pela Lei nº 14.112, de 2020)

IX – os juros vencidos após a decretação da falência, conforme previsto no art. 124 desta Lei. (Incluído pela Lei nº 14.112, de 2020)

(...)

§ 6º Para os fins do disposto nesta Lei, os créditos que disponham de privilégio especial ou geral em outras normas integrarão a classe dos créditos quirografários. (Incluído pela Lei nº 14.112, de 2020)"

[42] Art. 84. Após da modificação da Lei nº 14.112/2020:

"Art. 84. Serão considerados créditos extraconcursais e serão pagos com precedência sobre os mencionados no art. 83 desta Lei, na ordem a seguir, aqueles relativos: (Redação dada pela Lei nº 14.112, de 2020)

A razão da não alteração do crédito tributário em sua ordem classificatória pela Lei nº 14.112/2020 é que somente uma lei complementar poderia alterar sua ordem, como o fez a LC nº 118/2005, adequando o CTN no artigo 186. A Lei nº 14.112/2020, sendo lei ordinária, não poderia fazê-lo. Assim, os créditos tributários, exceto os créditos extraconcursais (novidade da Lei nº 14.112/2020) e as multas tributárias (ambos ressalvados expressamente no artigo 83) continuam classificados em quarto lugar, com exceção da compensação de dívidas nos termos do artigo 122 e da nova classificação de créditos extraconcursais (artigo 84), ficando atrás, na classificação concursal, dos

---

I – (revogado); (Redação dada pela Lei nº 14.112, de 2020)

I-A – às quantias referidas nos arts. 150 e 151 desta Lei; (Incluído pela Lei nº 14.112, de 2020)

I-B – ao valor efetivamente entregue ao devedor em recuperação judicial pelo financiador, em conformidade com o disposto na Seção IV-A do Capítulo III desta Lei; (Incluído pela Lei nº 14.112, de 2020)

I-C – aos créditos em dinheiro objeto de restituição, conforme previsto no art. 86 desta Lei; (Incluído pela Lei nº 14.112, de 2020)

I-D – às remunerações devidas ao administrador judicial e aos seus auxiliares, aos reembolsos devidos a membros do Comitê de Credores, e aos créditos derivados da legislação trabalhista ou decorrentes de acidentes de trabalho relativos a serviços prestados após a decretação da falência; (Incluído pela Lei nº 14.112, de 2020)

I-E – às obrigações resultantes de atos jurídicos válidos praticados durante a recuperação judicial, nos termos do art. 67 desta Lei, ou após a decretação da falência; (Incluído pela Lei nº 14.112, de 2020)

II – às quantias fornecidas à massa falida pelos credores; (Redação dada pela Lei nº 14.112, de 2020)

III – às despesas com arrecadação, administração, realização do ativo, distribuição do seu produto e custas do processo de falência; (Redação dada pela Lei nº 14.112, de 2020)

IV – às custas judiciais relativas às ações e às execuções em que a massa falida tenha sido vencida; (Redação dada pela Lei nº 14.112, de 2020)

V – aos tributos relativos a fatos geradores ocorridos após a decretação da falência, respeitada a ordem estabelecida no art. 83 desta Lei. (Redação dada pela Lei nº 14.112, de 2020)

§ 1º As despesas referidas no inciso I-A do caput deste artigo serão pagas pelo administrador judicial com os recursos disponíveis em caixa. (Incluído pela Lei nº 14.112, de 2020)

§ 2º O disposto neste artigo não afasta a hipótese prevista no art. 122 desta Lei. (Incluído pela Lei nº 14.112, de 2020)"

créditos derivados da legislação do trabalho, limitados a 150 salários mínimos por credor, dos decorrentes de acidentes de trabalho e dos créditos com garantia real no limite do bem gravado, tendo o CTN, artigo 186, como base legal.

Após a classificação dos créditos tributários em quarto lugar na ordem de classificação ordinária, seguem imediatamente os créditos quirografários e os créditos subquirografários: as multas, os créditos subordinados e os juros vencidos após a quebra.

A nova Lei nº 14.112/2020, no artigo 83, § 6º, inseriu os créditos com privilégio especial e os créditos com privilégio geral na classificação de quirografários, simplificando, assim, o trabalho do administrador judicial.

4. DOS CRÉDITOS TRIBUTÁRIOS EXTRACONCURSAIS E PASSÍVEIS DE RESTITUIÇÃO

Mudança significativa ocorreu na classificação desses créditos pela Lei nº 14.112/2020.

Quanto aos antigos créditos tributários extraconcursais (com fatos geradores após a decretação da falência) e às importâncias tributárias passíveis de restituição, a lei não era clara na ordem de classificação para pagamento entre essas duas classes, sendo tradicionalmente colocada a restituição como pagamento prioritário (salvo as despesas de pagamento antecipado pela massa – artigos 150 e 151 e o artigo 122[43]), tendo em vista a disposição do artigo 88 da Lei nº 11.101/2005, que determina o pagamento em 48 horas após sentença que reconhece o direito à importância. Portanto, ficava acima dos antigos créditos extraconcursais na ordem de classificação e pagamento. A maior parte da doutrina assim entendia.

No entanto, a Lei nº 14.112/2020 resolveu tal problema, classificando a restituição exatamente onde ela deveria estar, ou seja, abaixo do pagamento das quantias referidas nos artigos 150, 151 e da compensação do artigo 122, como já era, mas também ficando atrás do valor efetivamente entregue ao devedor em recuperação judicial pelo financiador, em con-

---

[43] Artigo 86, parágrafo único, da Lei nº 11.101/2005. As restituições de que trata este artigo somente serão efetuadas após o pagamento previsto no art. 151 desta Lei. (Revogado pela Lei nº 14.112, de 2020).
Artigo 84, § 2º, da Lei nº 11.101/2005. O disposto neste artigo não afasta a hipótese prevista no art. 122 desta Lei. (Incluído pela Lei nº 14.112, de 2020).

formidade com o disposto na Seção IV-A do Capítulo III desta lei (*DIP FINANCING – debtor in possession financing*).

Assim, a restituição se tornou uma espécie do crédito extraconcursal – EXTRACONCURSAL RESTITUÍVEL – posicionando-se dentro do artigo 84, respeitando-se o contido no artigo 149 da lei, que não sofreu modificação[44].

O crédito restituível ganhou força na nova lei.

O crédito público tributário classificável como restituível não se inclui no quadro geral de credores, sendo pago assim que tiver recurso disponível para pagamento (mediante reserva), observada a preferência legal, em 48 horas, nos termos do artigo 88 da lei falimentar[45], devendo sempre ser atualizado monetariamente[46]. A restituição, decorrente de vínculos de responsabilidade tributária, ainda tem fundamento nas Súmulas 307[47] do STJ e 417[48] do STF e no artigo 22, inciso III, alínea *f*, da Lei nº 11.101/2005 (com base no direito de propriedade – bens arrecadados do próprio devedor), no artigo 51, parágrafo único, da Lei nº 8.212/1991 e nos artigos 45 e 128 do CTN.

Na contribuição social e no imposto de renda retido na fonte há o dever de descontar, reter ou receber tributo devido por terceiro e repassá-lo aos cofres públicos. O não recolhimento e repasse para a União gera cobrança administrativa, inscrição em dívida ativa, execução fiscal e inclusão na falência.

A PGFN regulamentou o pedido de restituição em falência das contribuições previdenciárias descontadas de salários e imposto de renda

---

[44] "Art. 149. Realizadas as restituições, pagos os créditos extraconcursais, na forma do art. 84 desta Lei, e consolidado o quadro-geral de credores, as importâncias recebidas com a realização do ativo serão destinadas ao pagamento dos credores, atendendo à classificação prevista no art. 83 desta Lei, respeitados os demais dispositivos desta Lei e as decisões judiciais que determinam reserva de importâncias."

[45] "Art. 88. A sentença que reconhecer o direito do requerente determinará a entrega da coisa no prazo de 48 (quarenta e oito) horas."

[46] Súmula 36 do STJ: "A correção monetária integra o valor da restituição, em caso de adiantamento de câmbio, requerida em concordata ou falência".

[47] Súmula 307 do STJ: "A restituição de adiantamento de contrato de câmbio, na falência, deve ser atendida antes de qualquer crédito".

[48] Súmula 417 do STF: "Pode ser objeto de restituição, na falência, dinheiro em poder do falido, recebido em nome de outrem, ou do qual, por lei ou contrato, não tivesse ele a disponibilidade".

retido na fonte no Parecer PGFN/CRJ nº 481/2010, dada a importância do tema.

Assim, os créditos tributários com fatos geradores após a quebra (inciso V do artigo 84) ficaram abaixo dos créditos tributários restituíveis (inciso IV do artigo 86 c/c artigo 84, I-C), estando estes em terceiro lugar e em nono os créditos tributários com fatos geradores após a quebra, sendo ambos extraconcursais.

5. DA ESPECIFICAÇÃO DO CRÉDITO PARA PAGAMENTO NA FALÊNCIA

Estabelecida a classificação dos créditos públicos na ordem de pagamento, o pedido feito ao juízo falimentar em habilitação, incidente de classificação de crédito público ou na penhora no rosto dos autos, separam-se os valores e as espécies de verbas no pedido. Para um correto pagamento deverá haver uma correta classificação no pedido. Isso reduz o tempo do processo de habilitação *lato sensu* ou do incidente de classificação de crédito público.

Para os créditos públicos tributários com vencimento ou fato gerador anterior à decretação da falência (habilitação de crédito ou pedido de restituição) assim se estabelecem no pedido para inclusão no quadro geral de credores:

Na habilitação de crédito: O valor principal do tributo, a atualização e os juros indissociáveis (SELIC), bem como o encargo legal de 20% (vinte por cento), previsto no Decreto-lei nº 1.025/69[49], que decorre da inscrição em dívida ativa e do ajuizamento, após inadimplemento do débito são classificados como tributários, nos termos do artigo 83, inciso III, da Lei nº 11.101/2005, calculados os valores até a data da quebra.

A multa cobrada depende da data da decretação da falência (se antes ou após 2005) e é atualizada, se classificada, até a data da quebra, nos termos do artigo 83, inciso VII, da Lei nº 11.101/2005.

---

[49] Súmula 400 do STJ: "O encargo de 20% previsto no DL nº 1.025/1969 é exigível na execução fiscal proposta contra a massa falida". Ressalta-se que a Segunda Turma do STJ entendeu que o encargo legal constitui receita da União, sendo devido como parte integrante do crédito tributário, razão pela qual deve ser classificado no art. 83, inc. III, da Lei 11.101/2005 (STJ, REsp 1.327.067-DF, 2ª Turma, Rel. Min. Mauro Campbell Marques, j. 28.08.2012).

Já os juros após a falência só serão pagos se sobrarem ativos para pagamento.

Na dívida restituível: esta conterá somente o valor principal do tributo restituível com a devida atualização monetária e juros indissociáveis (SELIC) com atualização do valor até a data da quebra[50].

O encargo legal do Decreto-lei nº 1.025/69 e a multa (a depender da data da decretação da falência) constantes no débito restituível não são passíveis de pedido de restituição, mas de habilitação de crédito, e, também, são atualizados até a data da quebra.

Os juros após a falência só serão pagos se houver ativos para pagamento.

Para os créditos públicos tributários com vencimento ou fato gerador após a decretação da falência, são atribuídos os valores atualizados do crédito na data da peça de pedido de pagamento do crédito tributário extraconcursal, incluindo o principal, atualização monetária e juros (SELIC), encargo legal e multa.

Ao final, busca-se, após a correta classificação dos créditos públicos no processo de falência, o pagamento dos créditos para posterior extinção daquela nos termos dos artigos 154 e seguintes da Lei nº 11.101/2005.

Atinge-se o objetivo da falência se cumprido o artigo 149 da Lei nº 11.101/2005, com pagamento de todos os credores nos termos do artigo 158, inciso I ou se pagos os créditos extraconcursais e os créditos concursais do inciso I e mais de vinte e cinco por cento dos créditos quirografários do inciso VI do artigo 83.

Por fim, deve-se atentar, no pagamento dos créditos públicos tributários e não tributários, quanto ao concurso de preferências entre União, Estados, Distrito Federal e Municípios e suas respectivas autarquias. Tal critério de pagamento, com preferência da União, era previsto nos artigos 187, parágrafo único, do CTN e 29, parágrafo único, da LEF, e pacificado

---

50   Em sentido contrário, entendendo que só se mostra restituível o principal, sendo os juros classificados como habilitáveis na condição de crédito tributário: TJSP, Apelação Cível 0040893-39.2014.8.26.0100, Rel. Grava Brazil, 2ª Câmara Reservada de Direito Empresarial, j. 01.07.2020, Data de Registro: 01.07.2020; Apelação Cível 1114114-62.2019.8.26.0100, Rel. Alexandre Lazzarini, 1ª Câmara Reservada de Direito Empresarial, Foro Central Cível – 1ª Vara de Falências e Recuperações Judiciais, j. 26.08.2021, Data de Registro: 26.08.2021 e AREsp 1.483.779/SP, Rel. Min. Herman Benjamin, Segunda Turma, j. 19.09.2019, *DJe* 11.10.2019.

pelo STF na Súmula 563[51], porém, com a conclusão do julgamento recente da ADPF 357[52] pelo E. S.T.F., tal concurso de preferências entre os entes federativos, no pagamento, deixou de existir.

De acordo com a relatora, Ministra Cármen Lúcia, a repartição de competências é o "coração da Federação" que, diante da complexidade política e geográfica do território brasileiro, deve se pautar pela autonomia dos entes. No plano internacional, ponderou que a União é soberana. Porém, no plano interno, ela "é autônoma e iguala-se aos demais entes federados, sem hierarquia, com competências próprias". A relatora concluiu que o estabelecimento de hierarquia entre pessoas jurídicas de direito público interno para crédito de tributos contraria o artigo 19, inciso III, da Constituição de 1988, que veda à União e aos demais entes federativos criar preferências entre si.[53]

6. CONCLUSÃO

Conclui-se, assim, que um pedido contendo a correta classificação dos créditos públicos, com apresentação dos valores corretos para elaboração da ordem de pagamento na falência, seja pela penhora no rosto dos autos falimentares, seja na peça de habilitação de crédito *lato sensu* (habilitações propriamente ditas, pedidos de restituição e pedido pagamento de crédito tributário extraconcursal) ou mesmo informando-se judicial ou administrativamente pelo incidente de classificação de crédito público, enseja melhores e mais céleres resultados no pagamento do valor devido na falência e na satisfação do pedido feito pela União.

---

[51] Súmula 563 do STF: "O concurso de preferência a que se refere o parágrafo único do art. 187 do Código Tributário Nacional é compatível com o disposto no art. 9º, I, da Constituição Federal".

[52] Decisão: O Tribunal, por maioria, conheceu da arguição de descumprimento de preceito fundamental, julgou procedente o pedido formulado para declarar a não recepção pela Constituição da República de 1988 das normas previstas no parágrafo único do art. 187 da Lei nº 5.172/1966 (Código Tributário Nacional) e do parágrafo único do art. 29 da Lei nº 6.830/1980 (Lei de Execuções Fiscais), e cancelou a Súmula n. 563 do Supremo Tribunal Federal, nos termos do voto da Relatora, vencidos o Ministro Dias Toffoli, que julgava improcedente a ação, e o Ministro Gilmar Mendes, que julgava parcialmente procedente a ação, para dar interpretação conforme a Constituição. Presidência do Ministro Luiz Fux. Plenário, 24.06.2021 (Sessão realizada por videoconferência – Resolução 672/2020/STF).

[53] Disponível em: <http://portal.stf.jus.br/noticias/verNoticiaDetalhe.asp?idConteudo= 468176&ori=1>.

Desse modo, propicia-se a liquidação dos débitos tributários não satisfeitos anteriormente, a qual reverte tal apropriação em benefício de toda sociedade brasileira.

REFERÊNCIAS

CAMPOS FILHO, Moacyr Lobato. *A falência*: inovações introduzidas pela Lei nº 11.101/2005. Belo Horizonte, a. 56, n. 172, p. 19-41, jan.-mar. 2005.

GOUVEA, Marcus de Freitas; BENSOUSSAN, Fábio Guimarães. A Fazenda Pública nos processos de falência. *Revista da ANAFE*, v. 2, 2018.

MARTINS, Alan; SCARDONELLI, Dimas Yamada. *Direito tributário*. Salvador: JusPodivm, 2019.

MELO FILHO, João Aurino de (coord.). *Execução fiscal aplicada* – análise pragmática do processo de execução fiscal. 4. ed. Salvador: JusPodivm, 2015.

NEGRÃO, Ricardo. *Falência e recuperação de empresas* – aspectos objetivos da Lei 11.101/2005. 6. ed. São Paulo: Saraiva, 2019.

OLIVEIRA FILHO, Paulo Furtado (coord.). *Lei de Recuperação e Falência* – pontos relevantes e controversos da reforma pela lei. Editora Foco, 2021.

SACRAMONE, Marcelo Barbosa. *Comentários à Lei de Recuperação de Empresas e Falência*. 2. ed. São Paulo: Saraiva, 2021.

TOMAZETTE, Marlon. *Curso de direito empresarial*. 8. ed. São Paulo: Saraiva, 2020.

Capítulo IX

COBRANÇA DO CRÉDITO PÚBLICO EM FACE DE MASSA FALIDA

Matheus Mello Pereira

Sumário: 1. Introdução – 2. Panorama anterior ao advento da Lei nº 14.112/2020: 2.1 Prosseguimento da execução fiscal em face de massa falida; 2.2 Procedimento de habilitação de crédito; 2.3 Mera petição e negócio jurídico processual – 3. Panorama após o advento da Lei nº 14.112/2020 – Incidente de classificação de crédito público – Referências.

1. INTRODUÇÃO

A decretação de falência do devedor acarreta significativa repercussão na cobrança do crédito público, sobretudo porque se extrai dos artigos 186, parágrafo único[1], do CTN e 83, III[2], da Lei nº 11.101/2005, a

---

[1] "Art. 186. O crédito tributário prefere a qualquer outro, seja qual for sua natureza ou o tempo de sua constituição, ressalvados os créditos decorrentes da legislação do trabalho ou do acidente de trabalho. Parágrafo único. Na falência: I – o crédito tributário não prefere aos créditos extraconcursais ou às importâncias passíveis de restituição, nos termos da lei falimentar, nem aos créditos com garantia real, no limite do valor do bem gravado; II – a lei poderá estabelecer limites e condições para a preferência dos créditos decorrentes da legislação do trabalho; e III – a multa tributária prefere apenas aos créditos subordinados."

[2] "Art. 83. A classificação dos créditos na falência obedece à seguinte ordem: (...) III – os cr-éditos tributários, independentemente da sua natureza e do

irrefutável conclusão de que o crédito fiscal é materialmente submetido à falência, sujeitando-se à ordem legal de preferência.

Diante de tal premissa, constatada a falência do devedor, o objetivo do Fisco na busca da satisfação de seu crédito passa a ser, primordialmente, garantir que seja contemplado em eventual pagamento realizado no âmbito do processo falimentar, com observação da acertada classificação legal, e, para tanto, deve adotar as providências para assegurar que seu crédito figure, adequadamente, no quadro-geral de credores.

Servindo-se do panorama legislativo e jurisprudencial então vigente, a Fazenda Pública, na persecução de tal intento, usualmente se valeu do prosseguimento da execução fiscal, especialmente com a realização de penhora no rosto dos autos do processo de falência, tendo a jurisprudência passado a admitir, também, a possibilidade de habilitação do crédito público diretamente no processo falimentar. Ambos os instrumentos, no entanto, não se mostraram, ao longo do tempo, suficientemente eficientes na realização do objetivo pretendido.

Com o recente advento da Lei nº 14.112/2020, que criou o "incidente de classificação de crédito público", o tema promete experimentar substancial e necessário avanço, com a potencial superação de diversas questões problemáticas enfrentadas no bojo dos procedimentos então adotados.

O presente capítulo pretende abordar os principais aspectos acerca dos meios de que dispôs e dispõe a Fazenda Pública, tanto antes quanto após o advento da Lei nº 14.112/2020, para ultimar o propósito de promover efetiva cobrança do crédito público em face de devedor falido.

2. PANORAMA ANTERIOR AO ADVENTO DA LEI Nº 14.112/2020

2.1 Prosseguimento da execução fiscal em face de massa falida

Nos termos dos arts. 29[3] da LEF e 187[4] do CTN, a cobrança judicial do crédito público não é sujeita a concurso de credores ou habilitação em

---

    tempo de constituição, exceto os créditos extraconcursais e as multas tributárias;"

[3]   "Art. 29. A cobrança judicial da Dívida Ativa da Fazenda Pública não é sujeita a concurso de credores ou habilitação em falência, concordata, liquidação, inventário ou arrolamento."

[4]   "Art. 187. A cobrança judicial do crédito tributário não é sujeita a concurso de credores ou habilitação em falência, recuperação judicial, concordata, inventário ou arrolamento."

falência (ou outros concursos universais ou específicos[5]). Em consonância, o artigo 5º da LEF prescreve que *"a competência para processar e julgar a execução da Dívida Ativa da Fazenda Pública exclui a de qualquer outro Juízo, inclusive o da falência, da concordata, da liquidação, da insolvência ou do inventário"*, assim como o art. 76[6] da LFRJ expressamente excetua as causas fiscais da regra de que o juízo falimentar é indivisível e competente para conhecer todas as ações sobre bens, interesses e negócios do falido.

Tal coleção normativa conduz à conclusão de que, como exceção à regra, mesmo diante da falência do devedor, permite-se que a execução fiscal prossiga em face da massa falida. Sobre o ponto, é consagrada a fórmula gravada na súmula nº 44, do extinto Tribunal Federal de Recursos, a qual dispõe que: "ajuizada a execução fiscal anteriormente à falência, com penhora realizada antes desta, não ficam os bens penhorados sujeitos à arrecadação no juízo falimentar; proposta a execução fiscal contra a massa falida, a penhora far-se-á no rosto dos autos do processo da quebra, citando-se o síndico".

De acordo com o entendimento extraído do enunciado sumular, há dois caminhos possíveis no prosseguimento da execução fiscal em face da massa falida. O primeiro deles é, no caso de já haver bem penhorado na execução fiscal quando da decretação da falência[7], o prosseguimento dos atos expropriatórios, até a alienação judicial do bem. Nessa hipótese, é dominante o entendimento de que o produto da alienação deve ser colocado à disposição do juízo falimentar, para destinação aos credores em observância à ordem de preferência legal[8], mesma razão pela qual não é cabível a adjudicação do bem pela Fazenda Pública[9].

Acerca do procedimento acima, preciso o apontamento de João Aurino de Melo Filho[10], de que:

---

[5]   COELHO, Flávia Palmeira de Moura (coord.). *Microssistema de recuperação do crédito fiscal*: comentários às Leis de Execução Fiscal e Medida Cautelar. Coords. Flávia Palmeira de Moura Coelho, Pablo Galas Pedrosa e Rogério Campos. São Paulo: Thomson Reuters, 2019. p. 289.

[6]   "Art. 76. O juízo da falência é indivisível e competente para conhecer todas as ações sobre bens, interesses e negócios do falido, ressalvadas as causas trabalhistas, fiscais e aquelas não reguladas nesta Lei em que o falido figurar como autor ou litisconsorte ativo."

[7]   Acerca dos efeitos da decretação de falência sobre as garantias já existentes em execução fiscal, remete-se ao item "5" do Capítulo I, do presente Tomo.

[8]   Nesse sentido: REsp 443.558/RS e AgRg no Ag 1.115.891/SP.

[9]   Nesse sentido: AREsp 1.238.682/SC e REsp 695.167/MS.

[10]   MELO FILHO, João Aurino de (coord.). *Execução fiscal aplicada*. Análise pragmática do processo de execução fiscal. 8. ed. Salvador: JusPodivm, 2020. p. 507.

(...) na prática, apesar de possível, caso exista penhora anterior, dificilmente a Fazenda Pública continuará atuando na execução fiscal, pois, dado que os valores obtidos com a alienação judicial no processo executivo serão destinados ao processo de falência, muito mais racional e razoável esperar que o próprio juízo da falência, que já está arrecadando os demais bens, também seja responsável pela alienação do bem penhorado.

O segundo caminho estampado na aludida súmula para o prosseguimento da execução fiscal é a realização de penhora no rosto dos autos do processo de falência, com a citação da massa falida no processo executivo, representada pelo administrador judicial[11].

Tratando da penhora sobre direito pendente em juízo, a chamada penhora no rosto dos autos, o art. 860[12] do CPC dispõe que tal forma de constrição deve ser efetivada nos bens que vierem a caber ao executado em processo judicial em curso, o que não é propriamente o caso da falência, já que a massa falida executada, presumivelmente, nada receberá no processo falimentar (conclusão que decorre de sua insolvência).

No entanto, é pacífico na jurisprudência o cabimento da penhora no rosto dos autos na hipótese em análise, sendo, inclusive, desnecessária a apresentação de prova negativa (inexistência de pedido de habilitação de crédito nos autos da ação falimentar), para o fim de análise do requerimento nos autos da execução fiscal[13]. Vale dizer, a possibilidade de penhora no rosto dos autos persiste mesmo que a execução do crédito inscrito em dívida ativa se dê pelo rito do CPC[14].

Após o requerimento de penhora no rosto dos autos, o juízo da execução fiscal, a quem compete a análise quanto ao cabimento da penhora requerida, determinará a expedição de mandado de penhora. Ao juízo da falência, não caberá "analisar, apreciar ou julgar a regularidade ou exigibilidade do crédito público, cabendo, nos estreitos limites de sua

---

[11] Sobre a representação da massa falida pelo administrador judicial, de se destacar os artigos 75, V, do CPC, 76, parágrafo único e 22, III, "c", da Lei 11.101/2005.

[12] "Art. 860. Quando o direito estiver sendo pleiteado em juízo, a penhora que recair sobre ele será averbada, com destaque, nos autos pertinentes ao direito e na ação correspondente à penhora, a fim de que esta seja efetivada nos bens que forem adjudicados ou que vierem a caber ao executado".

[13] Nesse sentido: REsp 1.740.313/DF.

[14] Nesse sentido: REsp 1.247.650/RN.

competência, apenas a análise da posição na qual o crédito será incluído no quadro geral de credores"[15], destacando-se que a Certidão de Dívida Ativa goza de presunção de liquidez e certeza[16], que só poderá ser afastada na forma processual disciplinada pela Lei 6.830/1980.

Uma vez efetuada a penhora no rosto dos autos, e realizada a respectiva intimação do administrador judicial, não restará ao credor público outras providências em relação ao executado falido[17], pelo que é forçosa a suspensão[18] da execução fiscal, sem transcurso do prazo prescricional. Nesse sentido, nos termos do entendimento do STJ[19], "a existência de penhora no rosto dos autos do processo falimentar impõe à Fazenda Pública a paralisação do executivo fiscal até que se verifique a possibilidade de satisfação do crédito, sem que essa paralisação seja imputada à inércia do ente público, para efeito de decretação de prescrição intercorrente".

Vale dizer que, embora a garantia do juízo seja condição de procedibilidade nos embargos à execução fiscal, a jurisprudência admite o seu oferecimento pela massa falida, após a intimação[20] do administrador judicial acerca da penhora no rosto dos autos, considerando que a massa falida não possui patrimônio disponível, porquanto seus bens e direitos são arrecadados no processo falimentar[21].

Por fim, caso arrecadado suficiente numerário para pagamento, à luz da classificação legal de preferência, do crédito que originou a penhora, deve o juízo da falência determinar a transferência dos valores ao juízo

---

[15]   CHUCRI, Augusto Newton. *Execução fiscal aplicada*: análise pragmática do processo de execução fiscal. Coord. João Aurino de Melo Filho. 7. ed. Salvador: JusPodivm, 2020. p. 509.

[16]   Sobre a presunção de certeza e liquidez, de se destacar o artigo 3º da LEF, bem como o artigo 7º-A, § 4º, IV, da Lei 11.101/2005, incluído pela Lei 14.112/2020.

[17]   Ressalvada a possibilidade de cobrança em face de terceiros corresponsáveis.

[18]   A referida suspensão, em nosso entender, tem como fundamento a prejudicialidade externa, na medida em que o resultado útil do processo de execução fiscal depende da conclusão do processo falimentar.

[19]   AgInt no AREsp 1.549.829/RJ.

[20]   Nos termos do quanto decidido no REsp 1.112.416/MG, sob a sistemática dos recursos repetitivos, "o termo inicial para a oposição dos Embargos à Execução Fiscal é a data da efetiva intimação da penhora, e não a da juntada aos autos do mandado cumprido".

[21]   Nesse sentido: TRF3, Apelação Cível 0020670-21.1997.4.03.9999/SP e TRF4, Agravo de Instrumento 5036124-49.2017.4.04.0000.

da execução fiscal, conferindo, assim, cumprimento à penhora no rosto dos autos.

Observados os principais aspectos do procedimento de penhora no rosto dos autos da falência, que, na teoria, constitui "privilégio" do crédito público, é relevante anotar que tal via nem sempre se revela a mais eficiente para a concretização do objetivo pretendido: o recebimento, pelo credor público, da parcela a que faz jus do produto obtido na falência, à luz da ordem de preferência legal. É que a penhora no rosto dos autos, embora usual, não é um instrumento concebido para tal fim, pelo que nem sempre trará em seu bojo os elementos essenciais para viabilizar a adequada inclusão do crédito no quadro-geral de credores.

Ademais, tal procedimento favorece o distanciamento entre o credor público e o juízo falimentar, não contribuindo com a participação, capacidade de influência e acompanhamento efetivo do processo de falência. Vale acrescentar, ainda, que os mandados de penhora no rosto dos autos são juntados diretamente aos autos principais da falência, o que não favorece a ordem e a eficiência processuais, além do que, por ficarem espalhados por numerosos volumes processuais, acabam por dificultar o controle eficiente quanto à efetiva e correta inclusão do crédito no quadro-geral de credores.

Assim, por diversas razões de ordem predominantemente prática, a penhora no rosto dos autos nem sempre representa o instrumento ideal para viabilizar, de forma eficiente e adequada, o objetivo do credor público, já mencionado acima, em alinhamento aos demais interesses envolvidos. De qualquer sorte, caso opte pela utilização de tal via, é recomendável à Fazenda Pública que discrimine em seu pedido a natureza do crédito e sua classificação na ordem legal de preferência, bem como instrua o requerimento com os respectivos documentos comprobatórios e memorial de cálculo com adequação do crédito aos ditames da legislação falimentar.

2.2   Procedimento de habilitação de crédito

Muito embora, como exposto no tópico anterior, o Fisco tenha como prerrogativa o prosseguimento da execução fiscal – usualmente com a penhora no rosto dos autos da ação falimentar – é consagrado na jurisprudência o entendimento de que a Fazenda Pública, querendo, pode optar pelo procedimento de habilitação de crédito, disciplinado pela Lei nº 11.101/2005.

O procedimento em comento consiste em requerimento cujos requisitos constam do art. 9º da Lei nº 11.101/2005. Publicado o edital do

§ 1º do art. 99 da LFRJ (edital eletrônico com a íntegra da decisão que decreta a falência e a relação de credores apresentada pelo falido), os credores terão o prazo de 15 (quinze) dias para apresentar ao administrador judicial suas habilitações ou suas divergências quanto aos créditos relacionados (art. 7º, § 1º, LFRJ). Caso a manifestação do credor se dê após o decurso do prazo de quinze dias, a habilitação será retardatária ou intempestiva, e o pedido, direcionado ao juízo, será autuado individualmente, incidentalmente à ação falimentar, observando o disposto no art. 10 e seguintes da Lei Falimentar.

De se destacar, inicialmente, que a adoção do procedimento de habilitação de crédito pela Fazenda Pública consiste em faculdade, não podendo ser encarado como imposição à credora. Nesse sentido, equivocada seria a decisão do juízo da execução fiscal que indefere o requerimento de penhora no rosto dos autos da falência, sob fundamento de que caberia à Fazenda exequente promover a habilitação de seu crédito[22]. Com efeito, de acordo com a jurisprudência do STJ, "a possibilidade de cobrança do crédito por meio de execução fiscal não impede a opção do credor pela habilitação do crédito no processo falimentar[23]".

É corriqueira também a alegação de que, havendo execução fiscal ajuizada, careceria a Fazenda Pública de interesse de agir para o pedido de habilitação de crédito, além do que haveria a configuração de garantia dúplice, em verdadeiro "*bis in idem*". De acordo com tal entendimento, a opção pela via da habilitação exigiria renúncia à execução fiscal, com sua respectiva extinção.

Tal raciocínio, no entanto, não tem prevalecido no STJ, que em recentes decisões[24] tem entendido que: "a tentativa de resguardar o interesse público subjacente à cobrança de tal espécie de crédito, através do ajuizamento da execução fiscal e de habilitação no processo falimentar, não encontra óbice na legislação aplicável. Inteligência decorrente dos arts. 187 do CTN e 29 da Lei 6.830/1980". No bojo de seu voto proferido no Agravo Interno no Recurso Especial nº 1.857.065, o Ministro Herman Benjamin aponta que "a legislação de regência dá à Fazenda Pública a faculdade de ajuizar execução fiscal ou habilitar seu crédito no processo

---

[22] A título de exemplo, no âmbito do TRF3: Agravo de Instrumento 5000661-39.2018.4.03.0000; Agravo de Instrumento 0018642-40.2016.4.03.0000; Agravo de Instrumento 0003733-27.2015.4.03.0000.

[23] REsp 874.065/RS.

[24] Como exemplos: AgInt no REsp 1.857.065/SP e REsp 1.857.055/SP.

falimentar; no entanto, não estabelece que a opção por uma das formas de cobrança impede a utilização da outra".

O tema, todavia, está longe de ser pacífico. Tanto é que, em maio de 2021, a Primeira Seção do STJ decidiu por afetar três recursos especiais[25] ao rito dos recursos repetitivos, para estabelecer a seguinte questão de direito controvertida: "possibilidade de a Fazenda Pública habilitar em processo de falência crédito tributário objeto de execução fiscal em curso" (tema 1092), tendo sido determinada a suspensão dos recursos especiais ou agravos em recursos especiais em segunda instância e/ou no STJ.

Embora pendente de decisão pelo STJ, a melhor solução para a discussão parece ser a de que, caso o Fisco exerça sua faculdade de habilitar o crédito fiscal, providencie o pedido de suspensão do respectivo processo executivo, não se utilizando, simultaneamente, das duas vias para a cobrança dos mesmos créditos em face da massa falida. Nesse sentido é o entendimento estampado no Enunciado XI[26], aprovado pelo Grupo de Câmaras Reservadas de Direito Empresarial do Tribunal de Justiça do Estado de São Paulo, o qual afirma que: "a opção da Fazenda Pública pela habilitação do crédito tributário na falência não exige extinção do processo de execução fiscal, desde que comprovada a suspensão em face da falida". Vale dizer que a suspensão da execução fiscal deve se dar em face da falida, ressalvando-se a possibilidade de prosseguimento, se for o caso, em face de terceiros correspónsáveis.

A alternativa da habilitação de crédito soluciona alguns dos problemas pontuados em relação à penhora no rosto dos autos. Uma vez apresentado (após o prazo de quinze dias previsto no art. 7º, § 1º, LFRJ), o pedido de habilitação de crédito tramita como incidente, com numeração própria, o que facilita o controle por parte do credor público (e até dos demais credores). Ademais, em seu bojo, certamente constará (por serem requisitos) a correta natureza do crédito, sua classificação e sua adequação à legislação falimentar, com limitação dos juros à data da quebra (além da separação dos valores referentes a multa para inclusão em classe própria). Nesse sentido, tal procedimento, em regra, tem o potencial de promover adequadamente a inclusão do crédito público no

---

[25]   REsp 1.872.759/SP; REsp 1.891.836/SP; REsp 1.907.397/SP.

[26]   O enunciado representa, nos termos dos artigos 190 e 191 do Regimento Interno do Tribunal de Justiça do Estado de São Paulo, jurisprudência pacificada das Câmaras Reservadas de Direito Empresarial.

quadro-geral de credores, ato que deve ser certificado nos autos após o deferimento do pedido.

Todavia, até porque não é instrumento originalmente arquitetado para contemplar o crédito público, tal procedimento igualmente concebe dificuldades. Entre elas, de se destacar que o procedimento de habilitação de crédito pode acabar por ensejar a discussão judicial sobre o crédito apresentado, no âmbito do juízo falimentar, o que ocasiona flagrante problema de competência, por violação aos arts. 5º e 38 da LEF (além do artigo 109 da CF quando se trata de crédito público federal). Nesse sentido, João Aurino de Melo Filho[27] aponta que:

> *O procedimento de habilitação de crédito pressupõe a possibilidade de discussão judicial do crédito habilitado, da própria existência e validade do crédito, autorizando, portanto, no caso concreto, a análise de um crédito inscrito em dívida ativa por outro juízo, que não o da execução fiscal, em procedimento de discussão judicial não autorizado pela LEF. Entendemos, por isso, que o procedimento de habilitação de crédito inscrito em dívida ativa viola a competência do juízo da execução fiscal e o procedimento de discussão judicial determinado pela LEF, o que torna equivocada a jurisprudência atual do SJT.*

Como contraponto à pertinente crítica mencionada acima, é de se destacar a possibilidade de sustentar, no pedido de habilitação de crédito perpetrado pela Fazenda Pública, a aplicação do procedimento previsto no § 1º[28] do art. 188 do CTN, que trata de créditos tributários extraconcursais. Vale dizer que a própria Lei 11.101/2005 prevê dinâmica semelhante no § 2º e no § 3º do art. 6º[29], no sentido de que as impugnações relaciona-

---

[27] MELO FILHO, João Aurino de (coord.). *Execução fiscal aplicada.* Análise pragmática do processo de execução fiscal. 8. ed. Salvador: JusPodivm, 2020. p. 505.

[28] "§ 1º Contestado o crédito tributário, o juiz remeterá as partes ao processo competente, mandando reservar bens suficientes à extinção total do crédito e seus acrescidos, se a massa não puder efetuar a garantia da instância por outra forma, ouvido, quanto à natureza e valor dos bens reservados, o representante da Fazenda Pública interessada."

[29] "Art. 6º A decretação da falência ou o deferimento do processamento da recuperação judicial implica: (...) § 2º É permitido pleitear, perante o administrador judicial, habilitação, exclusão ou modificação de créditos derivados da relação de trabalho, mas as ações de natureza trabalhista, inclusive as impugnações a que se refere o art. 8º desta Lei, serão processadas perante a justiça especializada até a apuração do respectivo crédito,

das a créditos de natureza trabalhista sejam processadas pela Justiça do Trabalho até a apuração do valor do crédito.

Ademais, caso a Fazenda Pública opte por adotar a via da habilitação, ora tratada, considerando o risco de ter seu crédito impugnado perante juízo incompetente para decidir sobre o tema, é recomendável que proceda prévia e criteriosa análise quanto à higidez do crédito, apresentando os documentos aptos a demonstrarem, por exemplo, a inocorrência de prescrição ou decadência do crédito.

Necessário pontuar, ainda, que, caso a Fazenda Pública, no caso concreto, escolha pela adoção do procedimento de habilitação de crédito, deve se atentar ao fato de que tal ato não está contemplado, ao menos expressamente, como apto a interromper a prescrição, nas hipóteses do parágrafo único[30] do art. 174 do CTN. Embora seja plenamente possível sustentar a ausência de fluxo do prazo prescricional após apresentação do crédito, na medida em que não há inércia por parte do Fisco, por tal ato não constar no mencionado rol, parece recomendável e prudente o ajuizamento da execução fiscal, com requerimento de sua suspensão (sem o transcurso de prescrição intercorrente), somente após o despacho do juízo ordenando a citação (que é causa de interrupção da prescrição).

2.3 Mera petição e negócio jurídico processual

Como já ressaltado no presente capítulo, o principal objetivo da Fazenda Pública na cobrança do crédito público em face de massa falida é o recebimento da parcela a que faz jus do produto obtido na falência, à luz da ordem de preferência legal. De outro lado, à luz da Lei nº 11.101/2005, pode-se afirmar que é dever da falida e do administrador judicial a busca

---

que será inscrito no quadro-geral de credores pelo valor determinado em sentença. § 3º O juiz competente para as ações referidas nos §§ 1º e 2º deste artigo poderá determinar a reserva da importância que estimar devida na recuperação judicial ou na falência, e, uma vez reconhecido líquido o direito, será o crédito incluído na classe própria".

[30] "Art. 174. A ação para a cobrança do crédito tributário prescreve em cinco anos, contados da data da sua constituição definitiva. Parágrafo único. A prescrição se interrompe: I – pelo despacho do juiz que ordenar a citação em execução fiscal; II – pelo protesto judicial; III – por qualquer ato judicial que constitua em mora o devedor; IV – por qualquer ato inequívoco ainda que extrajudicial, que importe em reconhecimento do débito pelo devedor."

pela efetiva apuração das dívidas da falida, inclusive as fiscais, a fim de formar o quadro-geral de credores[31].

Tendo tais aspectos em conta, e, em deferência aos princípios da instrumentalidade das formas, da cooperação e da economia e celeridade processuais, mormente quando haja concordância do juízo falimentar e do administrador judicial, não parece haver óbices para que a Fazenda Pública, no caso concreto, apresente seu crédito para inclusão no quadro--geral de credores por meio de mera petição, dirigida ao juízo falimentar, desde que se alcance adequadamente a finalidade pretendida e resguarde os interesses envolvidos.

No mesmo sentido, embora não se pretenda aprofundar pela especificidade da hipótese, cumpre registrar, como alternativa similar, a possibilidade de formalização de negócio jurídico processual, nos termos do art. 190[32] do CPC, envolvendo a Fazenda Pública e o Administrador Judicial, estabelecendo-se o procedimento pelo qual será informado o crédito público no processo falimentar.

3. PANORAMA APÓS O ADVENTO DA LEI Nº 14.112/2020 – INCIDENTE DE CLASSIFICAÇÃO DE CRÉDITO PÚBLICO

A Lei nº 14.112, de 24 de dezembro de 2020, foi concebida com o propósito de promover necessária atualização à legislação referente à recuperação judicial, à recuperação extrajudicial e à falência do empresário e da sociedade empresária. No que se refere ao procedimento para inclusão do crédito público no quadro-geral de credores da falência, a nova legislação tem a potencialidade de alterar definitivamente o cenário abordado no item "2", acima.

Isso porque a Lei nº 14.112/2020 inovou ao, finalmente, prever e regulamentar instrumento de apresentação de crédito na falência próprio para a Fazenda Pública, criando o chamado "incidente de classificação de crédito público", pelo acréscimo do art. 7º-A[33] à Lei nº 11.101/2005. É

---

[31] No sentido de tal raciocínio, de se destacar os artigos 7º; 18; alíneas "b", "c" e "o" do inciso III do art. 22; 105, II.

[32] "Art. 190. Versando o processo sobre direitos que admitam autocomposição, é lícito às partes plenamente capazes estipular mudanças no procedimento para ajustá-lo às especificidades da causa e convencionar sobre os seus ônus, poderes, faculdades e deveres processuais, antes ou durante o processo".

[33] "Art. 7º-A. Na falência, após realizadas as intimações e publicado o edital, conforme previsto, respectivamente, no inciso XIII do caput e no § 1º do art. 99 desta

altamente elogiável a solução trazida pelo legislador, que revela potencial de alavancar a segurança jurídica e a eficiência e economia processuais no âmbito do processo falimentar.

O art. 7º-A prevê a instauração, de ofício pelo juiz, de incidente de classificação de crédito público, para cada Fazenda Pública credora, que será intimada para apresentar, em 30 (trinta) dias, a relação completa de seus créditos inscritos em dívida ativa, acompanhada dos cálculos, da classificação e das informações sobre a sua situação atual. Os parágrafos regulamentam o novo incidente.

Do *caput* também se extrai que o incidente deve ser instaurado pelo juízo falimentar após a realização da intimação eletrônica das Fazendas Públicas para que tomem conhecimento acerca da decretação da falência (art. 99, XIII) e da publicação do edital com a íntegra da decisão que decreta a falência e a relação de credores apresentada pelo falido (art. 99, § 1º).

Deverá ser intimada acerca da instauração do incidente a Fazenda Pública que conste da relação de credores apresentada pelo falido (art. 99, § 1º), além daquela que, após a intimação acerca da decretação da falência, nos termos do art. 99, XIII, alegue nos autos, no prazo de 15 (quinze) dias, possuir crédito contra o falido (art. 7º-A, §1º). Tal alegação, portanto, passa a ser um ônus processual do ente público que possua crédito em face à massa falida.

De qualquer sorte, em caso de não apresentação do crédito tempestivamente pela Fazenda Pública, hipótese em que o incidente será arquivado, o § 5º do art. 7º-A permite à credora requerer o desarquivamento do incidente, observado, no que couber, o disposto no art. 10 da Lei nº 11.101/2005.

Vale ressaltar que, no âmbito do incidente, a Fazenda Pública relacionará seus créditos inscritos em dívida ativa e exigíveis no momento da apresentação. No entanto, os créditos não definitivamente constituídos, não inscritos em dívida ativa ou com exigibilidade suspensa poderão ser informados em momento posterior (art. 7º-A, § 2º).

Lei, o juiz instaurará, de ofício, para cada Fazenda Pública credora, incidente de classificação de crédito público e determinará a sua intimação eletrônica para que, no prazo de 30 (trinta) dias, apresente diretamente ao administrador judicial ou em juízo, a depender do momento processual, a relação completa de seus créditos inscritos em dívida ativa, acompanhada dos cálculos, da classificação e das informações sobre a situação atual."

Cap. IX · COBRANÇA DO CRÉDITO PÚBLICO EM FACE DE MASSA FALIDA | 185

Ponto de destaque acerca do novo instrumento, é que a competência do juízo falimentar na análise do crédito apresentado é limitada aos seus cálculos e classificação (§ 4º, I). Igualmente, ao falido, demais credores e administrador judicial somente é dado manifestar objeções acerca de tais temáticas (art. 7º-A, § 3º, I). De outro lado, dispõe-se expressamente que discussões sobre a existência, exigibilidade e valor do crédito devem ser travadas perante o juízo da execução fiscal[34], que ostenta competência para decidir sobre tais temas[35] (art. 7º-A, § 4º, II).

As referidas previsões legais reforçam o que já dispõem os arts. 76 da Lei nº 11.101/2005 e 5º da Lei nº 6.830/80, bem como todo o racional da Lei de Execução Fiscal, que regulamenta o procedimento de discussão judicial da dívida ativa. No caso do crédito público federal, essa delimitação de competência tem ainda maior razão, em virtude da competência da Justiça Federal, definida no art. 109 da CF. Por fim, tais regras resguardam a presunção de certeza e liquidez do crédito público, atributo que deve ser respeitado pelo administrador judicial e juízo falimentar (art. 7º-A, § 4º, IV).

Dessa forma, o novo incidente de classificação de crédito público, se aplicado com correção pelos operadores do direito, tem o potencial de oferecer ao Fisco adequado instrumento para inclusão de seu crédito no quadro-geral de credores da falência, solucionando o grave problema de competência enfrentado pela Fazenda Pública quando se utilizava do procedimento de habilitação de crédito, como visto no item "2.2" do presente capítulo.

Como decorrência lógica de que a análise no âmbito do incidente de classificação do crédito público é limitada aos cálculos e classificação dos créditos, não há condenação em honorários de sucumbência (art. 7º-A, § 8º). A previsão, mais uma vez, é acertada, porquanto a massa falida, caso pretenda discutir o crédito propriamente dito, o fará no âmbito do juízo da execução fiscal, ambiente em que, se vencedora, poderá ter em seu favor a condenação em honorários sucumbenciais.

Uma vez apresentado o crédito público no bojo do incidente, poderão apresentar objeções o falido, os demais credores e o administrador judicial, no prazo de quinze dias (art. 7º-A, § 3º, I), tendo

---

[34] Vale dizer que, nos termos do inciso III, do § 4º, tal competência prevalece, inclusive, se o crédito não seja objeto de execução fiscal.

[35] O § 4º, II, também assevera cabe ao juízo da execução fiscal decidir sobre eventual prosseguimento da cobrança em face de corresponsáveis.

a Fazenda Pública dez dias para eventuais esclarecimentos a respeito (art. 7º-A, § 3º, II).

Caso o valor apresentado pela Fazenda Pública reste incontroverso, será imediatamente incluído no quadro-geral de credores, observada sua classificação (art. 7º-A, § 3º, IV). Por outro lado, havendo objeções acolhidas pelo juízo, os créditos serão objeto de reserva integral até o julgamento definitivo (art. 7º-A, § 3º, III), de forma a restar resguardado o crédito público em discussão. Assim, enquanto restar pendente recurso apresentado pela Fazenda Pública, prevalecerá a reserva integral[36], até que sobrevenha o trânsito em julgado.

Quanto ao recurso cabível da decisão acerca do incidente, embora silencie a Lei nº 14.112/2020, parece lógica a aplicação do art. 189, § 1º, II[37], da 11.101/2005, pelo que cabível a interposição de agravo de instrumento, no prazo de 15 (quinze) dias corridos (art. 189, § 1º, I, LFRJ c/c art. 1.003, § 5º, CPC), devendo-se observar o prazo em dobro de que dispõe a Fazenda Pública (art. 183, CPC).

Apresentados os créditos pela Fazenda Pública por meio do incidente, as respectivas execuções fiscais ficarão suspensas (art. 7º-A, § 4º, V), enquanto se aguarda o deslinde do processo falimentar, uma vez que, nesse caso, não restam outras providências à Fazenda exequente. Exceção é a hipótese de prosseguimento do processo executivo em face de eventuais terceiros corresponsáveis, caso em que a execução fiscal restará suspensa em face à massa falida, mas prosseguirá em face aos coexecutados.

Vale dizer que todo o racional abordado é aplicável, a nosso ver, integralmente às execuções fiscais que tramitam na Justiça do Trabalho, que têm como objeto multas impostas pelos órgãos de fiscalização

---

[36] No que se refere à reserva, o inciso V do § 3º do art. 7º-A dispõe que: "o juiz, anteriormente à homologação do quadro-geral de credores, concederá prazo comum de 10 (dez) dias para que o administrador judicial e a Fazenda Pública titular de crédito objeto de reserva manifestem-se sobre a situação atual desses créditos e, ao final do referido prazo, decidirá acerca da necessidade de mantê-la".

[37] "Art. 189. Aplica-se, no que couber, aos procedimentos previstos nesta Lei, o disposto na Lei nº 13.105, de 16 de março de 2015 (Código de Processo Civil), desde que não seja incompatível com os princípios desta Lei. § 1º Para os fins do disposto nesta Lei: (...) II – as decisões proferidas nos processos a que se refere esta Lei serão passíveis de agravo de instrumento, exceto nas hipóteses em que esta Lei previr de forma diversa."

das relações de trabalho (art. 114, VII, CF). Quanto às execuções de ofício, nos termos do incisos VIII do art. 114 da CF, também parece aplicável o art. 7º-A, desde que os créditos sejam inscritos em dívida ativa, ressaltando-se que a Lei nº 14.112/2020 vedou, expressamente, a expedição de certidão de crédito e o arquivamento das execuções para efeito de habilitação na recuperação judicial ou na falência (art. 6º, § 11, LFRJ), prática que, embora *contra legem*, vinha sendo frequente na Justiça do Trabalho.

Por fim, de se registrar o quanto disposto no inciso VI do § 4º do art. 7º-A, que ressalva, mesmo diante da figura do incidente de classificação de crédito público, que *"a restituição em dinheiro e a compensação serão preservadas"*, ou seja, não estão abarcadas pelo incidente, de forma que devem ser levadas a efeito pela Fazenda Pública autônoma e paralelamente.

REFERÊNCIAS

BÚRIGO, Vandré Augusto; GOUVÊA, Marcus de Freitas. A PGFN nas ações de falência: algumas discussões. *Jota*. Disponível em: <https://www.jota.info/opiniao-e-analise/artigos/principais-discussoes-envolvendo-a-pgfn-nos-processos-de-recuperacao-judicial-13112020>. Acesso em: 2 maio 2021.

COELHO, Flávia Palmeira de Moura (coord.). *Microssistema de recuperação do crédito fiscal:* comentários às Leis de Execução Fiscal e Medida Cautelar. Coords. Flávia Palmeira de Moura Coelho, Pablo Galas Pedrosa e Rogério Campos. São Paulo: Thomson Reuters. Brasil, 2019.

LUCENA, Jimmy Lauder Mesquita; PEREIRA, Matheus Mello. Atualização da Lei de Falência – breves comentários sob a perspectiva do Fisco. *Jota*. Disponível em: <https://www.jota.info/opiniao-e-analise/artigos/atualizacao-da-lei-de-falencia-breves-comentarios-sob-a-perspectiva-do-fisco-11122020>. Acesso em: 2 maio 2021.

MELO FILHO, João Aurino de (coord.). *Execução fiscal aplicada*. Análise pragmática do processo de execução fiscal. 8. ed. Salvador: JusPodivm, 2020.

NEGRÃO, Ricardo. *Curso de direito comercial e de empresa:* recuperação de empresas, falência e procedimentos concursais administrativos. 12. ed. São Paulo: Saraiva Educação, 2018. v. 3.

Capítulo X

PEDIDO DE RESTITUIÇÃO DE TRIBUTOS RETIDOS EM FONTE E NÃO REPASSADOS OPORTUNAMENTE À FAZENDA PÚBLICA

Jimmy Lauder Mesquita Lucena

Sumário: 1. Introdução – 2. O pedido de restituição no processo de falência à luz da jurisprudência e das disposições da Lei nº 11.101/2005 – 3. A sistemática da retenção de tributos na fonte pagadora – 4. A possibilidade jurídica e as particularidades do pedido de restituição de tributos retidos em fonte e não repassados oportunamente à Fazenda Pública – 5. A restituição de tributos na falência e a Lei nº 14.112/2020 – 6. Conclusão – Referências.

1. INTRODUÇÃO

O pedido de restituição de bens de titularidade de terceiros em poder do falido configura há muito relevante mecanismo de controle da massa falida objetiva, previsto no microssistema normativo que regula a insolvência empresarial.

Desde a vigência do Decreto-lei nº 7.661/1945, prevê o direito pátrio a possibilidade jurídica de retirar do acervo patrimonial formado no Juízo Universal bens que estariam sob simples custódia ou posse do falido, sem título de propriedade propriamente dito.

Especificamente sob o enfoque da Fazenda Pública, o pedido de restituição consagrou-se, com chancela jurisprudencial, como via legítima de cobrança para tributos anteriormente retidos em fonte pelo devedor falido e não transferidos oportunamente aos cofres públicos.

Nessas situações de franca violação da obrigação tributária de repassar ao ente tributante exações retidas, em havendo a falência superveniente do responsável tributário pela retenção, lançar mão do pedido de restituição no ambiente falimentar representa não apenas estratégia legal de otimização arrecadatória em função da prioridade de pagamento dos valores restituíveis, mas também uma necessária neutralização das consequências altamente deletérias de condutas violadoras das normas de responsabilidade tributária ínsitas à sistemática de retenção em fonte, surtindo efeitos dissuasórios relativamente a essa prática de desconformidade fiscal.

Nessa conjuntura, vertidas as linhas iniciais acerca do tema, cumpre aprofundar as ponderações nos tópicos que seguem.

2. O PEDIDO DE RESTITUIÇÃO NO PROCESSO DE FALÊNCIA À LUZ DA JURISPRUDÊNCIA E DAS DISPOSIÇÕES DA LEI Nº 11.101/2005

Para além de regras detalhadas de classificação de créditos aplicáveis ao concurso de credores, preocupou-se o legislador falimentar brasileiro, seja na época do Decreto-Lei nº 7.661/1945, seja durante a égide da Lei nº 11.101/2005 (LREF), em resguardar do vórtice atrativo do Juízo Universal os bens restituíveis de terceiros.

Nesse sentido, são lapidares as normas autorizativas das cabeças do art. 76 do Decreto-Lei nº 7.661/1945[1] e do art. 85 da LREF[2].

No ponto, é interessante perceber que a *ratio* da previsão legal não é criar uma casta de credores favorecidos, mas sim evitar lesão injusta que consistiria em utilizar bens que não sofreram inversão dominial para o falido (ou que a tenham sofrido muito recentemente) na satisfação dos demais credores. Captando bem essa ideia tem-se a lição de Marlon Tomazette[3]:

---

[1] "Art. 76. Pode ser pedida a restituição de coisa arrecadada em poder do falido quando seja devida em virtude de direito real ou de contrato."

[2] "Art. 85. O proprietário de bem arrecadado no processo de falência ou que se encontre em poder do devedor na data da decretação da falência poderá pedir sua restituição."

[3] TOMAZETTE, Marlon. *Curso de direito empresarial:* falência e recuperação de empresas. 6. ed. São Paulo: Saraiva Educação, 2018. v. 3, p. 501-502.

Cap. X · PEDIDO DE RESTITUIÇÃO DE TRIBUTOS RETIDOS EM FONTE | 191

> *[...] Como já mencionado, os pedidos de restituição representam ações judiciais para retirada de bens, inclusive dinheiro, da massa falida. Em outras palavras, trata-se de uma ação que visa a corrigir a formação da massa falida. [...]*
>
> *Não se trata de uma proteção especial a certos credores, mas apenas de correções na formação da massa falida, tanto que os titulares desses direitos não concorrem com os credores do falido. Os valores que sairão da massa falida serão pagos independentemente de os credores do falido receberem alguma coisa, porquanto reitere-se que os titulares desta não são credores. [...]*

Além disso, a LREF antecipa a possibilidade de realização da restituição em dinheiro, inclusive "se a coisa não mais existir ao tempo do pedido de restituição, hipótese em que o requerente receberá o valor da avaliação do bem, ou, no caso de ter ocorrido sua venda, o respectivo preço, em ambos os casos no valor atualizado" (art. 86, inc. I).

Na jurisprudência, colhe-se no Enunciado nº 417 da Súmula do STF[4], aprovado em 01/06/1964, a viabilidade de restituição de dinheiro sob poder do falido, desde que se trate de numerário do qual não tenha ele disponibilidade.

Para mais, está positivado no art. 87 da LREF o cerne procedimental do pedido de restituição.

Da leitura do dispositivo, constata-se que não há maiores formalidades ao exercício da pretensão: deve o titular do bem restituível peticionar ante o Juízo Universal, desenvolvendo fundamentação fático-jurídica e especificando o ativo que pretende extrair do acervo da massa falida.

Autuada a ação em separado, prevê-se a intimação (a rigor, citação) do falido, do Comitê (se houver), dos credores e do administrador judicial para que se manifestem sobre a pretensão no prazo sucessivo de cinco dias. Em sendo eventualmente resistida a pretensão, é possível a dilação probatória, inclusive com designação de audiência de instrução e julgamento se necessário, com posterior conclusão dos autos para sentença.

Em complemento, os arts. 88 a 90 da LREF regulam aspectos jurídicos da sentença de julgamento do pedido de restituição: a) em caso de procedência do pedido, há previsão de entrega da coisa no prazo de 48 (quarenta

---

4   Súmula 417 do STF: "Pode ser objeto de restituição, na falência, dinheiro em poder do falido, recebido em nome de outrem, ou do qual, por lei ou contrato, não tivesse ele a disponibilidade".

e oito) horas, afastando-se a condenação da massa em honorários sucumbenciais nos casos de ausência de contestação; b) em caso de rejeição do pedido de restituição, ainda assim pode se mostrar cabível o deferimento de ofício de crédito concursal ao requerente, a ser incluído no quadro-geral de credores na classificação que lhe couber; e c) foi expressamente definida a apelação como recurso cabível contra a sentença de julgamento do pedido de restituição, retirando-lhe a lei o efeito suspensivo recursal.

Nessa toada, dois pontos merecem destaque.

Primeiramente, parece profícuo que conste nos pedidos de restituição de dinheiro o pedido subsidiário de aplicação do art. 89 da LREF, ainda que a título de mero lembrete ao julgador. Tendo em vista a faculdade legal de "converter" o pedido de restituição em habilitação de crédito concursal, afigura-se irrazoável o entendimento que tem encontrado eco em algumas decisões no sentido de não admitir no mesmo incidente pedido misto que contemple a restituição de parcela do dinheiro em poder do falido e cumulativamente a habilitação da parcela remanescente como crédito concursal.

Ora, se é legalmente admitida decisão que classifique como concursal todo o montante pleiteado como restituível, com mais razão se deve admitir a decisão que venha a dividir a pretensão em valores restituíveis e valores submetidos ao concurso regular de credores. Em vez de extinguir, prematuramente e sem resolução de mérito, o processo por uma suposta ausência de interesse processual no que se refere ao pedido de habilitação, é mais consentâneo com a *ratio* legal e com a economia processual o processamento conjunto dos pedidos no mesmo incidente.

Exaltando o dispositivo em exame enquanto fator de economia processual, Ricardo Negrão[5] anota:

> [...] nas sentenças de improcedência em que se reconhecer a existência de crédito de outra natureza (com direito real, especial ou quirografário), o juiz deve determinar a inclusão do autor do pedido de restituição no quadro geral de credores, na classificação que lhe couber. Opera-se, assim, economia processual e agilidade na formação da massa subjetiva, evitando a reprodução de argumentos do autor e de fundamentos da sentença, lançados no processo de restituição. [...]

Em segundo lugar, em caso de pedido de restituição de dinheiro, assoma defensável que, não havendo risco de violação à ordem de paga-

---

[5]   NEGRÃO, Ricardo. *Curso de direito comercial e de empresa*: recuperação de empresas, falência e procedimentos concursais administrativos. 15. ed. São Paulo: Saraiva Educação, 2021. v. 3. *E-book.*

mento prevista no art. 84 da LREF e já havendo ativos arrecadados da massa falida, capazes de suportar o pagamento dos valores deferidos, aplique-se o prazo de 48 (quarenta e oito) horas previsto no art. 88 da LREF, a fim de que o requerente, após o trânsito em julgado da sentença de procedência, passe a dispor com brevidade do dinheiro que indevidamente se manteve sob custódia do falido.

Por último, calha destacar a norma do art. 91, *caput*, da LREF que determina a suspensão da disponibilidade da coisa cuja restituição é pleiteada até o trânsito em julgado da decisão que julgar o pedido. Trata-se de regra de indisponibilidade cautelar automática para a qual devem atentar os Juízos Falimentares quando do recebimento de protocolos de pedidos de restituição, sob risco de esvaziar a utilidade desses mesmos pedidos e de promover a liquidação de empresas com patrimônio alheio.

Salientados, em essência, os principais traços do instituto, é hora de avançar o estudo dentro da proposta desta obra.

3. A SISTEMÁTICA DA RETENÇÃO DE TRIBUTOS NA FONTE PAGADORA

A retenção de tributos na fonte pagadora consiste em obrigação tributária acessória de pessoa não contribuinte vinculada ao fato gerador, conforme norma expressa de responsabilidade tributária (art. 121, parágrafo único, inc. II, do CTN).

Interessam aqui os casos de responsabilidade tributária por substituição em que pessoa empresária é legalmente incumbida de descontar, de pagamentos feitos a terceiros, valores de tributos a serem posteriormente repassados ao sujeito ativo da relação tributária.

Nessa técnica de tributação, que busca a racionalidade, o substituto tributário, conquanto não responda *a priori* pelo ônus financeiro desdobrado do fato gerador, assume papel imprescindível de cooperação fiscal, devendo conformidade ao procedimento de destacamento e recolhimento dos valores tributários resultantes de manifestação de capacidade contributiva por terceiros.

Explicando muito bem o espírito do instituto Leandro Paulsen[6] postula:

---

[6] PAULSEN, Leandro. *Curso de direito tributário completo*. 12. ed. São Paulo: Saraiva Educação, 2021. p. 247.

194 | FAZENDA PÚBLICA NA RECUPERAÇÃO JUDICIAL E FALÊNCIA

> *[...] A opção do legislador por eleger um substituto tributário normal-*
> *mente visa à **concentração de sujeitos**, ou seja, a que um único substi-*
> *tuto possa responsabilizar-se pela retenção e recolhimento dos tributos*
> *devidos por inúmeros contribuintes que com ele se relacionam. Isso evita*
> *o inadimplemento pelos contribuintes e facilita a fiscalização que, em*
> *vez de ser direcionada a muitos contribuintes, concentra-se em número*
> *muito menor de substitutos. É o caso do empregador ao reter e recolher*
> *o imposto de renda dos seus empregados. Essa concentração também*
> *implica redução dos custos de arrecadação e restringe as possibilidades*
> *de inadimplemento e de sonegação. [...]*

Sem maiores pretensões de aprofundar esse tema afeto aos compên-dios tradicionais de direito tributário, tem-se a técnica da retenção em fonte pagadora, de modo exemplificativo, no âmbito federal, nas normas de regência específicas do imposto de renda, a principiar pela previsão do art. 45, parágrafo único, do CTN[7].

Também na Lei nº 7.713/1988 (altera a legislação do imposto de renda) há diversos dispositivos que lançam mão da técnica de retenção, sendo digna de nota a previsão do art. 7º[8], por versar sobre situação mais corriqueira.

Ainda na esfera federal, outro caso muito recorrente de utilização da técnica de retenção em fonte são as contribuições previdenciárias descontadas pelo empregador do salário de seus empregados, conforme art. 30, inc. I, *a*, da Lei nº 8.212/1991.[9]

Válida, ademais, a menção ao art. 30 da Lei nº 10.833/2003[10], que prevê a retenção de CSLL, COFINS e contribuição ao PIS/PASEP na fonte

---

[7] "Art. 45. (...) Parágrafo único. A lei pode atribuir à fonte pagadora da renda ou dos proventos tributáveis a condição de responsável pelo imposto cuja retenção e recolhimento lhe caibam."

[8] "Art. 7º Ficam sujeitos à incidência do imposto de renda na fonte, calculado de acordo com o disposto no art. 25 desta Lei:
I – os rendimentos do trabalho assalariado, pagos ou creditados por pessoas físicas ou jurídicas;
II – os demais rendimentos percebidos por pessoas físicas, que não estejam sujeitos à tributação exclusiva na fonte, pagos ou creditados por pessoas jurídicas."

[9] "Art. 30. A arrecadação e o recolhimento das contribuições ou de outras importâncias devidas à Seguridade Social obedecem às seguintes normas:
I – a empresa é obrigada a:
a) arrecadar as contribuições dos segurados empregados e trabalhadores avulsos a seu serviço, descontando-as da respectiva remuneração."

[10] "Art. 30. Os pagamentos efetuados pelas pessoas jurídicas a outras pessoas jurídicas de direito privado, pela prestação de serviços de limpeza, conservação,

de pagamento em função de prestação de determinados serviços ou de remuneração de serviços profissionais.

Em todas as hipóteses de utilização da técnica de retenção de tributos, o responsável tributário, enquanto não efetuar o repasse dos valores retidos ao ente federado competente, qualifica-se como simples **depositário** das cifras descontadas de terceiros, nos termos do art. 1º da Lei nº 8.866/1994[11], não tendo sobre tais verbas os poderes inerentes ao direito real de propriedade.

Isso não bastasse, a conduta de não repassar ao ente tributante as exações retidas em fonte é tipificada como crime contra a ordem tributária, conforme previsão do art. 2º, inc. II, da Lei nº 8.137/1990[12]. Para as contribuições previdenciárias, há inclusive tipo penal específico com pena mais gravosa, insculpido no art. 168-A do Código Penal[13].

Como se nota, o referido comportamento omissivo é repudiado intensamente pelo ordenamento, ensejando a mobilização do aparato de repressão criminal do Estado. E não é para menos, pois se trata de uma quebra de confiança gravíssima nos arquétipos da relação tributária: o res-

---

manutenção, segurança, vigilância, transporte de valores e locação de mão--de-obra, pela prestação de serviços de assessoria creditícia, mercadológica, gestão de crédito, seleção e riscos, administração de contas a pagar e a receber, bem como pela remuneração de serviços profissionais, estão sujeitos a retenção na fonte da Contribuição Social sobre o Lucro Líquido – CSLL, da COFINS e da contribuição para o PIS/PASEP."

[11] "Art. 1º É depositário da Fazenda Pública, observado o disposto nos arts. 1.282, I, e 1.283 do Código Civil, a pessoa a que a legislação tributária ou previdenciária imponha a obrigação de reter ou receber de terceiro, e recolher aos cofres públicos, impostos, taxas e contribuições, inclusive à Seguridade Social.

§ 1º Aperfeiçoa-se o depósito na data da retenção ou recebimento do valor a que esteja obrigada a pessoa física ou jurídica.

§ 2º É depositária infiel aquele que não entrega à Fazenda Pública o valor referido neste artigo, no termo e forma fixados na legislação tributária ou previdenciária."

[12] "Art. 2º Constitui crime da mesma natureza:

[...]

II – deixar de recolher, no prazo legal, valor de tributo ou de contribuição social, descontado ou cobrado, na qualidade de sujeito passivo de obrigação e que deveria recolher aos cofres públicos;"

[13] "Art. 168-A. Deixar de repassar à previdência social as contribuições recolhidas dos contribuintes, no prazo e forma legal ou convencional.

Pena – reclusão, de 2 (dois) a 5 (cinco) anos, e multa."

ponsável tributário, que deveria servir como simples ponte do recolhimento aos cofres estatais de parcela de riqueza manifestada pela contribuinte, vale-se indevidamente de sua posição de intermediador para locupletar-se, prejudicando ambos os polos subjetivos da relação tributária.

Relativamente à cobrança desses tributos retidos e não repassados, malgrado exista na Lei nº 8.866/1994 disciplina de ação civil ajuizável por representante judicial da Fazenda Pública "a fim de exigir o recolhimento do valor do imposto, taxa ou contribuição descontado, com os correspondentes acréscimos legais", ordinariamente a persecução judicial dos valores se realiza por meio de inscrição do crédito fazendário em dívida ativa e ajuizamento da execução fiscal.

Com isso, a fase judicial da cobrança já assume feição de processo executivo lastreado na presunção de certeza e liquidez da certidão de dívida ativa, ao passo que a opção pela ação civil prevista na Lei nº 8.866/1994 ensejaria processo de conhecimento que necessitaria de ajustes procedimentais (a exemplo da impossibilidade de prisão do responsável tributário depositário infiel, à luz do Enunciado n. 25 da Súmula Vinculante do STF).

Nesse cenário, é fundamental que as certidões e as inscrições em dívida ativa que aparelham as execuções fiscais destaquem bem que a cobrança se originou do não repasse de tributos retidos em fonte, a fim de que essa particularidade norteie a adoção de medidas judiciais pela procuradoria fazendária, a exemplo do ajuizamento do pedido de restituição em caso de falência superveniente do executado.

4. A POSSIBILIDADE JURÍDICA E AS PARTICULARIDADES DO PEDIDO DE RESTITUIÇÃO DE TRIBUTOS RETIDOS EM FONTE E NÃO REPASSADOS OPORTUNAMENTE À FAZENDA PÚBLICA

Diante do exposto nos tópicos anteriores, deve ser induvidosa a possibilidade jurídica de restituição de tributos retidos em fonte e não repassados oportunamente pelo responsável tributário à Fazenda Pública.

Deve-se ter presente que a pretensão fazendária nesses casos parte da premissa de receber quantia que sempre lhe pertenceu desde a constituição jurídica do depósito legal por meio da retenção na fonte pagadora. Sucedeu apenas de que, por conduta penalmente tipificada, o responsável tributário se apropriou de dinheiro alheio resultante de fato gerador ocasionado por terceiro contribuinte.

Independentemente das estratégias de cobrança adotadas pelo Fisco, trata-se, em essência, de verdadeira pretensão de ressarcimento do erário. Com a falência do depositário do tributo, é imperioso que seja separada dos ativos da massa falida a parcela que estava em seu poder estritamente sob regime de depósito conforme a legislação tributária.

Nessa senda, assentou-se firme jurisprudência no STJ[14] e nos Tribunais de Justiça[15] chancelando amplamente a viabilidade do pedido de

---

[14] No âmbito do STJ, autorizando a restituição de contribuições previdenciárias retidas em fonte, podem-se elencar os Recursos Especiais 1.183.383/RS, 780.971/RS, 769.174/RS, 284.276/PR, 666.351/SP, entre diversos outros.

[15] Válido colacionar três precedentes de tribunais de justiça diversos e épocas distintas nesse sentido (com grifos):

1) "Falência. Pedido de restituição formulado pela União Federal. Imposto de renda retido na fonte e alegadamente não repassado ao Fisco. *Fonte pagadora que tem o dever de não apenas descontar valores devidos a tal título, mas também de efetivamente recolher essa verba tributária. Inteligência do art. 7º da Lei nº 7.713/88, bem como dos arts. 99 a 101 do Decreto-lei nº 5.844/43. Numerário descontado à guisa de imposto de renda que não deixa de pertencer à pessoa jurídica de Direito Público instituidora do tributo pela simples circunstância de ter sido retido pelo próprio empregador, mero depositário do montante. Adequação do pedido de restituição formulado pela Fazenda Pública.* Art. 85, caput, da Lei nº 11.101/2005. Sentença de procedência confirmada. Apelação do Ministério Público desprovida" (TJSP, APL: 00691986720138260100 SP 0069198-67.2013.8.26.0100, Rel. Fabio Tabosa, j. 27.06.2016, 2ª Câmara Reservada de Direito Empresarial, Data de Publicação: 28.06.2016).

2) "Falência. Restituição de imposto de renda retido na fonte. União Federal. Sentença de extinção do processo, sem apreciação do mérito, entendendo não ser possível a pretensão. Possibilidade, contudo. Provimento do recurso. *Se reteve a falida o imposto de renda descontado na fonte de seus empregados, está esse numerário em seu poder, na qualidade de depositária, nos termos do art. 1º, da Lei nº 8.866, de 11 de abril de 1994, sendo obrigada a restituí-lo.* [...]" (TJRJ, APL 00993046220038190001/RJ, 3ª Vara Empresarial, Rel. Sergio Lucio de Oliveira e Cruz, j. 03.04.2007, 15ª Câmara Cível, Data de Publicação: 19.04.2007).

3) "Falência. Imposto retido na fonte. Crédito com direito a restituição. Créditos acessórios obrigações da falida. Submissão ao concurso de credores. Encargos legais crédito tributário. Provido em parte. *A restituição das obrigações tributárias retidas na fonte pela falida (imposto de renda e contribuição previdenciária laboral) é resultado de construção jurisprudencial, lastreada no Enunciado 417, da Súmula do Supremo Tribunal Federal. O valor com direito à restituição corresponde aquele devido pelo contribuinte à Receita Federal, uma vez que não incorpora o patrimônio da Massa Falida. A falida é mera depositária do valor*

restituição de tributos anteriormente retidos em fonte pela falida e não recolhidos tempestivamente.

Superada a primeira questão da viabilidade do pedido de restituição, algumas particularidades da praxe forense merecem debate.

A primeira delas diz respeito à tese sustentada por alguns administradores judiciais de que a ausência de arrecadação de bens na falência acarretaria a inevitável improcedência do pedido de restituição.

A bem da verdade, cuida-se de situação passível de verificação em qualquer das modalidades de pedido de restituição de dinheiro, sendo que a tese referida reflete uma visualização míope da questão, dada a fungibilidade do dinheiro.

A constatação da inexistência momentânea de bens arrecadados no processo falimentar diz com o mundo dos fatos e não pode resultar na extinção prematura do pedido de restituição. Nessas situações, tem-se mais um fator agravante do comportamento da falida: para além de ter atingido nível máximo de insolvência (ausência de bens), foi responsável inclusive pela dissipação de patrimônio alheio, demonstrando acentuado desgoverno na atividade empresarial.

Em sendo assim, não resta outra alternativa a não ser o julgamento de procedência do pedido de restituição (caso efetivamente provada e respaldada a pretensão), ainda que o cumprimento da sentença fique posteriormente prejudicado pela ausência da coisa ou dos valores restituíveis. Trata-se inclusive de hipótese a reclamar intervenção mais contundente do Ministério Público, considerando a probabilidade de apuração de crimes falimentares e contra a ordem tributária.

De se ver, ainda, que há firmes precedentes agasalhando esse entendimento de que a ausência de bens arrecadados na massa falida objetiva não prejudica o processamento do pedido de restituição[16]. Nesses termos,

---

retido e não tem disponibilidade do dinheiro em seu poder. Entendimento do C. STJ no sentido de que é exigível da massa falida o valor do encargo legal, o qual compõe receita da União, de modo que possuem natureza jurídica de crédito tributário. Apelação parcialmente provida" (TJDF, 20150110817642 0023306-59.2015.8.07.0015, Rel. Hector Valverde, j. 27.07.2016, 6ª Turma Cível, *DJE* 02.08.2016, p. 386-446).

16 Por todos, vale a transcrição de precedente do TJSP (com grifos nossos): Incidente de restituição e habilitação (falência). Apelação. Decisão judicial que julgou improcedente o pedido de restituição formulado pela apelante, mas determinou a habilitação de seu crédito em face da massa falida apelada nos valores de R$ 14.355,63, principal e encargo-legal, calculados até a data da decretação da falência, classificado como crédito tributário, mais R$

estando em trâmite o processo falimentar, descabe a extinção prematura do pedido de restituição pela inexistência pontual de bens arrecadados.

Outra controvérsia muito próxima à anterior alude à (des)necessidade de prova individualizada das retenções tributárias outrora efetuadas pela falida.

Nesse tema, deve-se reputar dispensável a prova pontual de cada retenção se o crédito fazendário já estiver plasmado em certidão de dívida ativa imantada pela presunção de certeza e liquidez prevista no art. 3º da Lei nº 6.830/80 e no art. 204 do CTN.

Outrossim, o art. 2º, inc. III, da Lei nº 8.866/94, que regulamenta o depósito legal decorrente da retenção tributária, expressamente categoriza como prova literal do depósito "a certidão do crédito tributário ou previdenciário decorrente dos valores descontados ou recebidos, inscritos na dívida ativa".

Desse modo, estando apontados nas inscrições e certidões de dívida ativa que aparelham o pedido de restituição a legislação e os códigos próprios que regem a tributação na fonte, deve-se considerar cumprido o ônus probatório da Fazenda Pública requerente.

Eventualmente, se houver interessado em discutir o efetivo caráter restituível dos tributos, deve ele produzir provas que infirmem a pretensão fazendária, podendo inclusive se valer de consulta ao processo administrativo fiscal que originou as certidões de dívida, nos moldes do art. 41 da Lei nº 6.830/80.

Nesse sentido também propende a melhor jurisprudência[17].

1.806,65, decorrente de multa e classificado como crédito subquirografário. Alegação de que é inescusável que a parte contrária retenha valor de renda e não o recolha ao erário. *Cabimento. Não houve discussão acerca da efetiva realização dos descontos. CDAs que demonstram a legitimidade da pretensão da União. Principal que deve ser restituído, independentemente da arrecadação. Súmula nº 417/STF e arts. 85 e 86 da Lei Falimentar. Uníssono entendimento das Câmaras Reservadas de Direito Empresarial.* Sentença reformada. Restituição deferida. Apelo provido. Dispositivo: Dão provimento ao apelo" (TJSP, AC 0042435922014826 0100/SP 0042435-92.2014.8.26.0100, Rel. Ricardo Negrão, j. 10.03.2020, 2ª Câmara Reservada de Direito Empresarial, Data de Publicação: 16.03.2020).

[17] Por todos, vale a transcrição de precedente do TJSP (com grifos nossos): "Falência. Restituição. Imposto de renda e contribuições previdenciárias retidos da fonte de empregados. Prova de arrecadação. Habilitação de encargo legal como crédito tributário. *1. A certidão de dívida ativa não foi infirmada pela Massa. O documento, portanto, serve como prova do desconto realizado dos empregados. 2. Prova da arrecadação. Não se justifica a prova de*

Por fim, outra particularidade merecedora de abordagem é a mensuração das parcelas efetivamente restituíveis no caso tributos retidos em fonte e não repassados.

Sabidamente, com o não recolhimento no prazo legal dos valores retidos, passam a incidir sobre o débito juros, multa moratória e outros encargos legalmente previstos. Tais rubricas se agregam ao montante principal e são espelhadas nas inscrições e certidões de dívida ativa correspondentes.

Discute-se, então, quais parcelas tributárias seriam genuinamente restituíveis e quais deverão se submeter ao concurso regular de credores.

Aqui a jurisprudência[18] tem se inclinado para o reconhecimento do caráter restituível tão somente do montante principal do tributo, considerando que os acréscimos têm fundamento autônomo no atraso no repasse de dinheiro subjetivamente imputável à falida (obrigação própria da falida), ao passo que o principal seria restituível ao largo do concurso

---

que tenha havido a arrecadação do dinheiro descontado, que por ser fungível, pode ter originado outro crédito ou bem. Precedente deste Tribunal. Incidência da Súmula nº 417, do STF. 3. No que tange à impossibilidade de incidência da Súmula nº 417, do Supremo Tribunal Federal, cumpre observar que a pretensão da Fazenda, a par da incidência da referida Súmula, tem amparo no quanto disposto no art. 85, da Lei nº 11.101/2005. 4. Encargo legal. Habilitação como crédito tributário. O Egrégio Superior Tribunal de Justiça decidiu, recentemente, que o encargo legal de que trata o art. 1º do Decreto-Lei nº 1025/69 é parcela 'integrante do crédito tributário'. Assim, deve ser habilitado como crédito tributário privilegiado, nos termos do art. 83, inc. III, da Lei nº 11.101/2005, exatamente como pretende a Fazenda Nacional. Recurso provido para admitir a restituição do débito principal, bem como para habilitar o encargo legal como crédito tributário" (TJSP, APL 00580191020118260100/ SP 0058019-10.2011.8.26.0100, Rel. Carlos Alberto Garbi, j. 28.11.2016, 2ª Câmara Reservada de Direito Empresarial, Data de Publicação: 30.11.2016).

[18] Por todos, vale a transcrição de precedente do TJDFT (com grifos nossos): "Pedido de restituição em falência. Valores de imposto de renda retido na fonte. Restituição do valor principal. Inclusão dos juros moratórios no quadro geral de credores. 1. *No pedido de restituição de valores de imposto de renda retido na fonte pela empresa falida, defere-se a restituição apenas do valor principal, devendo o montante relativo aos juros de mora ser inscrito no quadro geral de credores. É que os juros de mora decorrentes do não repasse oportuno ao fisco configuram obrigação da própria empresa falida, diferentemente dos valores de imposto de renda que apenas foram retidos de terceiros, contribuintes do tributo.* 2. Apelação conhecida e desprovida" (TJDF, 07057197520188070015/ DF 0705719-75.2018.8.07.0015, Rel. Carlos Rodrigues, j. 29.03.2019, 6ª Turma Cível, *DJE* 08.04.2019).

de credores por ter fundamento específico no depósito legal decorrente da sistemática de retenção de tributos em fonte (obrigação de terceiro).

Com a devida vênia, embora se trate do posicionamento majoritário no tema, a questão parece digna de reexame. A multa e os demais encargos legais, de fato, não devem transcender a esfera da falida, cabendo sua inclusão ordinária no quadro-geral de credores da falência. Os juros moratórios, contudo, significam a remuneração pelo uso de dinheiro alheio, com caráter de ressarcimento pela privação impingida ao titular do ativo financeiro. Nessa tônica, estão umbilicalmente jungidos ao montante principal no que concerne ao caráter restituível, sendo, em realidade, um incremento legal pelo protraimento do atraso no repasse dos valores retidos.

Em outras palavras, não há, na essência jurídica, sob pena de prejudicar duplamente o credor, razão para dissociar montante principal e juros moratórios dos tributos retidos e não repassados, quando o segundo representa capital de ressarcimento vinculado ao prazo legal de repasse. Por outro lado, a multa e os outros encargos legais representam incremento na cobrança com viés precipuamente inibitório da conduta morosa do responsável tributário, cabendo a sua habilitação concursal em separado.

Em todo caso, qualquer que seja a corrente adotada nesse ponto, parece fora de dúvida a necessidade de que ao menos se proceda à atualização monetária dos valores deferidos à Fazenda Pública a título de restituição de tributos.

5. A RESTITUIÇÃO DE TRIBUTOS NA FALÊNCIA E A LEI Nº 14.112/2020

Em continuidade, cumpre enfatizar a positivação em âmbito legal do pedido de restituição de tributos em falência, a partir do advento da Lei nº 14.112/2020.

Com a inclusão do inc. IV no art. 86 da Lei nº 11.101/2005[19], salvaguardada uma excepcional declaração de inconstitucionalidade do dispositivo, encontra-se pacificada no direito pátrio essa modalidade de pedido de restituição.

---

[19] "Art. 86. Proceder-se-á à restituição em dinheiro:

[...]

IV – às Fazendas Públicas, relativamente a tributos passíveis de retenção na fonte, de descontos de terceiros ou de sub-rogação e a valores recebidos pelos agentes arrecadadores e não recolhidos aos cofres públicos."

Agora o que estava ao sabor das oscilações jurisprudenciais encontra-se definitivamente consagrado no ordenamento, dissipando as últimas sombras de dúvida quanto à legitimidade do instituto.

Enfrentando o tema, Marcelo Sacramone[20] disserta:

> [...] Anteriormente à alteração legislativa que inseriu o inciso IV no art. 86, o dinheiro poderia ser objeto de pedido de restituição, desde que tivesse sido recebido em nome de outrem ou em razão de o falido não ter sobre ele disponibilidade, nos termos da Súmula 417 do Supremo Tribunal Federal.
>
> [...]
>
> A partir da alteração legislativa, incluiu-se como hipótese de pedido de restituição em dinheiro às Fazendas Públicas todos os tributos passíveis de retenção na fonte, de descontos de terceiro ou de sub-rogação e a valores recebidos pelos agentes arrecadadores e não recolhidos aos cofres públicos. Incluídos como objeto de restituição em dinheiro, esses valores somente permitirão a satisfação dos respectivos credores após a satisfação dos créditos trabalhistas prioritários, das despesas cuja antecipação é necessária e dos créditos dos financiadores. [...]

Vale destacar que essa modalidade de pedido de restituição foi explicitamente resguardada do incidente de classificação de crédito público, conforme art. 7º-A, § 4º, inc. VI, da Lei nº 11.101/2005[21]. Ou seja, tributos retidos em fonte e não repassados oportunamente têm garantido regime diferenciado na eventual falência do devedor, devendo ser objeto de pedido de restituição e não abarcados pela relação geral de créditos do incidente prevista no incidente do art. 7º-A da Lei nº 11.101/2005.

Por derradeiro, há que se observar a reformulação do art. 84 da Lei nº 11.101/2005, que trata dos créditos extraconcursais, promovida pela Lei nº 14.112/2020. A restituição de dinheiro atualmente é hipótese explícita de crédito extraconcursal enquadrada na terceira posição na

---

[20] SACRAMONE, Marcelo Barbosa. *Comentários à Lei de Recuperação de Empresas e Falência*. 2. ed. São Paulo: Saraiva Educação, 2021. E-book Kindle.

[21] "Art. 7º-A. (...) § 4º Com relação à aplicação do disposto neste artigo, serão observadas as seguintes disposições:
[...] VI – a restituição em dinheiro e a compensação serão preservadas, nos termos dos arts. 86 e 122 desta Lei;"

ordem de pagamento desses créditos, nos termos do art. 84, inc. I-C, da Lei nº 11.101/2005[22].

Bem analisada a nova roupagem do dispositivo, resta claro que a restituição de tributos retidos em fonte e não repassados à Fazenda Pública deve ocorrer imediatamente após o pagamento das despesas cujo pagamento antecipado seja indispensável à administração da falência (art. 150), dos créditos trabalhistas salariais *emergenciais* (art. 151) e dos valores relativos ao financiamento do falido durante a recuperação judicial precedente, na forma da Seção IV-A do Capítulo III da Lei nº 11.101/2005.

6. CONCLUSÃO

Arrematando a exposição, pode-se concluir que o pedido de restituição de tributos retidos em fonte pela falida e não repassados à Fazenda Pública é via legítima e eficiente de cobrança fiscal, respaldada por copiosa jurisprudência e por disposição legal expressa, após a reforma promovida pela Lei nº 14.112/2020.

A intepretação sistemática das normas de responsabilidade tributária inerentes à tributação na fonte pagadora e do microssistema de direito falimentar brasileiro conduz não apenas à admissibilidade do instituto, mas também à necessidade de sua consolidação no dia a dia das procuradorias fazendárias enquanto instrumento de alcance de conformidade fiscal durante o encerramento da atividade empresarial.

Para além disso, ainda há e certamente surgirão novas discussões em torno de particularidades dessa modalidade de pedido de restituição, que deverão ser travadas nas instâncias pertinentes, incumbindo à Fazenda Pública nortear-se pelo procedimento previsto nos arts. 85 a 93 da Lei nº 11.101/2005, bem como pela jurisprudência dos tribunais de justiça e das cortes superiores.

REFERÊNCIAS

NEGRÃO, Ricardo. *Curso de direito comercial e de empresa*: recuperação de empresas, falência e procedimentos concursais administrativos. 15. ed. São Paulo: Saraiva Educação, 2021. v. 3. *E-book*.

---

[22] "Art. 84. Serão considerados créditos extraconcursais e serão pagos com precedência sobre os mencionados no art. 83 desta Lei, na ordem a seguir, aqueles relativos: [...]
I-C – aos créditos em dinheiro objeto de restituição, conforme previsto no art. 86 desta Lei;"

PAULSEN, Leandro. *Curso de direito tributário completo*. 12. ed. São Paulo: Saraiva Educação, 2021.

SACRAMONE, Marcelo Barbosa. *Comentários à Lei de Recuperação de Empresas e Falência*. 2. ed. São Paulo: Saraiva Educação, 2021. *E-book Kindle*.

TOMAZETTE, Marlon. *Curso de direito empresarial*: falência e recuperação de empresas. 6. ed. São Paulo: Saraiva Educação, 2018. v. 3.

Capítulo XI

REDIRECIONAMENTO DA EXECUÇÃO FISCAL COM FUNDAMENTO NA PRÁTICA DE CRIMES FALIMENTARES POR GESTORES DA EXECUTADA FALIDA

Jimmy Lauder Mesquita Lucena

Sumário: 1. Introdução – 2. Responsabilidade tributária e redirecionamento da execução fiscal movida contra devedor falido – 3. Breves considerações sobre os crimes previstos na Lei n. 11.101/2005 e o respectivo procedimento de persecução penal – 4. Da independência das instâncias de responsabilização (tributária e penal) – 5. Do substrato probatório do pedido de redirecionamento das execuções fiscais em face de gestores da falida – análise à luz do REsp 1.792.310/RS – 6. Da prescrição da pretensão autônoma de redirecionamento da execução fiscal – 7. Conclusão – Referências.

1.   INTRODUÇÃO

A temática do redirecionamento de execuções fiscais por meio da responsabilização tributária de terceiros estranhos à relação processual executiva tem sido recorrente na vivência forense diuturna das procuradorias fazendárias.

Não é incomum que seja necessário à Fazenda Pública veicular no juízo de execuções fiscais a pretensão de ampliar subjetivamente a relação processual com respaldo nas disposições do Código Tributário Nacional pertinentes ao instituto da responsabilidade tributária.

Nesse contexto, conquanto as situações majoritárias de redirecionamento de execuções fiscais contemplem os paradigmáticos casos de dissolução irregular da sociedade executada, amoldáveis ao verbete sumular 435 do Superior Tribunal de Justiça, é considerável também a quantidade dos processos executivos em que se discute a viabilidade de responsabilizar na seara tributária os gestores de empresa falida aos quais se esteja imputando a prática de crimes falimentares previstos na Lei n. 11.101/2005.

Trata-se, então, de cenário que escapa ao tradicional lugar comum jurisprudencial que preconiza ser o procedimento falimentar hipótese de dissolução societária regular, tendo em conta que a peculiaridade do cometimento de crimes falimentares por pessoas naturais vinculadas à devedora falida enseja a invocação das hipóteses normativas de responsabilidade de terceiros previstas no artigo 135 do Código Tributário Nacional.

À luz desse breve escorço introdutório da acesa questão jurídica que se tem ventilado com frequência no trâmite de diversas execuções fiscais, passa-se a tecer ponderações e provocações sobre tema relativamente inexplorado, sem qualquer pretensão de seu esgotamento doutrinário e muito menos de assentamento de respostas definitivas.

2. RESPONSABILIDADE TRIBUTÁRIA E REDIRECIONAMENTO DA EXECUÇÃO FISCAL MOVIDA CONTRA DEVEDOR FALIDO

A responsabilidade tributária é modalidade de sujeição passiva concisamente positivada pelo Código Tributário Nacional para as situações em que terceiro não contribuinte, isto é, sujeito sem relação pessoal e direta com o fato gerador do tributo, é jungido ao polo passivo da relação tributária por disposição expressa de lei (art. 121, parágrafo único, inc. II).

De modo mais profundo, após exame do instituto sob luzes do direito comparado, Leandro Paulsen[1] conceitua a responsabilidade tributária nos seguintes termos:

> [...] responsabilidade tributária é o instituto de direito tributário que consiste na determinação, por lei, a pessoa não contribuinte de

---

[1] PAULSEN, Leandro. *Responsabilidade e substituição tributárias*. Porto Alegre: Livraria do Advogado, 2012. E-book Kindle.

determinado tributo (responsável tributário) que, por se encontrar em situação que lhe enseje a prática ou abstenção de determinados atos úteis à Administração Tributária por impedirem ou minimizarem a evasão e o inadimplemento por parte do contribuinte ou facilitarem a fiscalização, assim o façam, sob pena de responder com seu próprio patrimônio pela satisfação do tributo devido e inadimplido pelo contribuinte. [...]

Aproximando o tema da matéria deste capítulo, como destacado acima, a decretação da falência do devedor não representa, por si só, óbice intransponível ao redirecionamento da execução fiscal em face de terceiros, à luz das hipóteses albergadas pelo Código Tributário.

Deveras, tanto em sede jurisprudencial quanto em campo doutrinário, encontra-se pacificado o entendimento de que, nada obstante o processo falimentar corresponda a um fluxo regular de encerramento da empresa, é cabível a responsabilização tributária de representantes da falida calcada não unicamente na má gestão que eventualmente tenha conduzido a empresa à bancarrota, mas sim na prática de fatos tipificados como crimes falimentares que, paralelamente, atraiam a incidência de normas de responsabilidade tributária.

Por todos, válido trazer à colação a elucidativa lição de João Aurino de Melo Filho[2]:

> *[...] Na prática, inclusive, é possível elencar duas razões concretas que justificam a manutenção do crédito fiscal, mesmo depois de encerrado o processo de falência.*
>
> *A primeira dessas razões é a possibilidade de redirecionamento, mesmo potencial, da execução fiscal. Assim, ainda que encerrado, deve-se observar, nos autos do processo de falência, a existência de eventuais infrações autorizadoras de responsabilização pessoal dos sócios ou do síndico e, consequentemente, do redirecionamento da execução fiscal. A responsabilização dos sócios ou do síndico exige a configuração de evento específico justificador do redirecionamento, cabendo ao ente público exequente comprovar sua ocorrência. No âmbito tributário, a responsabilização dos sócios dependerá da verificação das hipóteses do artigo 135 do CTN, enquanto a responsabilização do síndico está prevista no artigo 134. [...]*

---

[2]   MELO FILHO, João Aurino de (coord.). *Execução fiscal aplicada*. Análise pragmática do processo de execução fiscal. 8. ed. Salvador: JusPodivm, 2020. p. 525.

Como se nota, a responsabilização dos sócios/gestores da falida perpassa a subsunção específica e autônoma de suas condutas à normatividade do art. 135 do Código Tributário, o que, na prática forense, regra geral, operacionaliza-se por meio da invocação das repercussões tributárias dos fatos previstos como crimes falimentares.

Aqui, é oportuno pontuar que, mesmo no entendimento que grassou na jurisprudência pátria no sentido de que o encerramento da falência do devedor implica fulminar, de modo superveniente, o interesse processual da Fazenda credora, com a consequente extinção da execução fiscal na forma do art. 485, inc. VI, do Código de Processo Civil, há sempre explícita uma ressalva: **a extinção só é cabível diante da inexistência de motivos que respaldem o redirecionamento da execução fiscal**.

Nessa toada, pode-se concluir que, sob a perspectiva da Fazenda Pública credora, faz-se imperioso o acompanhamento diligente da apuração e da apreciação das condutas dos gestores da devedora falida no bojo do processo falimentar e das demandas judiciais correlatas, com atenção especial para as manifestações da Administração Judicial e do Ministério Público.

3. BREVES CONSIDERAÇÕES SOBRE OS CRIMES PREVISTOS NA LEI N. 11.101/2005 E O RESPECTIVO PROCEDIMENTO DE PERSECUÇÃO PENAL

Sem intentar enveredar intensamente no aspecto penal da divisão didática do Direito, revela-se pertinente uma abordagem objetiva da normatização dos ditos crimes falimentares pela Lei n. 11.101/2005.

A rigor, a própria adjetivação já parece simplista, pois há, entre os tipos penais dispostos entre os artigos 168 e 178, da lei, condutas com repercussão em recuperação judicial e extrajudicial. Em todo caso, o termo "crimes falimentares" já se arraigou no vocabulário jurídico, devendo ser compreendido como alusão ampla aos onze tipos penais mencionados.

De uma leitura atenta dos dispositivos, depreende-se que o legislador pretendeu reprimir comportamentos lesivos ao Estado, à coletividade de credores ou ao próprio devedor.

Além disso, é fundamental ter presente que, embora se trate de condutas que podem não ser causa única das dificuldades do falido ou recuperando, possuem sempre um liame relevante com essas mesmas dificuldades e, consequentemente, com o eventual inadimplemento tributário do empresário. Esclarecendo muito bem essa nuance, Marcelo Sacramone[3] ensina:

> *[...] Para a sua caracterização [dos crimes falimentares], a conduta prevista no tipo penal não precisa ter sido a causa da decretação da falência ou o que agravou a crise econômico-financeira do devedor e lhe exigiu pedido de recuperação. Basta que a conduta se subsuma ao tipo penal e que prejudique os interesses dos credores ou da Massa Falida.*
>
> *Entretanto, para que não sejam punidas condutas muito anteriores à falência ou à recuperação, sem nenhuma limitação temporal, o que poderia gerar insegurança aos agentes, exigiu-se que as condutas que possam ser penalizadas guardem uma relação com a crise empresarial ocorrida, embora não precisem ser a causa dela. [...]*

Nesse diapasão, são sintomáticos elementos componentes de alguns dos referidos tipos penais que exigem, por exemplo, contribuição "para a condução do devedor a estado de inviabilidade econômica ou financeira" (art. 169) ou "o fim de levá-lo [o devedor em recuperação judicial] à falência" (art. 170).

De mais a mais, conquanto, a rigor, todas as condutas tipificadas possam se prestar à extensão da sujeição tributária passiva no âmbito de execuções fiscais, empiricamente se constata que predomina nesses casos a situação prevista no art. 178 (Omissão dos documentos contábeis obrigatórios), possivelmente em razão de descaso com a contabilidade empresarial a partir do advento de crise.

Passando às disposições complementares, cabe destacar, ainda, a previsão do prazo bienal da prescrição para a pretensão punitiva estatal, com termo inicial no dia da decretação da falência, da concessão da recuperação judicial ou da homologação do plano de recuperação extrajudicial (art. 182). A exiguidade do prazo não raro ocasiona a extinção do processo criminal pelo reconhecimento judicial da consumação da indigitada prescrição, o que, como será abordado adiante, não impede, por si só, a responsabilização no âmbito tributário.

Por fim, quadra gizar a mudança do próprio procedimento penal correspondente aos crimes falimentares, relativamente à sistemática do Decreto-Lei n. 7.661/45 (antiga Lei de Recuperação Judicial e Falência).

---

[3] SACRAMONE, Marcelo Barbosa. *Comentários à Lei de Recuperação de Empresas e Falência*. 2. ed. São Paulo: Saraiva Educação, 2021. E-book Kindle.

No ponto, a mudança precípua consistiu na extinção da figura do "inquérito judicial", instituto que era regulamentado nos artigos 103 a 113 do Decreto-Lei n. 7.661/45, sendo inaugurado a partir de exposição circunstanciada acerca das causas da falência e do procedimento do devedor, elaborada pelo síndico da massa falida. Posteriormente, após a possibilidade de manifestações dos credores, do membro do Ministério Público e do falido, o procedimento encaminhava-se para a formulação de denúncia/queixa ou para o apensamento ao processo falimentar sem continuidade da persecução penal.

Atualmente, a Lei n. 11.101/2005, propendendo para o sistema acusatório de processo penal, para além de prever serem os crimes falimentares de ação penal pública incondicionada, mantém a atribuição da Administração Judicial de apresentar relatório com exposição circunstanciada das causas da falência e do procedimento do devedor, com especificação de eventuais crimes falimentares e delitos conexos constatados (art. 22, inc. III, alínea *e* c/c art. 186). No entanto, há regra expressa resguardando a iniciativa do *Parquet* para, uma vez intimado da sentença de decretação de falência ou de concessão de recuperação judicial, oferecer denúncia criminal ou requisitar a abertura de inquérito policial (art. 187).

Compreendido, em essência e em linhas gerais, o fluxograma da apuração e eventual reprimenda dos crimes falimentares, é possível uma atuação fazendária mais consciente em sede de execução fiscal quando da eventual postulação de redirecionamento com tal esteio jurídico.

4. DA INDEPENDÊNCIA DAS INSTÂNCIAS DE RESPONSABILIZAÇÃO (TRIBUTÁRIA E PENAL)

Em continuidade, apesar da relevância do panorama traçado no tópico antecedente, avulta crucial exarar que as esferas de responsabilidade tributária e criminal convivem de modo independente no Direito brasileiro, ainda que orbitem os mesmos fatos.

Com efeito, ressalvadas as hipóteses em que o juízo criminal reconheça a inexistência do fato ou acolha a negativa de autoria relativamente ao fato típico, o arcabouço normativo vigente[4] legitima o prosseguimento,

---

[4] Entre outros dispositivos, vide art. 935 do CC; art. 66 do CPP/41; e art. 126 da Lei n. 8.112/90 (tratando de responsabilidade administrativa de servidor estatutário federal, neste caso).

em paralelo e de modo autônomo, das instâncias de responsabilização tributária (execução fiscal) e penal (processo criminal instaurado com a denúncia).

Em assim sendo, não se pode cogitar de punição dúplice ao agente infrator, bem como não se deve recair no corriqueiro vezo de condicionar o avanço de uma instância de responsabilidade à higidez procedimental da outra.

Voltando a análise especificamente para a execução fiscal que corre contra massa falida, o monitoramento de eventual processo penal no qual gestores da falida estejam respondendo como incursos em crimes falimentares deve servir como fonte de informações e subsídios probatórios para o acertamento da responsabilidade tributária, não devendo esta seguir a reboque da responsabilidade criminal, ressalvadas apenas, repita-se, as situações extremas de inexistência do fato ou de negativa de autoria.

Bem por isso, não é legítimo exigir a efetiva condenação criminal anterior como requisito para inclusão do corresponsável no polo passivo do executivo fiscal. Ainda menos legítimo se afigura a suscitação de outras hipóteses não vinculantes de absolvição *lato sensu* como óbice à aplicação do art. 135 do Código Tributário, em especial se considerados os numerosos casos de interrupção da persecução criminal por extinção da punibilidade do agente pela prescrição da pretensão punitiva do Estado-acusação.

Felizmente, mesmo por conta da contundência das disposições legislativas, observa-se que se trata de questão já bem concatenada na jurisprudência pátria, sendo bastante encontradiças ementas de precedentes judiciais que consagram expressamente a independência das instâncias de responsabilização tributária e penal.

5. DO SUBSTRATO PROBATÓRIO DO PEDIDO DE REDIRECIONAMENTO DAS EXECUÇÕES FISCAIS EM FACE DE GESTORES DA FALIDA – ANÁLISE À LUZ DO RESP 1.792.310/RS

Naturalmente, ainda que exista o amparo abstrato da independência de instâncias de responsabilização, anteriormente versada, o pedido de redirecionamento da execução fiscal contra gestor da falida investigado/processado pela prática de crimes falimentares demanda material probatório haurido do juízo universal.

A força atrativa do juízo falimentar se manifesta não apenas no que concerne à verificação de créditos e arrecadação de ativos da massa, mas também quanto aos procedimentos inaugurais da apuração de crimes falimentares.

Assim, ainda que se possa cogitar no indefectível mundo das ideias a possibilidade de investigações das causas da falência capitaneadas pela própria Fazenda Pública, a realidade, ante a precariedade de estruturas de apoio vivenciada por diversas procuradorias, tem incumbido a Administração Judicial de coligir informações e provas indicativas de infrações perpetradas por pessoas vinculadas à falida.

Nesse cenário, é de suma relevância o momento da apresentação do prefalado "relatório sobre as causas e circunstâncias que conduziram à situação de falência", o qual deve ser apresentado em até quarenta dias da assinatura do termo de compromisso de Administração Judicial e deverá apontar expressamente a "responsabilidade civil e penal dos envolvidos", conforme art. 22, inc. III, alínea *e*, da Lei n. 11.101/2005.

Na prática, tem-se observado que nem sempre o prazo de quarenta dias será suficiente para a conclusão do relatório, não sendo incomuns pedidos de dilação por parte da Administração Judicial, tendo em vista que há diligências que dependem de providências de terceiros ou mesmo do comparecimento dos representantes legais do falido na forma do art. 104 da Lei n. 11.101/2005.

Em todo caso, com mais ou menos delongas em sua confecção, parece ser esse relatório com exposição circunstanciada das causas da falência e do procedimento do falido peça fundamental e suficiente à responsabilização tributária dos gestores increpados pela prática de condutas ilícitas, nos moldes do art. 135, inc. III, do CTN (responsabilidade de diretor, gerente ou representante da falida por infração à lei).

Isso porque estará nessa etapa processual o delineamento dos fatos ilícitos que representarão o nascedouro dos procedimentos autônomos de responsabilização, de modo que, a partir de então, da perspectiva do prosseguimento da execução fiscal de crédito tributário, já não preponderará eventual juízo referente à autoria e à materialidade de crime falimentar em potencial, que resultará da apreciação dos fatos pelo Ministério Público na condição de *dominus litis*. Diversamente, cumprirá ao órgão de Advocacia Pública da Fazenda exequente apreciar com autonomia a subsunção dos fatos apurados no juízo universal ao sistema normativo de responsabilidade tributária previsto no CTN.

Bem por isso, malgrado constituam ótimos elementos de reforço, deve-se reputar prescindível a juntada aos autos da execução fiscal, para fim de responsabilização tributária do representante da falida, de cópias

Cap. XI · REDIRECIONAMENTO DA EXECUÇÃO FISCAL | 213

de documentos como a requisição de abertura de inquérito policial, a denúncia criminal, a decisão de recebimento da denúncia criminal ou mesmo a sentença condenatória.

Para se desincumbir de seu ônus probatório, cabe, em realidade, à Fazenda exequente apenas demonstrar os fatos imputáveis aos diretores/ gerentes/representantes da falida que configurem o ilícito cível-tributário apto a atrair a norma do art. 135, inc. III, do Código Tributário, o que pode perfeitamente ocorrer por meio da juntada do relatório da Administração Judicial, com seus respectivos anexos, se o caso.

Obviamente, caberá ao juízo da execução fiscal garantir o direito ao contraditório e à ampla defesa ao terceiro que se pretenda responsabilizar, caso esse intente infirmar as provas carreadas aos autos e a pretensão fazendária, inclusive quando colime sustentar as teses extremas de inexistência do fato ou negativa de autoria.

Entrementes, a possibilidade de desfazimento *a posteriori* do redirecionamento da execução fiscal, seja em petição avulsa, em exceção de pré-executividade ou mesmo em embargos do devedor, não implica qualquer tipo de mácula no procedimento aventado, cabendo ao juízo da execução fiscal julgar em definitivo a responsabilidade tributária do gestor da falida com arrimo nas provas e à luz da independência de instâncias.

Quanto a essa questão do acervo probatório que deve ser reputado suficiente ao redirecionamento da execução fiscal, constata-se uma miscelânia de entendimentos na jurisprudência, podendo-se exemplificar sistematicamente algumas correntes: a) suficiência do relatório da Administração Judicial[5]; b) exigência de instauração de inquérito poli-

---

[5] "Agravo de instrumento contra decisão que em sede de execução fiscal para cobrança de dívida previdenciária determinou à exequente a habilitação de seus créditos perante o juízo universal da falência e afastou a responsabilização dos sócios. A cobrança da dívida da Fazenda Pública não se sujeita à habilitação em falência. Indícios de crime falimentar que justifica a inclusão do sócio no polo passivo da execução fiscal. Agravo provido na parte conhecida. [...] 3. *Quanto ao pedido de responsabilização dos sócios com fundamento no artigo 135, III, do CTN, a União demonstrou a que após a decretação da falência da executada, o administrador judicial apresentou relatório naqueles autos concluindo pela existência de condutas que evidenciam a prática, em tese de crime falimentar; isso ocorrendo - e nesse âmbito caberá ao sócio fazer prova em contrário, em sede própria, já que o tema enseja produção de provas em ambiente de cognição plena - incide o artigo 135, caput, do CTN, a justificar sua inclusão no polo passivo da execução.* 4. Agravo de instrumento provido na

cial para apuração dos fatos apontados pelo relatório da Administração Judicial[6]; c) exigência do oferecimento de denúncia que aponte sócio da falida como incurso em crimes falimentares[7]; e até mesmo d) sentença penal condenatória transitada em julgada, como se verá na descrição de julgado superior a seguir.

Notadamente, o tema ainda está pendente de uniformização por meio de instrumentos do microssistema processual de formação de precedentes judiciais. Nos tribunais superiores, ainda que a questão de análise probatória encontre em casos concretos barreiras em enunciados sumulares, parece juridicamente possível que as cortes se debrucem sobre o debate teórico, deliberando acerca da definição da força probatória dos documentos colhidos do procedimento de investigação de crimes falimentares, para fim de redirecionamento da execução fiscal.

Nesse imbróglio, digno de ênfase é o julgamento do Recurso Especial n. 1.792.310-RS pela Segunda Turma do Superior Tribunal de Justiça. Na ocasião, o Tribunal da Cidadania reformou acórdão do

---

parte conhecida do recurso" (TRF-3, AI 10.927/SP 0010927-83.2012.4.03.0000, 1ª Turma, Rel. Des. Federal Johonsom Di Salvo, j. 31.07.2012) (grifamos).

[6] "Agravo de instrumento. Tributário. Execução fiscal. Inquérito por crime falimentar. Inocorrência. Redirecionamento da execução fiscal. Impossibilidade (...) 3. É causa justificadora para o redirecionamento da execução fiscal, a instauração de inquérito por crime falimentar, não bastando a mera manifestação em relatório do administrador da massa falida" (TRF-4, AG: 50250076120174040000 5025007-61.2017.4.04.0000, 2ª Turma, Rel. Luciane Amaral Corrêa Münch, j. 29.08.2017) (grifamos).

[7] "Agravo de instrumento. Tributário e processual civil. Execução fiscal. Redirecionamento para o sócio-gerente. Possibilidade. Crime falimentar. 1. Embora o art. 135, III, do Código Tributário Nacional autorize o redirecionamento da execução fiscal para os sócios da empresa no caso de dissolução irregular, a falência é causa de dissolução regular da sociedade e, por isso, sua mera ocorrência não autoriza o redirecionamento. Exceção será feita, contudo, aos casos em que haja indícios da prática de crime falimentar, mesmo quando não haja, ainda, sentença condenatória proferida em ação criminal. a. No caso, após ter sido registrado na sentença que encerrou o processo de falência da empresa executada que o relatório do administrador judicial apontou indícios de ocorrência de crime falimentar, *o Ministério Público ofereceu denúncia penal contra os sócios MANOEL ANTONIO DE BARROS FILHO e VANDERLEY CRESCIULO, o que é suficiente para justificar o redirecionamento da execução fiscal de origem para ambos*. 3. Agravo de instrumento da União Federal a que se dá provimento" (TRF-2, 00044535520144020000/ RJ 0004453-55.2014.4.02.0000, 4ª Turma, Especializada, Rel. Leticia Mello, j. 25.10.2016) (grifamos).

Tribunal de Justiça do Rio Grande do Sul que condicionara o redirecionamento da execução fiscal ao trânsito em julgado da sentença penal condenatória. Destacando a independência das instâncias de responsabilização, a Corte, nada obstante tenha esclarecido que a existência de indícios e/ou provas de prática de ato de infração à lei (penal) se subsome, em tese, ao art. 135 do CTN (item 7 da ementa), aparentemente se inclinou pela definição da decisão de recebimento da denúncia criminal como "marco de segurança" para o redirecionamento. Em seu valoroso voto condutor da maioria o Ministro Relator Herman Benjamin pontificou:

> [...] A incidência da Súmula 7/STJ deve ser afastada, pois a discussão nos presentes autos não visa identificar se os documentos mencionados no acórdão comprovam ou não a prática de infração (se fosse essa a discussão, aí sim seria Súmula 7/STJ). A questão é outra: constatada a existência de Ação Penal em andamento, tal fato é suficiente para o redirecionamento?
>
> [...]
>
> A resposta para essa questão é que o redirecionamento, à luz do recebimento da denúncia pela prática de crimes falimentares, deverá ser feito no juízo das Execuções Fiscais. O recebimento da denúncia contém juízo inicial de comprovação da MATERIALIDADE do ilícito e de, no mínimo, indícios de AUTORIA do tipo penal.
>
> Assim, se há indícios e/ou provas de prática de ato de infração à lei (penal), a hipótese se subsume ao art. 135 do CTN. [...]

Apesar de se tratar de decisão de órgão fracionário, tomada por maioria (3x2) e não sujeita à sistemática dos recursos representativos de controvérsia, o posicionamento pode ser considerado uma bússola judicial para nortear a atuação fazendária em execuções fiscais em primeiro e segundo graus de jurisdição.

A título de arremate, pode-se assentar que os indícios de prática de crimes falimentares por administrador da falida, desde que plasmados em lastro probatório consistente, autorizam o redirecionamento da execução fiscal. A nosso sentir, nada impede que no próprio relatório da Administração Judicial já estejam bem demonstrados os fatos que implicarão a responsabilidade tributária do infrator, já que o art. 135 do CTN não exige, para fazer surgir a sujeição passiva, os mesmos elementos objetivos e subjetivos da tipificação criminal. Em todo caso, o precedente do Superior Tribunal de Justiça lançou luz sobre a questão, tornando segura a pretensão do redirecionamento formulada posteriormente ao recebimento da denúncia criminal pela imputação de crimes falimentares no juízo indicado no art. 183 da Lei n. 11.101/2005.

6. DA PRESCRIÇÃO DA PRETENSÃO AUTÔNOMA DE REDIRECIONAMENTO DA EXECUÇÃO FISCAL

Em relação à prescrição da pretensão autônoma de redirecionamento da execução fiscal em virtude de indícios de prática de crimes falimentares, a questão primordial se volta à definição do termo inicial do prazo.

Parece acertado no caso a invocação da teoria da *actio nata,* a apontar que o prazo apenas deve ter seu cômputo iniciado quando do efetivo surgimento da pretensão de responsabilização tributária de terceiros a partir da ciência pelo ente fazendário dos fatos tipificados pela Lei n. 11.101/2005. Nesse sentido, tem-se, por exemplo, no âmbito da Procuradoria-Geral da Fazenda Nacional, orientação no sentido de que eventual pedido de redirecionamento da execução fiscal seja formulado tão logo a União tenha ciência da ocorrência da hipótese que o embasa, por meio de relatório do art. 22, inc. III, alínea *e*, da Lei n. 11.101/2005, certificação de dissolução irregular anterior à decretação da falência etc. (vide item 53 do Parecer Conjunto PGFN/CRJ/CDA/Nº 06/2017 – Documento Público).

Contudo, embora no plano teórico tal premissa possa parecer insuscetível de ocasionar discussões mais alongadas, constata-se que em muitas execuções fiscais os documentos ou as informações oficiais que veiculam os fatos ensejadores do pleito de redirecionamento muitas vezes são carreados aos autos executivos após um amplo interregno temporal, amiúde bem superior a um quinquênio contado da sentença de decretação da quebra, gerando situações peculiares, como casos limítrofes em que o terceiro que se pretenderia responsabilizar já faleceu. E isso sucede por uma multiplicidade de fatores, a exemplo da demora nas comunicações institucionais entre juízo universal e procuradoria (normalmente instrumentalizadas por ofícios), da longínqua localização geográfica da Comarca da falência, de dificuldades burocráticas pertinentes a processos que ainda tramitam em meio físico, entre outros.

Em todo caso, parecer ser mais defensável, em harmonia com o quanto expendido no tópico anterior, fincar, de modo seguro, o termo *a quo* do prazo prescricional para redirecionamento da execução fiscal nessas situações na data em que tornado público e acessível, no processo falimentar ou processo criminal correlato, o primeiro documento que albergue de modo inequívoco o relato dos indícios de crimes falimentares, desde que anteriormente tenha havido cientificação formal e hígida da Fazenda Pública relativamente à sentença de decretação da falência.

A partir de então, é presumível o acompanhamento pelo Fisco da execução concursal, seja para atuação no incidente regrado no art. 7º-A da lei de regência, seja para monitoramento das causas da falência a serem vazadas, em tese, no relatório da Administração Judicial em até quarenta dias da assinatura do termo de compromisso.

Nessa conjuntura de maior integração da Fazenda Pública no procedimento falimentar, é razoável concluir que já tenha surgido a pretensão de redirecionamento da execução fiscal quando da juntada do primeiro documento narrativo dos crimes falimentares, ainda que tal evento ocorra após os quarentas dias iniciais (casos de falências mais complexas em que a Administração Judicial pugna por dilação de prazo para se manifestar sobre as causas da quebra ou em que sejam imprescindíveis investigações mais incisivas pelo órgão policial ou ministerial).

7. CONCLUSÃO

Em esforço de desfecho, pode-se concluir que o acompanhamento mais estratégico do processo falimentar de devedores deve ser considerado rotina de alta relevância no âmbito das procuradorias fazendárias, especialmente com o recente advento da Lei n. 14.112/2020.

Para além do tradicional empenho para comunicar os créditos fiscais ao juízo universal (atualmente por meio do incidente de classificação de crédito público), faz-se necessária atenção aos procedimentos de apuração de condutas de sócios da falida eventualmente consideradas criminosas e conducentes à quebra da empresa, já que tais comportamento podem, paralelamente, implicar responsabilidade tributária do agente.

Aportando aos autos falimentares ou ao processo crime correlato documentação comprobatória da prática de fatos enquadráveis como crimes falimentares e também como infrações à lei atrativas da incidência do art. 135 do CTN, exsurge a pretensão de responsabilização tributária dos terceiros investigados/processados, a qual deve ser veiculada no âmbito da execução fiscal no prazo prescricional sob o pálio da independência de instâncias, inclusive do caráter vinculante excepcional de eventual deliberação do juízo criminal no sentido da inexistência do fato apurado ou do afastamento da autoria. Por último, caso tenha havido inclusive recebimento de denúncia concernente aos crimes falimentares, tem-se um importante fator de reforço – embora não imprescindível – da pretensão de redirecionamento da execução fiscal à luz do quanto decidido no REsp 1.792.310-RS.

REFERÊNCIAS

MELO FILHO, João Aurino de (coord.). *Execução fiscal aplicada*. Análise pragmática do processo de execução fiscal. 8. ed. Salvador: JusPodivm, 2020.

PAULSEN, Leandro. *Responsabilidade e substituição tributárias*. Porto Alegre: Livraria do Advogado, 2012. E-book Kindle.

SACRAMONE, Marcelo Barbosa. *Comentários à Lei de Recuperação de Empresas e Falência*. 2. ed. São Paulo: Saraiva Educação, 2021. E-book Kindle.

Capítulo XII

O ENCERRAMENTO DA FALÊNCIA E SEUS EFEITOS EM RELAÇÃO AO CRÉDITO PÚBLICO

Célio do Prado Guimarães Filho

Sumário: 1. Introdução – 2. Extinção das obrigações do falido e os seus efeitos sobre o crédito fiscal – 3. Execução fiscal e extinção do processo falimentar – 4. Extinção do processo falimentar e redirecionamento da execução fiscal – 5. Efeitos da impossibilidade de extinção dos créditos públicos pelo encerramento da falência e a repercussão sobre o prazo prescricional – 6. Conclusão – Referências.

1. INTRODUÇÃO

Este trabalho pretende discorrer sobre o encerramento da falência na perspectiva do crédito público. O processo falimentar objetiva o tratamento uniforme entre os diversos credores da pessoa jurídica que será extinta. Nessa perspectiva, diante da impossibilidade de submissão dos créditos públicos ao concurso de credores, algumas distinções merecem ser destacas, notadamente em relação à edição da Lei nº 14.112, de 24 de dezembro de 2020.

Com a extinção do processo falimentar sem o pagamento integral do crédito público, algumas questões merecem ser analisadas, especialmente no que toca à impossibilidade de sua cobrança perante a pessoa jurídica extinta.

O art. 158, que trata da extinção das obrigações do falido, exige uma interpretação à luz das características dos créditos fiscais, que têm seu fundamento na forma da lei. Com efeito, se por um lado, o dispositivo em comento traduz a extinção das obrigações do falido diante de seus diversos credores, quando se analisa a temática na perspectiva do direito tributário, a questão ganha novos contornos em face do disposto no art. 191 do CTN, da reserva de lei complementar e da não sujeição dos créditos fiscais ao regime falimentar.

A partir desse contexto, o presente trabalho analisará os efeitos do encerramento do processo falimentar sobre os créditos públicos, discorrendo sobre a possibilidade de redirecionamento da ação de cobrança sobre os administradores, a extinção da execução fiscal e a repercussão da instauração da falência sobre o prazo prescricional.

Quanto aos aspectos metodológicos, será adotada uma abordagem qualitativa a partir de uma revisão bibliográfica e jurisprudencial sobre o tema, buscando apresentar as diversas especificidades da extinção do processo falimentar sobre o crédito tributário.

2. EXTINÇÃO DAS OBRIGAÇÕES DO FALIDO E OS SEUS EFEITOS SOBRE O CRÉDITO FISCAL

Nos termos do art. 158 da Lei 11.101/2005, as obrigações do falido são extintas com o pagamento de todos os créditos. Todavia, a extinção do processo de falência nos termos dos arts. 156 e 158, inciso VI[1], também tem o efeito de extinguir as obrigações do falido[2]. Com a edição da Lei 14.112/2020, "o encerramento da falência (art. 114-A e art. 156) não depende do pagamento de todos os créditos, mas sim

---

[1] "Art. 156. Apresentado o relatório final, o juiz encerrará a falência por sentença e ordenará a intimação eletrônica às Fazendas Públicas federal e de todos os Estados, Distrito Federal e Municípios em que o devedor tiver estabelecimento e determinará a baixa da falida no Cadastro Nacional da Pessoa Jurídica (CNPJ), expedido pela Secretaria Especial da Receita Federal do Brasil. (Redação dada pela Lei nº 14.112, de 2020); Art. 158. Extingue as obrigações do falido: (...) VI – o encerramento da falência nos termos dos arts. 114-A ou 156 desta Lei. (Incluído pela Lei nº 14.112, de 2020)".

[2] Importante observar que a sentença que extingue o processo falimentar, por si só, não extingue as obrigações do falido. Trata-se de hipóteses distintas, a extinção do processo, mesmo quando não quitados todos os débitos, e a extinção das obrigações do falido. A previsão constante do inciso V do art. 158 da Lei 11.101/2005 ilustra essa situação em que a prolação da sentença de extinção da falência não irá extinguir as obrigações do falido, que deverá aguardar o decurso do prazo de três anos para a extinção das obrigações. Nesse sentido: MAMEDE, Gladston. *Direito empresarial brasileiro*. Falência e recuperação de empresas. 2. ed. São Paulo: Atlas, 2008. p. 604.

da realização da integralidade do ativo, que pode não ser suficiente à quitação dos créditos"[3].

Lado outro, na perspectiva do crédito tributário, cabe ao art. 156 do Código Tributário Nacional disciplinar as hipóteses de sua extinção, não estando prevista a falência como uma das hipóteses. No mesmo sentido, o art. 191 do CTN dispõe que não pode haver a extinção das obrigações do falido enquanto não forem quitados todos os tributos. A interpretação do dispositivo leva à conclusão de que o juízo falimentar deve exigir a apresentação da Certidão Negativa de Débito (CND) de todos os entes federativos em que o falido tinha estabelecimento, sob pena de não se autorizar a extinção das obrigações do falido[4].

Ademais, o inciso III do art. 146 da Constituição Federal dispõe que cabe à lei complementar estabelecer normas gerais em matéria tributária, notadamente sobre "obrigação, lançamento, crédito, prescrição e decadência tributários".

Assim, o art. 191 configura verdadeira garantia do crédito tributário, visando a sua satisfação ao impedir a declaração de extinção das obrigações do falido sem a quitação dos débitos tributários.

Todavia, a jurisprudência do c. Superior Tribunal de Justiça diverge desse entendimento. Segundo o Tribunal, as obrigações do falido poderão ser declaradas extintas quanto atendidos os requisitos da Lei Falimentar, mas sem a quitação de todos os tributos, oportunidade em que as obrigações tributárias não serão extintas, permitindo que a Fazenda Pública cobre eventual crédito tributário ainda não alcançado pela prescrição[5].

---

[3] BARROS NETO, Geraldo Fonseca de. *Reforma da Lei de Recuperação Judicial e Falência*: comentada e comparada. Rio de Janeiro: Forense, 2021. Kindle, p. 192.

[4] SEEFERLDER, C., CAMPOS, R. (coord.). *Constituição e Código Tributário Nacional comentados*: sob a ótica da Fazenda Nacional. São Paulo: Thomson Reuters, 2020. p. 1100.

[5] No Recurso Especial 834.932/MG, o Relator Min. Raul Araújo ao analisar o aparente conflito entre os dispositivos do CTN e da Lei 11.101/2005 assim se manifestou: "Se o art. 187 do Código Tributário Nacional, com a redação anterior, é taxativo ao dispor que a cobrança judicial do crédito tributário não é sujeita a concurso de credores ou habilitação em falência, concordata, inventário ou arrolamento, e se o mesmo CTN não arrola a falência como uma das causas de suspensão da prescrição do crédito tributário (art. 151), não há mesmo como se deixar de inferir que o crédito fiscal não se sujeita aos efeitos da falência. Tem-se, então, que o pedido de extinção das obrigações do falido poderá ser deferido: I) com maior abrangência, quando satisfeitos os requisi-

O Parecer Conjunto da Procuradoria-Geral da Fazenda Nacional CRJ/CDA 06/2017[6] se alinha ao entendimento aqui apresentado acerca da impossibilidade de extinção das obrigações do falido sem a quitação dos débitos tributários. Assim, o posicionamento da PGFN é no sentido de que "a extinção das obrigações do(s) falido(s), bem como a cessação dos efeitos da decretação da falência, somente poderá ser requerida quando extintos (provavelmente por prescrição) os créditos tributários (bem com os não tributários inscritos em dívida ativa), recomendando, assim, que, diante do pedido a que se refere o art. 159 da Lei nº 11.101/05, o juízo exija a apresentação de CND de todos os entes federativos em que o falido tinha estabelecimento".

Com efeito, uma interpretação sistemática dos dispositivos em comento atrai a conclusão de que a extinção do processo falimentar não tem o condão de extinguir o crédito de natureza tributária. Isso porque as formas de extinção do crédito tributário (art. 156 do CTN), inclusive

---

tos da Lei Falimentar e também os do art. 191 do CTN, mediante a "prova de quitação de todos os tributos"; ou II) em menor extensão, quando atendidos apenas os requisitos da Lei Falimentar, mas sem a prova de quitação de todos os tributos, caso em que as obrigações tributárias não serão alcançadas pelo deferimento do pedido de extinção. Assim, na segunda hipótese, como o Fisco continua com seu direito independente do juízo falimentar, a solução será a procedência do pedido de declaração de extinção das obrigações do falido consideradas na falência, desde que preenchidos os requisitos da Lei Falimentar, sem alcançar, porém, as obrigações tributárias, permanecendo a Fazenda Pública com a possibilidade de cobrança de eventual crédito tributário, enquanto não fulminado pela prescrição. De fato, a declaração de extinção das obrigações do falido poderá referir-se somente às obrigações que foram habilitadas ou consideradas no processo falimentar, não tendo, por isso, o falido, a necessidade de apresentar a quitação dos créditos fiscais para conseguir o reconhecimento da extinção daquelas suas obrigações, em menor extensão" (STJ, REsp 834.932/MG, Rel. Min. Raul Araújo, Quarta Turma, *DJe* 29.10.2015).

6   Nesse sentido, segue a ementa do citado Parecer: "Documento público. Ausência de sigilo. Execução fiscal e falência do devedor. Conflito de interpretações entre os Pareceres PGFN/CRJ Nº 485/2010 e PGFN/CRJ/Nº 89/2013. Revogação parcial deste último opinativo. Considerações sobre a extinção das obrigações do falido. Análise da repercussão do encerramento da falência sobre o prazo prescricional. Repercussão do presente Parecer sobre a gestão da dívida ativa da União e estratégias de cobrança após o encerramento da falência. Possibilidade de caracterização da prescrição intercorrente quando não requerida a medida adequada tendente à cobrança do crédito após a ciência da decretação da falência".

Cap. XII • O ENCERRAMENTO DA FALÊNCIA E SEUS EFEITOS | 223

a prescrição, estão sujeitas à reserva de lei complementar. Nesse sentido, uma vez que a hipótese constante do art. 158 da Lei nº 11.101/05 não está contemplada no rol do art. 156 do CTN (e não há na legislação qualquer previsão em lei complementar nesse sentido), essa disposição legal não é aplicável na situação em comento.

No que toca ao crédito de natureza não tributária, em que as limitações da exigência de lei complementar não são aplicáveis, os arts. 4º, § 4º, 5º e 29 da Lei 6.830/1980[7] impossibilitam a sujeição a concurso de credores ou habilitação em falência a cobrança judicial da Dívida Ativa da Fazenda Pública.

Nesse sentido, a amplitude da decisão que decreta a extinção das obrigações do falido dependerá se houve ou não a quitação dos créditos públicos, de natureza tributária e não tributária.

Importante salientar que mesmo antes da edição da atual legislação falimentar, no regime do Decreto-Lei 7.661/1945, os créditos públicos também não eram submetidos ao regime falimentar, de modo que a decisão que decretava o encerramento da falência não tinha o condão de provocar a sua extinção. Esse entendimento é ilustrado pelo STJ ao reconhecer que "no regime do DL 7.661/1945, os créditos tributários não se sujeitam ao concurso de credores instaurado por ocasião da decretação da quebra do devedor (art. 187), de modo que, por decorrência lógica, não apresentam qualquer relevância na fase final do encerramento da falência, na medida em que as obrigações do falido que serão extintas cingem-se unicamente àquelas submetidas ao juízo falimentar"[8].

Assim, constata-se que o reconhecimento da extinção das obrigações tributárias e não tributárias do falido nos termos do art. 158 da Lei 11.101/2005 (art. 135 do Decreto-Lei 7.661/1945) não depende de prova da quitação de tributos[9].

---

[7] "Art. 4º (...) § 4º Aplica-se à Dívida Ativa da Fazenda Pública de natureza não tributária o disposto nos artigos 186 e 188 a 192 do Código Tributário Nacional; Art. 5º A competência para processar e julgar a execução da Dívida Ativa da Fazenda Pública exclui a de qualquer outro Juízo, inclusive o da falência, da concordata, da liquidação, da insolvência ou do inventário. Art. 29 A cobrança judicial da Dívida Ativa da Fazenda Pública não é sujeita a concurso de credores ou habilitação em falência, concordata, liquidação, inventário ou arrolamento".

[8] STJ, REsp 1.426.422/RJ, Rel. Min. Nancy Andrighi, Terceira Turma, DJe 30.03.2017.

[9] Com a edição da Lei 14.112/2020, as alterações promovidas no art. 158 da Lei 11.101/2001 buscaram uma alteração no regime pós-falimentar, facilitando o reingresso do devedor no mercado. Nesse sentido: "No regime original da Lei n. 11.101/2005, a extinção das obrigações se inseria em uma

A solução adotada pela jurisprudência para compatibilizar os diversos dispositivos legais indicados é o reconhecimento da extinção das obrigações do falido, desde que preenchidos os requisitos da lei falimentar, sem alcançar, porém, os créditos públicos, de natureza tributária e não tributária, permanecendo a possibilidade de o fisco realizar a cobrança.

Finalmente, importante observar que as alterações promovidas pela Lei 14.112/2020 no art. 158 da Lei 11.101/2001 não alteraram a disciplina acerca da extinção das obrigações do falido no que tange às obrigações fiscais, tributárias e não tributárias. Isso porque a não submissão dos créditos fiscais a concurso de credores decorre de disposições legais que não foram revogadas. No caso de créditos tributários, as previsões normativas do CTN continuam impedindo que a sentença que extingue o processo falimentar afete a exigibilidade do crédito tributário. No que toca aos créditos não tributários, os dispositivos da Lei 6.830/80 (arts. 4º, § 4º, 5º e 29[10]), ao atraírem a aplicação do art. 191 do CTN resultam na

---

fase pós-falimentar do processo, normalmente um prazo após a sentença de encerramento da falência. Com a Lei n. 14.112/2020, tenta-se mudar o regime e permitir uma rápida recolocação do devedor no mercado, uma espécie de "fresh. (...) Não há mais a previsão de decurso de prazo o encerramento da falência. Com a Lei 14.112/2020, prevê-se a extinção das obrigações pelo decurso do prazo de 3 anos após a decretação da falência (Lei 11.101/2005 – art. 158, V). Essa hipótese, porém, não libera os bens que já foram arrecadados, os quais continuarão destinados ao pagamento dos credores habilitados ou com pedido de reserva de valor realizados" (TOMA-ZETTE, Marlon. *Comentários à Reforma da Lei de Recuperação de Empresas e Falência*. Indaiatuba: Foco. Kindle, p. 109).

[10] No julgamento da ADPF 357 pelo STF (Rel. Min. Carmen Lúcia, Plenário, *DJE* 07.10.2021), foi reconhecida a inconstitucionalidade dos parágrafos únicos dos arts. 29 da Lei 6.830/80 e 187 do CTN. Os citados dispositivos previam a hierarquia na cobrança do crédito público entre União, Estados e Municípios. Todavia, prevaleceu no STF o entendimento de que o texto constitucional não acolhe a previsão de um dispositivo infraconstitucional que crie distinções entre os entes federados na cobrança judicial dos créditos tributários e não tributários. Assim, foi julgada procedente a arguição de inconstitucionalidade, para declarar não recepcionado pelo Constituição da República de 1988 as normas previstas no parágrafo único do art. 187 da Lei n. 5.172/1966 (Código Tributário Nacional) e no parágrafo único do art. 29 da Lei n. 6.830/1980 (Lei de Execuções Fiscais). Importante observar que a declaração de inconstitucionalidade em nada afeta o *caput* dos dispositivos em comento no que toca a impossibilidade de submissão dos créditos públicos (tributários ou não tributários) a concurso de credores. Assim, as considerações sobre a limitação

mesma conclusão de que esses créditos não se extinguem com a sentença final do processo falimentar[11].

3. EXECUÇÃO FISCAL E EXTINÇÃO DO PROCESSO FALIMENTAR

A extinção do processo falimentar não tem o condão de extinguir as obrigações fiscais. Todavia, isso não significa que a fazenda pública está autorizada a continuar com o prosseguimento da execução fiscal.

Uma vez iniciado o processo falimentar, em que pese os créditos fiscais não se sujeitarem ao concurso de credores, o pagamento deve observar a ordem de preferência da Lei 11.101/2005. Assim, há uma submissão material dos créditos públicos, uma vez que devem observar a ordem legal de preferência dos créditos, nos termos do art. 83, III (créditos concursais) e art. 84, V (créditos extraconcursais), ambos da Lei 11.101/2005[12].

---

do concurso de credores apontadas no texto com fundamento no *caput* dos arts. 29 da Lei 6.830/80 e 187 do CTN continuam válidas.

[11] De fato, as alterações promovidas pela Lei 14.112/2020 buscaram dar celeridade ao processo de falência, com a extinção das obrigações do falido a partir da alienação dos bens arrecadados com o decurso do prazo de três anos, revogando-se o disposto no inciso III do art. 158 da Lei 11.101/2001. Nesse sentido: "Além disso, ficou prevista a extinção das obrigações pelo simples encerramento da falência, seja numa falência frustrada, seja numa falência com apuração de ativos (Lei 11.101/2005 – art. 158, VI). Nesses casos, os ativos apurados serão realizados e destinados ao pagamento dos credores, sendo que o encerramento da falência só ocorrerá depois de realizado o último pagamento. Assim sendo, os credores não terão prejuízo, pois já terão recebido tudo o que conseguiriam receber mesmo, não havendo motivo para se manter as obrigações. Em razão da extinção das obrigações pelo encerramento do processo, não há mais a previsão legal de retomada da prescrição e das execuções contra o devedor, uma vez que a dívida será extinta. Ocorrendo qualquer das hipóteses de extinção das obrigações, o falido deve requerer ao juiz que declare extintas suas obrigações" (TOMAZETTE, Marlon. *Comentários à Reforma da Lei de Recuperação de Empresas e Falência*. Indaiatuba: Foco. Kindle, p. 109). No mesmo sentido consultar: ALMEIDA, Arthur Cassemiro Moura de et al. *Lei de Recuperação e Falência*: pontos relevantes e controversos da reforma. Indaiatuba: Foco, 2021. Kindle, p. 91. Todavia, pelas razões já assinaladas, essas alterações não permitem concluir que a extinção das obrigações do falido afete a exigibilidade do crédito fiscal, notadamente a luz dos arts. 4º, § 4º, 5º e 29, da Lei 6.830/80 e 191 do CTN.

[12] Importante observar mesmo nos casos em que a execução fiscal foi ajuizada antes do processo falimentar, dever ser observada a ordem legal. Nesse sen-

O processo falimentar visa ao pagamento dos credores de acordo com a ordem legal de preferência, de modo que os créditos fazendários devem se submeter a essa ordem de pagamento. Nesse sentido, a Lei 14.112/2020 incluiu o art. 7º-A na Lei 11.101/2001 que determina a suspensão da execução fiscal até o encerramento da falência (§ 4º, V)[13]. Por sua vez, encerrado o processo falimentar com o trânsito em julgado da sentença, cabe a extinção da execução fiscal sem resolução de mérito.

Assim, compete à Fazenda Nacional requerer na execução fiscal a penhora no rosto dos autos do processo falimentar, suspendendo o trâmite da execução fiscal, postura essa que compatibiliza a não submissão dos créditos públicos ao concurso de credores e a necessidade de observância da ordem legal de pagamento na falência[14].

Ocorre que uma vez transitada em julgado a sentença que extingue o processo de falência, é autorizada a extinção da execução fiscal sem resolução do mérito por ausência de pressupostos de constituição e de desenvolvimento válido e regular do processo (inciso IV do art. 485 do CPC/2015). Assim, não havendo causa para redirecionar a execução fiscal, impõe-se a sua extinção sem resolução de mérito[15].

---

tido a Primeira Seção do c. STJ entendeu que "ajuizada depois da quebra, ou mesmo nos casos em que, sendo pretérita, ainda não tenha havido ato de constrição, a execução fiscal também deverá prosseguir; todavia, a penhora eventualmente requerida deverá ser realizada por meio de averbação no rosto dos autos da falência, não sendo possível, no feito executivo, gravar bens singulares previamente arrecadados pelo síndico. Nesta dicção, a Súmula 44/ TFR:'Ajuizada a execução fiscal anteriormente à falência, com penhora realizada antes desta, não ficam os bens penhorados sujeitos à arrecadação no juízo falimentar; proposta a execução fiscal contra a massa falida, a penhora far-se-á no rosto dos autos do processo de quebra, citando-se o síndico'" (STJ, AgRg no CC 108.465/RJ, Rel. Min. Benedito Gonçalves, Primeira Seção, j. 26.05.2010, *DJe* 08.06.2010). No mesmo sentido em recente julgado: STJ, AgInt no CC 159.771/PE, Rel. Min. Luis Felipe Salomão, Segunda Seção, *DJe* 30.03.2021.

13 O inciso V do § 4º do art. 7º-A da Lei 11.101/2001 assim dispõe: "V – as execuções fiscais permanecerão suspensas até o encerramento da falência, sem prejuízo da possibilidade de prosseguimento contra os corresponsáveis".

14 Excepcionalmente a jurisprudência do STJ autoriza a habilitação de créditos tributários na falência sem a necessidade de ajuizamento da execução fiscal. Isso ocorre por exemplo nas cobranças de pequeno valor (inferior a R$ 20.000,00), em que não é proposta a demanda executiva. Nesse sentido: STJ, REsp 1.103.405/ MG, Rel. Min. Castro Meira, Segunda Turma, *DJe* 27.04.2009.

15 MELO FILHO, João Aurino de. *Execução fiscal aplicada*. 2. ed. Salvador: JusPodivm, 2013. p. 464.

No âmbito do Superior Tribunal de Justiça, com o encerramento do processo falimentar, desde que ausentes as hipóteses de redirecionamento da execução fiscal, a ação deve ser extinta sem resolução de mérito. Segundo a corte superior, não cabe na espécie a aplicação do art. 40 da Lei 6.830/80, uma vez que ausentes os requisitos legais para o desenvolvimento regular do processo[16].

Finalmente, o Parecer PGFN/CRJ nº 89/2013 autoriza a extinção da execução fiscal após o trânsito em julgado da sentença que decretou o encerramento da falência, nos termos do art. 267, IV, do CPC/73 (atual inciso IV do art. 485 do CPC//2015)[17].

4. EXTINÇÃO DO PROCESSO FALIMENTAR E REDIRECIONAMENTO DA EXECUÇÃO FISCAL

O art. 135 do CTN disciplina as hipóteses em que terceiros serão responsáveis pelas obrigações tributárias em face de atos praticados com excesso de poderes ou infração a lei, contrato social ou estatuto. O inciso III do citado dispositivo regula os atos praticados pelos gerentes, diretores ou representantes de pessoas jurídicas[18].

---

[16] No julgamento do recurso especial 758.363/RS, o Tribunal entendeu que "com o trânsito em julgado da sentença que decretou o encerramento da falência e diante da inexistência de motivos que ensejassem o redirecionamento da execução fiscal, não restava outra alternativa senão decretar-se a extinção do processo, sem exame do mérito, com fulcro no art. 267, IV, do CPC. Não se aplica ao caso a regra do art. 40 da LEF" (STJ, REsp 758.363/RS, Segunda Turma, Min. Castro Meira, *DJe* 12.09.2005).

[17] Assim enuncia a ementa do citado Parecer: "Tributário. Execução Fiscal. Massa Falida. Com o trânsito em julgado da sentença que decretou o encerramento da falência e diante da inexistência de motivos que ensejam o redirecionamento da execução fiscal, deve ser decretada a extinção do processo, sem exame do mérito, nos termos do art. 267, IV, do CPC. Jurisprudência pacífica do Egrégio Superior Tribunal de Justiça. Aplicação da Lei nº 10.522, de 19 de julho de 2002, e do Decreto nº 2.346, de 10 de outubro de 1997. Procuradoria-Geral da Fazenda Nacional autorizada a não contestar, a não interpor recursos e a desistir dos já interpostos".

[18] No que toca aos terceiros indicados no art. 135, prevalece o entendimento de que o redirecionamento da responsabilidade apenas é cabível quando os indivíduos possuírem poder de gerência ou administração da sociedade. Nesse sentido, o REsp 640.155/RJ (Rel. Min. Denise Arruda, Primeira Turma, *DJe* 24.05.2007). Ademais, o Parecer PGFN/CRJ/CAT nº 55/2009 confirma o entendimento.

A análise da redação do artigo em comento leva à conclusão de que o inadimplemento tributário, inclusive aquele em um processo falimentar, não configura qualquer das hipóteses legais para a responsabilidade de terceiros. Nesse sentido, o STJ editou a súmula 430[19] no sentido de que o mero inadimplemento tributário não se consubstancia como infração à lei apto a ensejar o redirecionamento da responsabilidade.

Assim, o inadimplemento tributário não é causa para o redirecionamento da responsabilidade, uma vez que não se verifica quaisquer das hipóteses do art. 135 do CTN. Com efeito, seja no curso do processo falimentar ou mesmo após a prolação da sentença com o seu trânsito em julgado, a existência de débitos tributários não autoriza, automaticamente, a responsabilização dos diretores, gerentes ou representantes da pessoa jurídica.

Nessa ordem de ideias, tem-se que a extinção da sociedade empresária pela falência não configura hipótese de dissolução irregular, uma vez que se trata de meio legalmente previsto para a dissolução da pessoa jurídica[20].

Lado outro, o mero ato de extinção da pessoa jurídica no processo de falência não conduz, automaticamente, à ideia de que não houve qualquer irregularidade apta a legitimar o redirecionamento da execução fiscal. Significa dizer que o fato de se extinguir a pessoa jurídica pela falência, este fato, por si só, não impede que outra circunstância, diversa da dissolução irregular, autorize o redirecionamento da responsabilidade.

Nesse sentido, o c. STJ dispõe que "não obstante, a decretação da falência, isoladamente, não veda peremptoriamente o redirecionamento, pois o pressuposto do redirecionamento é a prática de atos de infração à lei ou ao contrato social. E essa infração à lei pode ocorrer tanto no âmbito da existência de crimes falimentares como de infração à legislação civil ou comercial (art. 4º, § 2º, da LEF) – ou seja, a simples decretação da

---

[19] Súmula 430: "O inadimplemento da obrigação tributária pela sociedade não gera, por si só, a responsabilidade solidária do sócio-gerente".

[20] Sobre o tema, importante assinalar que a Súmula 435 do STJ dispõe que há dissolução irregular da pessoa jurídica quando esta deixa de funcionar no seu domicílio fiscal, sem informar tal circunstância às autoridades fiscais. Tal hipótese configura infração a lei apta a ensejar o redirecionamento com base no art. 135, III, do CTN. Isso porque os há previsão legal no sentido de que o representante legal da pessoa jurídica mantenha os seus dados atualizados junto ao órgão responsável, inclusive quanto ao endereço de funcionamento.

falência não constitui "atestado" de que inexistiram infrações à lei (civil, comercial, tributária e, por que não?, penal também)"[21].

Com efeito, caso constatadas quaisquer das hipóteses do art. 135 do CTN, independente da extinção do processo falimentar, é cabível o redirecionamento da responsabilidade tributária, inclusive com o prosseguimento da execução fiscal contra os corresponsáveis.

Ainda em relação ao tema da responsabilidade tributária decorrente da prática de crime falimentar, na hipótese em que a conduta também resulte em ato ilícito de outra natureza (civil ou administrativo por exemplo), uma eventual absolvição na esfera penal, não necessariamente irá repercutir na possibilidade de redirecionamento da responsabilidade tributária[22]. Assim, "a hipótese do art. 135 do CTN é aplicável para todo e qualquer ato de infração à lei ou aos atos constitutivos da empresa, isto é, ainda que não tenha havido denúncia-crime por eventual ausência de tipicidade ou antijuridicidade na esfera criminal, tal circunstância não é suficiente para desqualificar o ato (supressão de contabilidade e desvio de bens) como ilícito segundo as regras de Direito Civil (Empresarial)"[23].

Importante observar que não é necessária a condenação em crime falimentar para que seja realizado o redirecionamento da responsabilidade, sendo cabível a aplicação do art. 135 diante da existência de indícios de cometimento de crime falimentar (STJ, AgRg no AREsp 613.934/RS, Rel. Min. Assusete Magalhães, Segunda Turma, *DJe* 24.04.2015). Nesse sentido, compete ao juízo da execução fiscal analisar o pedido de redirecionamento, independentemente de haver ou não sentença penal condenatória de crime falimentar[24].

---

[21] STJ, REsp 1.792.310/RS, Rel. Min. Herman Benjamin, Segunda Turma, *DJe* 04.09.2020.

[22] Caso no processo penal fique provado que o réu não concorreu para a infração penal, uma vez que constatada a ausência de autoria, fica impossibilitado o redirecionamento da responsabilidade tributária nos termos do inciso IV do art. 386 do CPP. Lado outro, as demais hipóteses de absolvição previstas no art. 386 não tem o condão de impedir, automaticamente, na possibilidade de redirecionamento da responsabilidade.

[23] STJ, REsp 1.741.789, Rel. Min. Herman Benjamin, Segunda Turma, *DJe* 30.05.2019.

[24] O recebimento da denúncia, por representar a comprovação da materialidade e indícios de autoria, é ato suficiente para autorizar o juízo da execução fiscal a redirecionar a execução fiscal contra os corresponsáveis nos termos do inciso III do art. 135 do CTN. Esse é o posicionamento constante do voto

Assim, transitada em julgado a sentença do processo falimentar, impõe-se a extinção da execução fiscal sem resolução de mérito, exceto se constatadas algumas das hipóteses do art. 135 do CTN, como a prática de crime falimentar, circunstância que autoriza o prosseguimento da demanda executiva contra os corresponsáveis.

No que toca aos créditos de natureza não tributária, em que pese a jurisprudência do c. STJ impossibilitar o redirecionamento com fundamento do inciso III do art. 135 do CTN[25], outros dispositivos legais permitem a extensão da responsabilidade, como a legislação das sociedades anônimas (art. 158 da Lei 6.404/1976) e o art. 10 do Decreto 3.078/1919[26].

5. EFEITOS DA IMPOSSIBILIDADE DE EXTINÇÃO DOS CRÉDITOS PÚBLICOS PELO ENCERRAMENTO DA FALÊNCIA E A REPERCUSSÃO SOBRE O PRAZO PRESCRICIONAL

Conforme assinalado anteriormente, deve-se reconhecer a distinção entre a extinção do processo falimentar e a extinção das obrigações do falido, porquanto este apenas irá ocorrer, nos termos do art. 191 do CTN, após a quitação dos créditos públicos ou com o decurso do prazo prescricional. Nesse sentido, o Parecer PGFN/CRJ nº 89/2013 leciona que "não implica o cancelamento das inscrições em Dívida Ativa da União, porquanto a extinção da execução ocorreu por um motivo de ordem processual".

---

do Min. Herman Benjamin nos autos do recurso especial 1.792.310/RS: "A resposta para essa questão é que o redirecionamento, à luz do recebimento da denúncia pela prática de crimes falimentares, deverá ser feito no juízo das Execuções Fiscais. O recebimento da denúncia contém juízo inicial de comprovação da MATERIALIDADE do ilícito e de, no mínimo, indícios de AUTORIA do tipo penal. Assim, se há indícios e/ou provas de prática de ato de infração à lei (penal), a hipótese se subsume ao art. 135 do CTN".

[25] A jurisprudência do STJ é no sentido de que é "não se aplica o art. 135, III, do CTN, para embasar pedido de redirecionamento aos sócios de execução fiscal de dívida ativa de natureza não tributária" (STJ, AgInt no REsp 1.643.919/SP, Rel. Min. Regina Helena Costa, Primeira Turma, *DJe* 10.05.2017).

[26] No recurso especial 1.371.128/RS, julgado pelo rito do art. 543-C do CPC/73, o STJ reconheceu a possibilidade de redirecionamento da responsabilidade de créditos não tributários com base na legislação civil (REsp 1.371.128/RS, Rel. Min. Mauro Campbell Marques, Primeira Seção, *DJe* 17.09.2014). No mesmo sentido: STJ, AgRg no AREsp 584.021/SP, Rel. Min. Napoleão Nunes Maia Filho, Primeira Turma, *DJe* 25.02.2019.

Reforçando a tese acima apresentada, no Parecer CRJ/CDA 06/2017 a PGFN afirma que "a extinção das obrigações do(s) falido(s), bem como a cessação dos efeitos da decretação da falência, somente poderá ser requerida quando extintos (provavelmente por prescrição) os créditos tributários (bem com os não tributários inscritos em dívida ativa), recomendando, assim, que, diante do pedido a que se refere o art. 159 da Lei nº 11.101/05, o juízo exija a apresentação de CND de todos os entes federativos em que o falido tinha estabelecimento".

Significa dizer que a impossibilidade de cobrança dos créditos públicos no processo falimentar não impede a sua manutenção nos sistemas os créditos públicos inscritos em dívida ativa.

Com efeito, na perspectiva do art. 191 do CTN, caso não existam ativos arrecadados no processo falimentar aptos a adimplir integralmente, o caminho será a extinção dos créditos públicos pela prescrição.

A decretação da falência do devedor gera efeitos imediatos sobre o passivo fiscal, entre os quais o vencimento imediato das obrigações e a impossibilidade de pagamento das obrigações antes da apuração dos créditos em face da submissão à ordem legal de preferência.

Nesse sentido, impõe-se a análise dos efeitos da decretação da falência sobre o prazo prescricional e qual o momento de reinício desse prazo. A submissão da Fazenda Nacional à preferência legal na falência impede o regular prosseguimento da execução fiscal contra o devedor principal[27]. Por sua vez, uma vez que apenas a Lei Complementar pode regular o prazo prescricional do crédito tributário (alínea b do inciso III do art. 146 da CF, não é cabível a aplicação do art. 6º da Lei 11.101/2001.

Com a edição da Lei 14.112/2020, o inciso V do § 4º do art. 7º-A trouxe a previsão de suspensão das execuções fiscais com a decretação da falência[28].

No mesmo sentido, a jurisprudência anterior à edição da Lei 14.112/2020 reconhecia a ocorrência da suspensão do prazo prescricional com penhora no rosto dos autos do processo falimentar. Assim, "a penhora dos valores no rosto nos autos da falência, ou a habilitação do crédito fazendário no mesmo processo, impõe à Fazenda Pública uma

---

[27]   Recordando ao leitor que caso esteja configurada alguma hipótese de redirecionamento é possível o prosseguimento da demanda executiva.

[28]   TOMAZETTE, Marlon. *Comentários à Reforma da Lei de Recuperação de Empresas e Falência*. Indaiatuba: Foco. Kindle, p. 28.

única atitude: aguardar o término da ação de falência"[29-30]. Assim, no regime anterior à edição da Lei 14.112/2020, se a penhora ocorreu antes da falência, não há prescrição intercorrente; caso a penhora ocorra após a falência, deverá ser adotada a data da penhora para fins prescricionais. Isso porque a decretação da falência, por ausência de previsão legal, não suspende ou interrompe o prazo prescricional (art. 174 do CTN).

Com efeito, reconhecida a suspensão do prazo prescricional com a penhora no rosto dos autos ou com a habilitação dos créditos na falência a partir da vigência da Lei 14.112/2020, apenas com o trânsito em julgado da sentença do processo de falência o prazo prescricional será reiniciado.

Antes da revogação do art. 157 da Lei 11.101/2001, a determinação legal era de reinício do prazo prescricional com o trânsito em julgado da sentença de encerramento da falência. Nesse sentido, a PGFN no Parecer conjunto CRJ/CDA nº 06/2017 adotou o entendimento de que o trânsito em julgado da sentença de encerramento da falência, "representa o termo inicial para reinício do prazo prescricional para cobrança dos créditos fiscais quando não houver fundamento para a cobrança em face de cor-responsáveis".

Ocorre que, na perspectiva dos créditos públicos, em que pese a revogação do art. 157, deve prevalecer o mesmo entendimento à luz do disposto no inciso V do § 4º do art. 7º-A da Lei 11.101/2001. O dispositivo é claro ao determinar a suspensão das execuções fiscais até o encerramento da falência.

Assim, com o fim da suspensão a partir do trânsito em julgado do processo falimentar, terá reinício o prazo prescricional que foi suspenso desde a habilitação (art. 7º-A, § 4º, V), ou no regime anterior a edição da Lei 14.112/2020, desde a penhora no rosto dos autos da falência.

---

29   STJ, AgRg no REsp 1.393.813/RS, Rel. Min. Humberto Martins, Segunda Turma, *DJe* 19.05.2014.

30   No mesmo sentido, nos autos do recurso especial 1.263.552/SE, o STJ afastou a prescrição intercorrente uma vez que na hipótese a Fazenda Pública havia promovido a penhora no rosto dos autos da falência: "Dessa forma, a ausência de movimentação da Execução Fiscal – quando houver penhora no rosto dos autos da Ação de Falência ou estiver pendente a habilitação do crédito da Fazenda Pública – não conduz, automaticamente, ao entendimento de que houve prescrição intercorrente, pois a morosidade no encerramento da demanda processada na forma do Decreto-Lei 7.661/1945 (atualmente na forma da Lei 11.101/2005) não implica inércia da Fazenda Pública" (STJ, REsp 1.263.552/SE, Rel. Min. Herman Benjamin, Segunda Turma, *DJe* 08.09.2011).

Finalmente, com o transcurso do prazo de cinco anos, estará extinto o crédito público pela prescrição.

6. CONCLUSÃO

As especificidades que o crédito público possui no processo falimentar, decorrente da sua autonomia, nos termos do art. 191 do CTN (aplicável aos créditos tributários e não tributários inscritos em dívida ativa), atraem a necessidade de um estudo apartado das demais obrigações do falido.

A distinção mais notória do crédito público no processo falimentar é a sua não extinção com o trânsito em julgado da sentença final do processo falimentar. A impossibilidade de extinção dos créditos públicos, situação que não foi alterada com a edição da Lei 14.112/2020, repercute no destino das execuções fiscais, na possibilidade de redirecionamento da responsabilidade pelas obrigações e no prazo prescricional.

É nesse contexto que o presente trabalho buscou analisar a Seção XII do Capítulo V da Lei 11.101/2005 que trata "Do Encerramento da Falência e da Extinção das Obrigações do Falido" a partir de uma interpretação sistemática com os dispositivos que regulam os créditos públicos.

A vedação legal de extinção dos créditos públicos do art. 191 do CTN atrai a conclusão de que a sentença final do processo falimentar não afeta a exigibilidade dos créditos públicos. Em contrapartida, com o trânsito em julgado da sentença da falência fica impossibilitado o prosseguimento da execução fiscal contra o devedor principal, exceto se presentes os requisitos para o redirecionamento da responsabilidade. É nesse contexto que se afirmou neste trabalho que, caso constatada qualquer das hipóteses do art. 135 do CTN (ou dos arts. 158 da Lei 6.404/1976 e 10 do Decreto 3.078/1919 no caso de créditos não tributários inscritos em dívida ativa), independentemente da extinção do processo falimentar, é cabível o redirecionamento da responsabilidade tributária, inclusive com o prosseguimento da execução fiscal contra os corresponsáveis.

Outrossim, uma vez que os créditos públicos permanecem plenamente exigíveis, mesmo após o fim da falência, a conclusão final é de que a sua extinção ocorrerá pela prescrição. Assim, a partir da redação do art. 7º-A, § 4º, V, da Lei 11.101/2005, tem-se como marco do reinício da prescrição a data do trânsito em julgado da sentença de extinção da falência.

REFERÊNCIAS

ALMEIDA, Arthur Cassemiro Moura de et al. *Lei de Recuperação e Falência*: pontos relevantes e controversos da reforma. Indaiatuba: Foco, 2021. Kindle.

BARROS NETO, Geraldo Fonseca de. *Reforma da Lei de Recuperação Judicial e Falência*: comentada e comparada. Rio de Janeiro: Forense, 2021. Kindle.

GARDINO, A. V. P. *A falência e a preservação da empresa: compatibilidade?* Doutorado. Faculdade de direito da USP, 2012.

GOUVÊA, J. B. C. *Recuperação e falência*: Lei 11.101/2005, comentários artigo por artigo. Rio de Janeiro: Forense, 2009.

MAMEDE, Gladston. *Direito empresarial brasileiro*. Falência e recuperação de empresas. 2. ed. São Paulo: Atlas, 2008.

MELO FILHO, João Aurino de. *Execução fiscal aplicada*. 2. ed. Salvador: JusPodivm, 2013.

SEEFERLDER, C.; CAMPOS, R. (coord.). *Constituição e Código Tributário Nacional comentados*: sob a ótica da Fazenda Nacional. São Paulo: Thomson Reuters, 2020.

TOMAZETTE, Marlon. *Comentários à Reforma da Lei de Recuperação de Empresas e Falência*. Indaiatuba: Foco. Kindle.

EPÍLOGO

A CONTRIBUIÇÃO DA FAZENDA PÚBLICA PARA A DIFUSÃO DA RECUPERAÇÃO EXTRAJUDICIAL

Gabriel Augusto Luís Teixeira Gonçalves

Sumário: 1. Introdução – 2. As mudanças na recuperação extrajudicial: 2.1 Breve histórico; 2.2 A reforma da recuperação extrajudicial: 2.2.1 Inclusão do credor trabalhista; 2.2.2 Redução do quórum para homologação; 2.2.3 Suspensão das execuções contra o devedor; 2.2.4 Proteção dos atos praticados contra a declaração de ineficácia – 3. A transação tributária e a recuperação extrajudicial: 3.1 A segurança jurídica, a transação tributária e a recuperação extrajudicial – 4. Conclusão – Referências.

1. INTRODUÇÃO

Ao longo deste livro realizamos uma análise pragmática da participação do Fisco nos processos de insolvência (recuperação judicial e falência), combinando a experiência prática dos autores com sólida fundamentação teórica, norteada pela reforma da Lei nº 11.101/2005.

Buscamos destrinchar de maneira pormenorizada como se dá essa participação, quais os pontos polêmicos e as questões que devem ser objeto de atenção. Também examinamos a evolução dessa participação desde a origem da Lei nº 1.101/2005, que culminou no reconhecimento, pelo legislador reformista, da Fazenda Pública como um importante ator dos processos de insolvência, através de diversos dispositivos inseridos pela Lei nº 14.112/2020.

Já neste breve epílogo faremos uma abordagem diferente. Aqui, ao invés de apenas esmiuçar dispositivos legais, traremos um olhar mais prospectivo, para o futuro, explorando as intersecções que podem existir entre a recuperação extrajudicial e a negociação do passivo fiscal da empresa em dificuldade, visando criar pontes sustentadas pelos novos pilares trazidos por normas recém-introduzidas em nosso ordenamento jurídico: a Lei da Transação Tributária (nº 13.988/2020) e a Lei nº 14.112/2020 (que reformou a LREF).

Apesar de a recuperação extrajudicial não ter tido ainda o mesmo destaque da recuperação judicial, e nem possuir os mesmos benefícios para o devedor em termos de regularização das dívidas tributárias – como veremos mais à frente –, entendemos que há um importante espaço a ser ocupado por ela, que pode contribuir sobremaneira para o desenvolvimento da relação das Fazendas Públicas com os processos de insolvência.

Se, de um lado, a adoção da consensualidade como um norte na relação Fisco-contribuinte cria um campo de interlocução qualificado e traz novas possibilidades para colaboração que podem tornar a recuperação extrajudicial um importante instrumento para viabilizar a retomada da regularidade fiscal, permitindo que a superação da dificuldade enfrentada seja mais completa; de outro lado a reforma da LREF visou aperfeiçoar os principais pontos que tornavam a recuperação extrajudicial um instrumento de negociação praticamente esquecido, com o intuito de finalmente trazê-la para o *mainstream* da insolvência nacional. Temos assim uma combinação de fatores que colabora para que finalmente as empresas possam enxergar na recuperação extrajudicial um caminho que também leva à equalização de suas dívidas tributárias.

Ao passo que a reconstrução da confiança na relação Fisco-contribuinte têm sido tratada como prioridade pelas administrações tributárias ao redor do mundo[1], desenvolveram-se no Brasil mecanismos que estimulam o diálogo entre as partes integrantes da relação jurídica tributária (conforme vimos no capítulo II deste livro), como forma de se restaurar a segurança jurídica[2] e a se prestigiar a boa-fé objetiva.

---

[1]   Para uma análise ampla das iniciativas de cooperação tributária em âmbito internacional ver: ALMEIDA, Carlos Otávio Ferreira de. *Compliance* cooperativo: uma nova realidade entre Administração Tributária e contribuintes. *Revista Direito Tributário Internacional Atual*, São Paulo: IBDT, n. 2, 2017.

[2]   Em seu opúsculo "Da lei à decisão: a segurança jurídica possível na Pós-Modernidade. Rio de Janeiro: Lumen Juris, 2017", Sérgio André Rocha defende que para alcançarmos um novo patamar de segurança jurídica no que tange às relações jurídicas tributárias é necessário que passemos a discutir o papel e a atuação das instituições responsáveis pela aplicação das leis tributárias, e não nos limitarmos apenas aos textos legais. O desenvolvimento da cooperação entre o Fisco e o contribuinte tem um relevante papel nesse sentido.

Ao mesmo tempo que a abertura para negociação, por parte do Fisco, trouxe maior flexibilidade na estruturação de negócios jurídicos com os contribuintes, permitindo a construção artesanal de soluções customizadas para cada caso específico, por outro lado traz uma exigência ainda mais intensa de motivação dos atos praticados, que necessitam ser devidamente justificados, a fim de se demonstrar o atendimento aos princípios da legalidade, da isonomia, da impessoalidade e da capacidade contributiva (o que foi positivado no § 2º do art. 1º, da Lei nº 13.988/2020).

E o ambiente da recuperação extrajudicial se encaixa como uma luva nesse novo paradigma, pois permite o acesso da Fazenda Pública à negociação que foi levada a cabo com os credores privados, servindo tanto para comparação quanto para compreensão do cenário enfrentado pela empresa em crise.

Percorreremos então trajetos ainda não trilhados, em um esforço imaginativo para estimular a criação de soluções para o passivo fiscal através da recuperação extrajudicial, utilizando-se do inovador aparato normativo hoje disponível e que possibilita uma saudável interação entre a Fazenda Pública e seus contribuintes. Trata-se de tema pouco explorado[3], apesar de ter o potencial de destravar muitas reestruturações empresariais.

2. AS MUDANÇAS NA RECUPERAÇÃO EXTRAJUDICIAL

Para vislumbrarmos em que ponto se encontram os caminhos da recuperação extrajudicial e da transação tributária, é importante antes compreendermos as nuances que envolvem esse instrumento de renegociação, bem como quais foram as alterações operadas pelo legislador reformista e como isso ajuda a pavimentar o caminho em direção à regularização do passivo fiscal.

2.1 Breve histórico

Originalmente pensada para ser uma via rápida de solução de crises empresariais que não demandassem o longo e custoso processo de recuperação judicial, a recuperação extrajudicial acabou não atingindo a projeção que era esperada quando de sua inserção na LREF.

---

[3] Para não dizer nunca, a participação do Fisco nas recuperações extrajudiciais já foi abordada em breve artigo: ZANCHIM, Kleber; VIEIRA, Mariana F. L.; TEIXEIRA GONÇALVES, Gabriel Augusto Luís. O Fisco na recuperação extrajudicial e distressed deals. *Jota*, 2020.

A sua previsão na Lei n° 11.101/2005 foi um relevante avanço no sistema de insolvências brasileiro, pois na vigência do Decreto-Lei n° 7.661/1945 a mera convocação de credores para negociação era considerada ato falimentar[4]. Apesar de existirem autores que faziam uma interpretação restritiva do dispositivo, para considerar caracterizado o ato falimentar apenas em casos de comprovada má-fé[5], fato é que a mera existência dessa norma já causava insegurança jurídica e desestimulava a busca de soluções negociadas extrajudicialmente por parte do devedor. Restava então, apenas a via da concordata ou da falência para resolução das situações em que o comerciante se encontrasse impossibilitado de adimplir todas as suas dívidas.

Diante da necessidade de se criar instrumentos de reestruturação dos passivos empresariais que atendessem à dinamicidade das relações empresariais desenvolvidas no século XXI, quando da reforma do sistema de insolvências o legislador teve a preocupação de estabelecer não apenas soluções exclusivamente judiciais, criando também uma terceira opção, que se desenvolveria quase que completamente de maneira extrajudicial, mas com os benefícios que a chancela judicial traz (submissão de credores dissidentes, criação de título executivo judicial, entre outros). Além disso, também passou a prever expressamente a possibilidade de celebração de acordos privados, no art. 167 da LREF[6], uma mudança que parece singela, mas que representa uma grande mudança de paradigma no sistema de insolvência, prestigiando as soluções de mercado.

Assim, como explica o professor Francisco Satiro[7]:

---

[4]   "Art. 2º Caracteriza-se, também, a falência, se o comerciante:
       (...)
       III – convoca credores e lhes propõe dilação, remissão de créditos ou cessão de bens;"

[5]   BATALHA, Wilson de Souza Campos; BATALHA, Silvia Marina Labate. *Falências e concordatas*. 2. ed. atual. São Paulo: LTr, 1996, p. 124 *apud* SCALZILLI, João Pedro; SPINELLI, Luis Felipe; TELLECHEA, Rodrigo. *Recuperação de empresas e falência*: teoria e prática na Lei 11.101/2005. Almedina Brasil. Edição do Kindle, p. 1.341.

[6]   "Art. 167. O disposto neste Capítulo não implica impossibilidade de realização de outras modalidades de acordo privado entre o devedor e seus credores."

[7]   SOUZA JUNIOR, Francisco Satiro de. Capítulo VI, "Da Recuperação Extrajudicial". In: SOUZA JUNIOR, Francisco Satiro; PITOMBO, Antônio Sérgio A. de Moraes (coord.). *Comentários à Lei de Recuperação de Empresas e Falências*: Lei 11.101/2005. 2. ed. São Paulo: Revista dos Tribunais, 2007.

EPÍLOGO | 241

O legislador brasileiro, a partir da Lei 11.101/2005, passou a oferecer três soluções típicas para o caso das empresas em crise econômico-financeira: a falência, a recuperação judicial e a recuperação extrajudicial. Seu objetivo era de que a Lei possibilitasse a rápida liquidação das empresas inviáveis (falência), ou a construção, entre os detentores de interesse, de uma solução de mercado que garantisse a continuidade do negócio no caso de sua viabilidade e maior eficiência como going concern *(recuperação judicial e extrajudicial).*

Dessa forma, a recuperação extrajudicial veio como uma alternativa à recuperação judicial, ocupando o espaço entre esta e o acordo privado com credores (conhecido na doutrina internacional como *informal workouts*). Dividida em duas modalidades, a facultativa (art. 162 – acordo com todos os credores envolvidos) e a impositiva (art. 163 – imposição da vontade dos credores detentores da maioria dos créditos à minoria dissidente), ela teria como vantagens[8] em relação à recuperação judicial: (i) a flexibilidade; (ii) a simplificação dos quóruns; (iii) a celeridade; (iv) o menor custo; (v) o menor desgaste de imagem; (vi) a menor intervenção; e (vii) o baixo risco.

Conforme a lição de Marcelo Barbosa Sacramone[9]:

Procurou a LREF criar um instituto que permitisse consagrar essa composição privada e assegurasse a submissão de uma minoria discordante ou dispersa ao interesse da maioria dos credores, o que os acordos individuais não poderiam promover.

Por seu turno, a complexidade e, consequentemente, o tempo e os custos de um processo de recuperação judicial poderão não ser adequados à simplicidade da crise do devedor ou de sua estrutura de crédito. Se a crise é pontual ou os meios de recuperação envolvem uma ou apenas algumas classes ou espécies de credores, não se justifica que todos os créditos existentes sejam submetidos a um plano de recuperação, nem que todas as ações individuais sejam suspensas, nem a nomeação necessária de um administrador judicial para fiscalizar a atuação do devedor, nem um procedimento de verificação dos créditos etc.

---

[8] Vantagens apresentadas por SCALZILLI, João Pedro; SPINELLI, Luis Felipe; TELLECHEA, Rodrigo. *Recuperação de empresas e falência*: teoria e prática na Lei 11.101/2005. Almedina Brasil. Edição do Kindle, p. 1.300-1.301.

[9] SACRAMONE, Marcelo Barbosa. *Comentários à Lei de Recuperação de Empresas e Falência*. 2. ed. São Paulo: Saraiva Educação, 2021. Edição do Kindle. p. 967-968.

(...)

Ainda que a composição entre o devedor e o credor já seja suficiente para a produção dos efeitos entre os contratantes, a homologação judicial é imprescindível para a caracterização da recuperação extrajudicial. Embora o plano de recuperação seja extrajudicialmente proposto e aceito, a recuperação extrajudicial exige uma fase judicial em seu procedimento, em que a composição será judicialmente homologada. Além de poder vincular os credores dissidentes à composição celebrada com a maioria dos credores aderentes, a homologação confere força de título executivo judicial ao acordo e submete todos os envolvidos à disciplina dos crimes falimentares.

Apesar do louvável esforço do legislador em disciplinar esse novo instrumento, desde a entrada em vigor da LREF já eram apontados pela doutrina[10] pontos críticos que poderiam inviabilizar a adoção em massa dessa modalidade de renegociação de dívidas.

De fato, apesar de comparada a instrumentos internacionais como o *prepackaged bankruptcy Chapter 11* norte-americano e o *Acordo Preventivo Extrajudicial* (APE) da *Ley de Concursos y Quiebras* da Argentina, o procedimento de recuperação extrajudicial brasileiro acabou não alcançando o mesmo sucesso, pois, como explicam[11] Scalzilli, Spinelli e Tellechea (g.n.), "verifica-se uma série de fragilidades no regime jurídico desenhado pelo legislador brasileiro, razão pela qual a recuperação extrajudicial é letra quase morta, **tendo sido utilizada menos de uma centena de vezes em todo o país desde a promulgação da LREF**".

Os mesmos autores também indicam[12] as principais desvantagens que eram identificadas no regime original da recuperação extrajudicial: (i) o seu alcance restrito; (ii) a inexistência do *stay period*; (iii) a impossibilidade de alienar ativos desembaraçados sem maiores riscos;

---

[10] Cf. PAIVA, Luiz Fernando Valente de. Recuperação extrajudicial: o instituto natimorto e uma proposta para sua reformulação. In: TOLEDO, Paulo Fernando Campos Salles de; SOUZA JUNIOR, Francisco Satiro (coords.). *Direito das empresas em crise*: problemas e soluções. São Paulo: Quartier Latin, 2012. p. 236-237.

[11] SCALZILLI, João Pedro; SPINELLI, Luis Felipe; TELLECHEA, Rodrigo. *Recuperação de empresas e falência*: teoria e prática na Lei 11.101/2005. Almedina Brasil. Edição do Kindle. p. 1.295.

[12] SCALZILLI, João Pedro; SPINELLI, Luis Felipe; TELLECHEA, Rodrigo. *Recuperação de empresas e falência*: teoria e prática na Lei 11.101/2005. Almedina Brasil. Edição do Kindle. p. 1.303.

EPÍLOGO | 243

(iv) o risco de revogação de atos; (v) a ausência de estímulos aos fornecedores; (vi) o risco de intromissão judicial; e (vii) o risco de incorrer nos crimes da LREF.

E foi nesse contexto de subutilização desse importante meio para recuperação das empresas em crise que o legislador reformista buscou acatar as sugestões da doutrina e fazer alterações na recuperação extrajudicial que tornassem esse mecanismo mais atrativo.

2.2   A reforma da recuperação extrajudicial

Diante do cenário enfrentado nos 15 anos de vigência da LREF, descrito acima, ao mesmo tempo que efetuou relevantes alterações nos procedimentos de falência e de recuperação judicial, a Lei nº 14.112/2020 também pretendeu demarcar uma nova era para as recuperações extrajudiciais, atacando algumas das principais questões que eram objeto de crítica e que impediam uma adoção massiva do instituto. Vejamos de maneira mais detida algumas dessas modificações.

2.2.1   Inclusão do credor trabalhista

Foi aumentado o escopo dos créditos que podem ser objeto da recuperação extrajudicial, passando a se permitir a inclusão dos trabalhistas, desde que autorizado por negociação coletiva com o sindicato da respectiva categoria profissional. Ao lado do passivo tributário, as dívidas trabalhistas costumam ser uma das que mais afetam os balanços das empresas em crise, e a permissão para negociar esse passivo fora do âmbito de um procedimento demorado e caro como o da recuperação judicial já é um grande atrativo que a recuperação extrajudicial passou a ter com a reforma a LREF.

Explica Cláudia Al-Alam Elias Fernandes que essa inclusão do crédito trabalhista conversa diretamente com a lógica adotada pela reforma trabalhista de 2017, que privilegia o negociado sobre o legislado.

A autora também esclarece[13] que a autorização sindical é referente à possibilidade de inclusão daquela categoria na negociação coletiva encetada

---

[13]   FERNANDES, Cláudia Al-Alam Elias. Recuperação extrajudicial e os créditos trabalhistas: um modelo que tem tudo para dar certo. In: TURCO, Aline et al.; OLIVEIRA FILHO, Paulo Furtado de (coord.). *Lei de Recuperação e Falência*: pontos relevantes e controversos da reforma. Indaiatuba: Editora Foco, 2021. v. 2.

na recuperação extrajudicial, de maneira que a negociação em relação a cada crédito deve ser feita individualmente com cada credor (observando, claro, a limitação de que os credores dissidentes não podem estar sujeitos a condições piores do que aqueles da mesma classe ou grupo que aceitaram o plano de recuperação extrajudicial, nos termos do § 2º do art. 161).

Além disso, argumenta que no caso de crédito trabalhista detido por empregado que se enquadre na categoria de hiperssuficiente (parágrafo único do art. 444 da CLT), não seria necessária a autorização sindical para a submissão dele ao plano de recuperação extrajudicial, uma vez que a para esses empregados a CLT deu preponderância à negociação individual sobre a coletiva. Trata-se de interessante tese, e que pode tornar ainda mais rápida a negociação do plano de recuperação extrajudicial em certos casos.

Por fim, ao contrário do que ocorre na recuperação judicial, na extrajudicial (na modalidade impositiva), o quórum para aprovação do plano na classe trabalhista é contado apenas "por crédito", e não "por cabeça".

2.2.2 Redução do quórum para homologação

Entre os principais incrementos da recuperação extrajudicial se encontra a mudança do quórum para aprovação do plano de recuperação extrajudicial e imposição das condições acordadas aos credores dissidentes. Antes da reforma da LREF esse quórum era de três quintos (ou 60%), e agora passou a ser de mais da metade dos créditos de cada espécie (ou 50% mais um), nos termos do art. 163. É uma significativa redução, que facilita bastante a utilização da recuperação extrajudicial como meio para se impor a vontade dos credores que concordaram com o plano sobre os dissidentes, priorizando-se a manutenção[14] daquela

---

[14] Lembra o professor Francisco Satiro que a recuperação extrajudicial, "A par de certos efeitos específicos, diferencia-se de um simples acordo do devedor com credores em razão da sua causa, qual seja, a preservação da empresa e dos diversos interesses a ela relacionados. É justamente a priorização do interesse social sobre os individuais do devedor e de cada credor que justifica a imposição do plano a certos credores resistentes, desde que garantida a adesão de um mínimo de 60% dos demais da mesma espécie ou grupo" (SOUZA JUNIOR, Francisco Satiro de. CCapítulo VI, "Da Recuperação Extrajudicial". In: SOUZA JUNIOR, Francisco Satiro; PITOMBO, Antônio Sérgio A. de Moraes (coord.). *Comentários à Lei de Recuperação de Empresas e Falências*: Lei 11.101/2005. 2. ed. São Paulo: Revista dos Tribunais, 2007. p. 523).

EPÍLOGO | 245

empresa que atende à sua função social e a manutenção dos benefícios daí decorrentes.

Além dessa redução em si já representar um importante incentivo para se adotar cada vez mais esse instituto como instrumento para a recuperação da empresa em crise, foi prevista no § 7º do art. 163 a possibilidade de se ajuizar o pedido de homologação do plano de recuperação extrajudicial quando obtida a aprovação de apenas um terço de todos os créditos de cada espécie por ele abrangidos, aplicando-se desde então o *stay period*. Nesse caso, é concedido ao devedor o prazo de 90 dias para que seja obtida a concordância dos demais credores, a fim de se atingir o quórum de mais da metade dos credores de cada espécie abrangida.

Ou seja, agora se permite que ao chegar a um acordo com um número reduzido de credores, o devedor se beneficie da suspensão das execuções contra si, obtendo um importante fôlego durante noventa dias para continuar as negociações. Caso durante esse período não consiga o aval dos demais credores, é facultada a conversão do procedimento em recuperação judicial[15].

2.2.3 Suspensão das execuções contra o devedor

Na redação original da Lei nº 11.101/2005 não havia previsão específica sobre a aplicação do *stay period* previsto no art. 6º às recuperações extrajudiciais. Não obstante, já havia quem[16] defendesse que a suspensão das execuções e a impossibilidade de se requerer a falência do devedor já se aplicava aos credores sujeitos à recuperação extrajudicial (inclusive os dissidentes), desde o ajuizamento do pedido, em uma interpretação a *contrario sensu* do § 4º do art. 161 da LREF.

Apesar disso, a ausência de uma previsão clara trazia insegurança jurídica que afastava as empresas em crise da utilização desse instituto. Dessa forma, andou bem a reforma da LREF ao prever expressamente a aplicabilidade do *stay period* às recuperações extrajudiciais, desde o protocolo do pedido (§ 8º do art. 163 – enquanto na recuperação judicial a suspensão só ocorre com o seu deferimento).

---

15 Aproximando-se do que propunha Luiz Fernando Valente de Paiva no texto citado na nota 10, no qual sugere a transformação da recuperação extrajudicial em rito sumário da recuperação judicial.

16 SALOMÃO, Luis Felipe; SANTOS, Paulo Penalva. *Recuperação de empresas e falência*: diálogos entre a doutrina e jurisprudência. São Paulo: Atlas. Edição do Kindle. p. 261.

2.2.4 Proteção dos atos praticados contra a declaração de ineficácia

Um dos grandes entraves na recuperação extrajudicial era a possibilidade de que os atos praticados fossem revogados ou declarados ineficazes em caso de falência da devedora, mesmo que previstos no plano homologado judicialmente. O art. 131 da LREF, em sua redação original, previa apenas que os atos praticados conforme definido no plano de recuperação judicial não seriam declarados ineficazes ou revogados, enquanto o art. 138 prevê expressamente que caberá a revogação ou a declaração de ineficácia mesmo quando o ato tenha sido praticado com base em decisão judicial (como aqueles praticados com fundamento na decisão que homologou o plano de recuperação extrajudicial).

Isso trazia uma grande insegurança jurídica que afastava eventuais investidores interessados em adquirir bens da devedora, e prejudicava até mesmo a pré-disposição dos credores em firmar negócios jurídicos com a empresa em crise[17].

---

[17] "O dispositivo legal menciona expressamente o procedimento de recuperação judicial, silenciando quanto a sua possível extensão ao regime jurídico da recuperação extrajudicial. Dessa forma, entende-se que essa omissão do legislador indica que os atos previstos no plano de recuperação extrajudicial não estão protegidos contra ações revocatórias e declarações de ineficácia previstas nos arts. 130 e 129 – ou, numa interpretação diversa (também possível como abaixo será visto), ao menos cria uma insegurança que faz tais operações serem bastante desconfortáveis para os participantes. Assim, além de não estar afastada a hipótese de quebra do devedor recuperando, outro sério risco do regime consiste no fato de que os atos praticados no contexto recuperatório extrajudicial, como, por exemplo, as alienações de ativos, estão sujeitos à revogação ou à declaração de ineficácia. Portanto, eventuais alienações de filiais ou unidades produtivas isoladas do devedor, ainda que realizadas em juízo, nos termos do art. 166, não estão imunizadas em caso de falência do devedor. Em sentido contrário, LIGIA PAULA PIRES PINTO SICA entende, com base numa interpretação ampliativa e principiológica da LREF, que seria mais acertado estender a aplicação do disposto no art. 131 ao plano de recuperação extrajudicial homologado judicialmente, na medida em que isto aumentaria o grau de segurança do regime e incentivaria os credores a aderir aos seus termos e condições (SICA. Recuperação extrajudicial de empresas..., p. 107, 163-164).

(...) De qualquer forma, mesmo que se queira concordar com a tese defendida, a incerteza gerada pela LREF (risco de desfazimento do negócio) já é fator decisivo para o desprestígio do regime da recuperação extrajudicial" (SCALZILLI, João Pedro; SPINELLI, Luis Felipe; TELLECHEA, Rodrigo. *Recuperação de*

Dessa forma, andou bem a Lei nº 14.112/2020 ao alterar o art. 131 e estender a proteção contra declaração de ineficácia ou revogação também aos atos praticados nos termos do que foi acordado em plano de recuperação extrajudicial, prestigiando essa modalidade de soerguimento empresarial.

3. A TRANSAÇÃO TRIBUTÁRIA E A RECUPERAÇÃO EXTRAJUDICIAL

Vimos que a reforma da Lei nº 11.101/2005 encampou várias das sugestões que a doutrina apresentava para que fosse aperfeiçoada a recuperação extrajudicial, transformando esse instituto em meio mais eficaz para atender aos propósitos para os quais foi planejado. É o que conclui também Mônica Di Piero[18]:

> *A mudança, com institutos simples e céleres, rompe barreiras, pois, apesar de não exigir um plano, traz a intervenção mínima e necessária do Poder Judiciário, que, em verdade, ao homologar o acordo, dá chance a uma empresa viável, criando um ambiente de negociação com os estímulos corretos, na exata medida da segurança jurídica necessária, protegendo o acordo de uma ação revocatória, superando o dualismo pendular em nome da ordem social, deferindo um período de suspensão para logo depois no interesse de valores socioeconômicos homologarem uma negociação.*

Apesar disso, como ressalta Fábio Ulhoa Coelho[19], a reforma da LREF não alterou a questão de não submissão dos créditos tributários à

---

empresas e falência: diálogos entre a doutrina e jurisprudência. São Paulo: Atlas. Edição do Kindle. p. 1.350-1.351).

[18] SALOMÃO, Luis Felipe; TARTUCE, Flávio; CARNIO, Daniel. *Recuperação de empresas e falência*: diálogos entre a doutrina e jurisprudência. São Paulo: Atlas. Edição do Kindle. p. 827-828.

[19] *"a) Créditos tributários.* Em razão do regime de direito público disciplinar dessa categoria de crédito, a renegociação no plano da recuperação extrajudicial é inadmissível. O credor tributário só mediante lei pode conceder remissão ou anistia, ou prorrogar o vencimento da obrigação do contribuinte. O regime jurídico de direito público, informado pelo princípio da indisponibilidade do interesse público, impede que a autoridade tributária renegocie o crédito. Prevê a lei própria a possibilidade de parcelamento, em determinadas condições. Atendidas estas, o empresário, ou sociedade empresária, devedor terá direito ao benefício especificamente outorgado pela legislação tributária. Não atendidas, porém, a autoridade tributária não tem meios de autorizar

recuperação extrajudicial, continuando o art. 161 a prever que o credor tributário não está sujeito ao plano.

Nesse contexto, cabe agora delinearmos a forma como a recuperação extrajudicial pode servir também para que a empresa em crise retome sua regularidade fiscal.

De fato, parece ter passado despercebido pela doutrina empresarial como a transação tributária pode ser útil para que, paralelamente à negociação do plano de recuperação extrajudicial com os credores sujeitos, a empresa em crise negocie também um plano de recuperação fiscal com a Fazenda Pública.

E aqui vale ser feito um alerta inicial: o parâmetro de comparação das opções disponíveis para empresas em recuperação extrajudicial não pode ser aquele previsto para empresas em recuperação judicial. É certo que estas últimas possuem muito mais vantagens, que foram expostas no capítulo II deste livro, como a previsão de um parcelamento especial, o parcelamento de tributos passíveis de retenção na fonte e o desconto e prazos maiores na transação tributária. A recuperação judicial pressupõe uma situação de crise muito mais grave[20] daquela empresa, o que justifica que a Fazenda Pública faça maiores concessões, a fim de preservar aquela atividade.

A comparação, então, deve ser feita com as opções disponíveis aos acordos privados celebrados fora do sistema de insolvência[21], e é aí que

---

o parcelamento, muito menos para conceder qualquer outro benefício ao contribuinte. A impossibilidade de renegociação, assim, exclui o crédito tributário da recuperação extrajudicial" (COELHO, Fábio Ulhoa. *Comentários à Lei de Falências e de Recuperação de Empresas*. 5. ed. São Paulo: Thomson Reuters Brasil, 2021).

[20] "Para problemas estruturais generalizados que exijam reformas societárias ou operações de grande complexidade especialmente envolvendo relevantes alterações em direitos de garantia e propriedade, situações de profunda iliquidez ou insolvabilidade, ou mesmo em casos em que se demande a solução de problemas complexos envolvendo interesses divergentes de variados credores ou classes de credores, mais recomendada à recuperação judicial, para a qual o próprio legislador propõe um longo rol de alternativas de reorganização (art. 50). Já a recuperação extrajudicial é muito menos abrangente e ambiciosa" (SOUZA JUNIOR, Francisco Satiro de. Capítulo VI, "Da Recuperação Extrajudicial". In: SOUZA JUNIOR, Francisco Satiro; PITOMBO, Antônio Sérgio A. de Moraes (coord.). *Comentários à Lei de Recuperação de Empresas e Falências*: Lei 11.101/2005. 2. ed. São Paulo: Revista dos Tribunais, 2007. p. 524).

[21] Scalzilli, Spinelli e Tellechea já afirmavam que "a maior concorrente da recuperação extrajudicial pode não ser a recuperação judicial, mas, sim, as

conseguimos traçar a abertura de novas possibilidades para as empresas em recuperação extrajudicial.

A Lei da Transação Tributária (nº 13.988/2020) não trata em nenhum dispositivo da recuperação extrajudicial. No entanto, a Portaria PGFN nº 9.917/2020, que regulamenta a Lei e que contém as normas gerais sobre o tema, no âmbito federal, dispõe de maneira expressa que os créditos detidos por empresas em recuperação extrajudicial serão considerados irrecuperáveis (art. 24, III, *b*). Ademais, também é prevista a possibilidade de formulação de proposta de transação individual independentemente do valor da dívida (art. 36 c/c art. 32, II).

Essas duas vantagens previstas da Portaria 9.917/2020 são bastante relevantes. A pré-caracterização como crédito irrecuperável já indica para a Fazenda Pública que deve haver uma maior flexibilidade na negociação da forma de pagamento daquela dívida, e que a empresa em crise poderá fazer jus a descontos (art. 11, I, da Lei nº 13.988/2020). É algo que não pode ser ignorado, e que pauta a negociação do acordo a ser firmado.

Além disso, a possibilidade de apresentar proposta de um acordo de transação individual é realmente o grande diferencial à disposição das empresas em recuperação extrajudicial. Atualmente, o patamar mínimo para tanto é de quinze milhões de reais (art. 4º, §1º, e art. 32, I, da Portaria PGFN nº 9.917/2020), conforme autorizado pelo art. 14, III, da Lei nº 13.988/2020, que por uma questão de praticabilidade permitiu que fossem estabelecidos esses critérios.

Ou seja, em regra, somente empresas com grandes passivos estão autorizadas a negociar um acordo customizado, enquanto as demais devem aderir às propostas padronizadas editadas pela PGFN. Já no caso das empresas em recuperação extrajudicial, é concedida a oportunidade de celebrar um acordo customizado às suas necessidades em qualquer caso, independentemente do valor de sua dívida. Isso permite a adaptação das garantias, da entrada, do volume inicial de pagamentos, dos descontos, dos valores das parcelas etc.

Ademais, nessa modalidade de transação tributária não há a previsão de se facultar à Fazenda Nacional o pedido de falência da empresa em

---

modalidades alternativas de acordos privados celebrados entre o devedor e seus credores (art. 167)" (Notas críticas ao regime jurídico da recuperação extrajudicial. *Revista de Direito Mercantil Industrial, Econômico e Financeiro*, v. 161/162, p. 47-71, 2012).

razão da rescisão do acordo, afastando essa preocupação. Isso faz sentido, visto que também não prevê a LREF qualquer hipótese de convolação da recuperação extrajudicial em falência.

É importante então definirmos o que seria o "devedor em recuperação extrajudicial", para fins de aplicação das regras específicas da transação tributária. A nosso ver, o devedor se encontra "em recuperação extrajudicial" entre o protocolo do pedido de homologação do plano (art. 162 ou art. 163, da LREF) e a sentença de extinção do processo. Antes ou depois disso, não está mais o devedor "em recuperação extrajudicial", já que não há período de supervisão judicial, ao contrário do que pode ocorrer na recuperação judicial, que possui também normas específicas sobre o quando o devedor deixa de ter que acrescentar ao seu nome empresarial a expressão "em recuperação judicial".

Além dessas vantagens concretas e normatizadas, há também uma vantagem menos intuitiva na retomada da regularidade fiscal por parte das empresas em recuperação extrajudicial, que é a estabilização das relações jurídicas tributárias e das discussões que as envolvem, criando assim um ambiente de segurança jurídica que auxilia o soerguimento da empresa.

3.1 A segurança jurídica, a transação tributária e a recuperação extrajudicial

Apesar da novidade que a transação tributária representa no ordenamento jurídico nacional, a possibilidade de se celebrar um acordo fiscal com a Fazenda Pública já foi bastante estudada pela doutrina pátria, além de ser lugar comum no direito comparado. Em percuciente trabalho sobre o tema, Victor Polizelli[22] registra que o surgimento dos contratos fiscais, no Brasil, decorre de um momento histórico favorável à aproximação entre contribuinte e administração tributária, substituindo-se a imposição da vontade da autoridade pela colaboração com o contribuinte na construção das decisões e atos administrativos.

Beatriz Ferraz[23], por sua vez, em estudo específico sobre a transação tributária, ressalta seu aspecto consensual e a influência da boa-fé objeti-

---

[22] POLIZELLI, Victor Borges. *Contratos fiscais: viabilidade e limites no contexto do direito tributário brasileiro*. 2013. 305 f. Tese (Doutorado em Direito) – Universidade de São Paulo. p. 130.

[23] FERRAZ, Beatriz Biaggi. *Transação em matéria tributária*. 2018. 133 f. Dissertação (Mestrado) – Curso de Direito, Pontifícia Universidade Católica de São Paulo, São Paulo, 2018. p. 27.

va como elemento essencial do acordo. E é exatamente esse aspecto que pode propiciar sua utilização massiva pelas empresas em recuperação extrajudicial.

O fato de o crédito tributário não estar submetido à recuperação extrajudicial é certamente um dos itens que traz maiores dificuldades na obtenção da adesão dos credores ao plano de recuperação extrajudicial, caso o passivo fiscal seja relevante. Isso porque, estando a dívida tributária em aberto, as premissas que fundamentaram o plano homologado em juízo pode ser profundamente alterada com o andamento da cobrança feita pela Fazenda Pública, podendo até mesmo ser inviabilizado. Vale lembrar, também, que no caso em que a empresa em recuperação extrajudicial venha a falir, as obrigações novadas pelo plano não retornam às suas condições originais, ao contrário do que ocorre na recuperação judicial (art. 61, § 2º, da LREF).

Além disso, alienação de bens no âmbito da recuperação extrajudicial não está protegida da possibilidade de se caracterizar a sucessão tributária do adquirente, uma vez que o inciso II do §1º do art. 133 do CTN se refere especificamente à recuperação judicial. Também não é afastada a possibilidade de se caracterizar a fraude à execução (art. 185 do CTN). Esse é outro ponto de preocupação que afasta potenciais investidores e que prejudica a efetividade da recuperação extrajudicial, pois a alienação de bens é sempre um dos principais meios de recuperação das empresas em crise.

Ambos esses fatores de inquietação podem ser minimizados com a transação tributária e com a retomada da regularidade fiscal do devedor. A negociação entabulada com a Fazenda Pública permite a criação de um ambiente de confiança entre Fisco e contribuinte, que poderá contribuir para que a negociação de um plano de recuperação extrajudicial com os credores privados chegue a um bom termo, auxiliando o soerguimento da empresa.

Os princípios aplicáveis à transação tributária e seus objetivos declarados (arts. 2º e 3º da Portaria PGFN nº 9.917/2020) prestigiam a busca por uma solução que melhor se amolde ao contribuinte, atenta às suas condições específicas. É enaltecida, também, a boa-fé objetiva como elemento central desse acordo. Entre os deveres anexos da boa-fé objetiva que são criados para as partes da relação jurídica tributária[24],

---

[24] Cf. GUIMARÃES, Bruno A. François. A boa-fé objetiva no direito tributário e os deveres anexos na relação obrigacional tributária. *Revista Direito Tributário Atual*, São Paulo: IBDT, n. 47, p. 102-121, 1º semestre 2021.

podemos ressaltar os deveres de colaboração e de informação, que impõem às partes a obrigação de serem diligentes no cumprimento da obrigação acordada, de maneira coerente e evitando-se comportamentos que possam gerar insegurança, e que durante a vigência da relação jurídica haja o compartilhamento tempestivo de todas as informações necessárias para o desenvolvimento dessa relação no sentido de seu adimplemento.

Tendo em vista isso, fica claro que ao envolver o Fisco em seu plano de recuperação extrajudicial, mesmo que paralelamente à negociação com os credores privados e ao pedido de homologação judicial, a devedora criará um ambiente de mais segurança jurídica em seu processo de soerguimento, facilitando a obtenção de investidores e a renegociação com os demais credores, podendo afastar preocupações em relação à viabilidade do plano e à sucessão tributária.

O espaço de negociação coletiva criado pela recuperação extrajudicial reduz os custos de transação e de barganha para a empresa em crise, e também permite ao Fisco compreender como ele se insere naquela gama de credores e como pode colaborar para o soerguimento de sua devedores, ao mesmo tempo que garante a recuperação dos créditos tributários.

Não podemos nos esquecer que fora desse ambiente de negociação coletiva há uma dificuldade muito maior para que o Fisco tome conhecimento da situação dos demais credores, das negociações levadas a cabo com eles, e dos meios pelos quais a devedora tentará se recuperar. A transparência e a horizontalidade trazida pelo processo de negociação coletiva traz mais segurança não só para eventuais investidores da empresa em crise, mas para o próprio Fisco.

Uma vez compartilhadas todas as informações necessárias para compreensão exata da situação em que se encontra e dos meios pelos quais irá buscar seu soerguimento, a empresa em crise permitirá ao Fisco adequar o acordo de transação àquela situação concreta, além de influir no plano de recuperação extrajudicial, permitindo que a solução encontrada atenda a todas as partes envolvidas.

Cria-se, de um lado, a segurança necessária para que sejam feitos os desinvestimentos previstos no plano homologado judicialmente, e de outro a tranquilidade para o Fisco de que não estão sendo praticados atos fraudulentos ou blindagens patrimoniais. E é a recuperação extrajudicial a responsável por isso, pois estabelece a arena onde essas relações podem ser desenvolvidas, e também autoriza que seja sempre feito um acordo de transação individual, onde todas as variáveis citadas podem ser trabalhadas adequadamente.

4. CONCLUSÃO

Ao longo deste epílogo apresentamos algumas ideias introdutórias a respeito da contribuição que a Fazenda Pública pode dar para a difusão da recuperação extrajudicial.

A reforma operada pela Lei nº 14.112/2020 no sistema de insolvência teve especial preocupação com o instituto da recuperação extrajudicial, que, apesar de ter sido recebido como uma saudável novidade nos idos de 2005, acabou encontrando grandes dificuldades na prática que tornaram sua adoção algo bastante raro. Ao revisitar alguns desses problemas e propor novas soluções, o legislador reformista deu uma importante contribuição para que de agora em diante esse instrumento seja cada vez mais adotado.

Ao mesmo tempo, tivemos a aguardada regulamentação da transação tributária, que representa mais um passo na evolução da relação Fisco--contribuinte, de um paradigma de litígio absoluto para um paradigma de colaboração e abertura ao diálogo, permeado pela participação dos contribuintes no processo de tomada de decisão do Fisco.

Essa conjunção de fatores, somada à concessão de vantagens específicas às empresas em recuperação extrajudicial na Portaria PGFN nº 9.917/2020, cria um cenário em que há claros benefícios para que ambos os institutos caminhem juntos, permitindo um soerguimento efetivo e completo da empresa em dificuldade.

O estímulo à retomada da regularidade fiscal funciona como um fator de segurança para a execução do plano de recuperação extrajudicial e para a atração de investidores, ao mesmo tempo que o ambiente de negociação coletiva permite que o Fisco tenha uma visão completa da situação de crise pela qual sua devedora atravessa, garantindo que o acordo de transação individual a ser entabulado leve em as peculiaridades que envolvem aquele devedor especificamente. Tudo isso atravessado pelos deveres anexos criados pela incidência da boa-fé objetiva, em especial os de cooperação e informação.

Tudo isso nos permite vislumbrar um futuro em que o plano de recuperação fiscal e o plano de recuperação extrajudicial caminhem lado a lado, dados os incentivos apontados para a adoção conjunta desses instrumentos.

REFERÊNCIAS

ALMEIDA, Carlos Otávio Ferreira de. *Compliance* cooperativo: uma nova realidade entre Administração Tributária e contribuintes. *Revista Direito Tributário Internacional Atual*, São Paulo: IBDT, n. 2, 2017.

FERNANDES, Cláudia Al-Alam Elias. Recuperação extrajudicial e os créditos trabalhistas: um modelo que tem tudo para dar certo. In: TURCO, Aline et al.; OLIVEIRA FILHO, Paulo Furtado de (coord.). *Lei de Recuperação e Falência*: pontos relevantes e controversos da reforma. Indaiatuba: Editora Foco, 2021. v. 2.

FERRAZ, Beatriz Biaggi. *Transação em matéria tributária*. 2018. 133 f. Dissertação (Mestrado) – Curso de Direito, Pontifícia Universidade Católica de São Paulo, São Paulo, 2018.

GUIMARÃES, Bruno A. François. A boa-fé objetiva no direito tributário e os deveres anexos na relação obrigacional tributária. *Revista Direito Tributário Atual*, São Paulo: IBDT, n. 47, p. 102-121, 1º semestre 2021.

PAIVA Luiz Fernando Valente. Recuperação extrajudicial: o instituto natimorto e uma proposta para sua reformulação. In: TOLEDO, Paulo Fernando Campos Salles de; SOUZA JUNIOR, Francisco Satiro (coords.). *Direito das empresas em crise*: problemas e soluções. São Paulo: Quartier Latin, 2012.

POLIZELLI, Victor Borges. *Contratos fiscais: viabilidade e limites no contexto do direito tributário brasileiro*. 2013. 305 f. Tese (Doutorado em Direito) – Universidade de São Paulo.

ROCHA, Sérgio André. *Da lei à decisão*: a segurança jurídica possível na Pós-Modernidade. Rio de Janeiro: Lumen Juris, 2017.

SACRAMONE, Marcelo Barbosa. *Comentários à Lei de Recuperação de Empresas e Falência*. 2. ed. São Paulo: Saraiva Educação, 2021. Edição do Kindle.

SALOMÃO, Luis Felipe; SANTOS, Paulo Penalva. *Recuperação judicial, extrajudicial e falência*: teoria e prática. Rio de Janeiro: Forense, 2012.

SALOMÃO, Luis Felipe; TARTUCE, Flávio; CARNIO, Daniel. *Recuperação de empresas e falência*: diálogos entre a doutrina e jurisprudência. São Paulo: Atlas. Edição do Kindle.

SCALZILLI, João Pedro; SPINELLI, Luis Felipe; TELLECHEA, Rodrigo. Notas críticas ao regime jurídico da recuperação extrajudicial. *Revista de Direito Mercantil Industrial, Econômico e Financeiro*, v. 161/162, p. 47-71, 2012.

SCALZILLI, João Pedro; SPINELLI, Luis Felipe; TELLECHEA, Rodrigo. *Recuperação de empresas e falência*: teoria e prática na Lei 11.101/2005. Almedina Brasil. Edição do Kindle.

SOUZA JUNIOR, Francisco Satiro de. Capítulo VI, "Da Recuperação Extrajudicial". In: SOUZA JUNIOR, Francisco Satiro; PITOMBO, Antônio Sérgio A. de Moraes (coord.). *Comentários à Lei de Recuperação de Empresas e Falências*: Lei 11.101/2005. 2. ed. São Paulo: Revista dos Tribunais, 2007.